Die Sternstunde des VfB

Der Weg zur fünften deutschen Meisterschaft

N·E·U·E·R
sportverlag

VfB STUTTGART

Inhaltsverzeichnis

Der VfB auf der Meisterbühne

Tollhaus Stuttgart

Das Bundesligafinale gegen Cottbus

Prominente am Ball

Eine Stadt feiert ihre Helden

Ufos und andere Erscheinungen

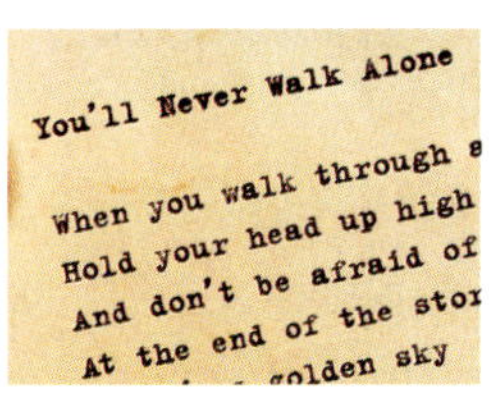

Hymne für den Heimweg

Tollhaus Stuttgart

An einem schwülen Frühlingstag mit stahlblauem Himmel schreibt der VfB Stuttgart eines der spektakulärsten Kapitel in seiner Clubgeschichte. Es ist der 19. Mai 2007, ein knappes Jahr, nachdem die deutsche Nationalmannschaft beim Spiel um Platz drei Stuttgart in einen Rausch versetzt hat. Anschließend hat es kaum jemand für möglich gehalten, dass die Stadt nach diesem Sommermärchen so bald wieder eine derart ausgelassene Feier erleben würde. Und doch wird all das, was nun ein Jahr später in Stuttgart geschieht, während der VfB und Schalke 04 im Fernduell um die deutsche Meisterschaft kämpfen, die Partys bei der Weltmeisterschaft in den Schatten stellen.

Bereits am späten Vormittag leidet Stuttgart unter akuter Verstopfung. Die ersten Symptome deuten sich rund um den Stuttgarter Hauptbahnhof an. Noch steht der Titelgewinn des VfB gar nicht fest, noch sind es nicht 250.000 Menschen, die später auf vielen Straßen den Autokorso des VfB zum Stillstand zwingen. Und auch die HipHopper der Fantastischen Vier singen sich noch längst nicht warm. Aber was Stuttgart an diesem Samstag bevorsteht, lässt sich bereits um 11.56 Uhr am Gleis zwölf des Hauptbahnhofs erahnen. Zu diesem Zeitpunkt rollt ein Interregio-Zug aus Friedrichshafen ein, der in Geislingen, Göppingen und Plochingen Fans eingesammelt hat. Als der Zug einfährt, kann sich die Bahn jegliche Durchsage sparen: Fahnen wehen aus den Fenstern, ein nicht enden wollender Strom von weiß-rot gekleideten Anhängern des VfB flutet den Bahnhof. Die Hymne der Meistersänger donnert vielstimmig durch den Bonatzbau: „Deutscher Meister wird nur der VfB!"

Stuttgart erlebt an diesem Tag eine Völkerwanderung. Wie von einem Magneten angezogen pilgert eine ganze Region in die Stadt, um einen Verein und sich selbst zu feiern. Es geht um die deutsche Meisterschaft, es geht aber auch um etwas anderes: Fußball-Großereignisse sind spätestens durch die Weltmeisterschaft zu einem Happening geworden. So besetzen die Menschen in Stuttgart schon am Vormittag die Stadt. Mitten auf der Königstraße breitet eine Gruppe von Teenagern eine überdimensionale VfB-Fahne aus und prostet sich mit Dosenbier zu. Neben diesem Betonpicknick hüpfen Hunderte auf den Treppen des Königsbaus zur Schlagermusik auf und ab und singen: „Wann wird's mal wieder richtig Sommer?"

Dabei wird dieser Tag zum Sommermärchen – in einer neuen Inszenierung und mit frischen Farben: Weiß-Rot hat Schwarz-Rot-Gold abgelöst – dazu ein Himmel, wie man ihn aus dem vorigen Sommer kennt, wolkenlos, 25 Grad, Sonnenbrandgefahr. Schon in den Wochen zuvor hat der VfB die Hoheit über alle Stammtische in der Region übernommen: Frust im Büro? Ärger mit der Erbtante? Das ist spätestens seit dem Derbysieg gegen Bayern München am 21. April zur Nebensache geworden. Ob im Stuttgarter Rathaus, in der Stadtbahn, in der Eckkneipe oder in der Mittagspause bei den Straßenkehrern – überall fachsimpeln die Fans über die Titelchancen des Stuttgarter Bundesligisten.

Der Fußball hat an diesem für den VfB historischen Tag Stuttgarter aus ganz Deutschland in ihre alte Heimatstadt zurückgebracht: Fans, wie Erik Winker, der aus Köln angereist ist und gemeinsam mit seinem Neffen Anton und einigen Freunden das entscheidende Spiel gegen Cottbus vor der Großleinwand auf dem Schlossplatz verfolgt: „Nach dem Spiel gegen Bochum hatte ich 20 SMS auf mein Handy bekommen", erzählt Erik Winker, „alles VfB-Fans, die sich mit mir zum gemeinsamen Mitfiebern verabreden wollten." Im Stadion werden später sogar zwei Zuschauer begrüßt, die zum entscheidenden Spiel eigens aus Bangkok angereist sind. Es ist kein Spieltag wie jeder andere, es ist kein Weg zu weit.

Zweieinhalb Stunden vor dem Spielbeginn suchen all diejenigen, die morgens ohne Trikot und Fahne aufgebrochen sind, hektisch nach Devotionalien. Im VfB-Fanshop an der Königstraße werden Pappmeisterschalen, Autowimpel und T-Shirts aus Umzugskartons heraus verkauft. Die Szenen erinnern an einen Schlussverkauf, doch der Wert der Ware wird im Laufe des Tages steigen. Im Shop quengeln Knirpse am Hosenbein ihrer Väter: „Papa, Papa, bitte eine Schale!" Papa jedoch plagt der Aberglaube: „Die gibt's erst nach dem Spiel, wenn se's gschafft hen!" Zum Trost gibt es ein Fähnchen, nachdem sich die beiden in der 50 Meter langen Schlange bis zur Kasse vorgekämpft haben.

Bereits zwei Stunden vor dem Spielbeginn vermelden Durchsagen in den Stadtbahnen: „Der Schlossplatz ist wegen Überfüllung geschlossen." Inmitten der Fankarawane, die ins Herz der Stadt drängt, bleibt auch eine Gruppe junger Männer aus Göppingen stecken, die mit einem Einkaufswagen voller Bierkästen angerückt ist. In den Fußballkneipen schwitzen die Fans inzwischen dicht aneinandergedrängt dem Anpfiff entgegen. Nicht nur das Stadion, auch der große Biergarten im Schlossgarten ist ausverkauft. Zehntausende suchen noch hastig eine Leinwand oder einen Fernseher.

Einige werden später kaum etwas vom Bundesligafinale sehen und nur am Aufstöhnen und dem Jubel der Menschenmassen verfolgen können, wie es um den VfB steht: ein Endspiel als Hörspiel.

Eine Stunde vor dem Anpfiff lässt Stuttgart die Rollläden herunter – so wie der kleine Friseurladen in Heslach, an dessen Gitter drei weiß-rote Schals baumeln. Es bedarf nicht vieler Worte, um sich zu verständigen. Genau genommen reichen drei Buchstaben: „V-f-B!", brüllt der Moderator eines Privatradios heiser, und eine weiß-rote Menschenwand antwortet ihm. In rappelvollen Stadtbahnen fahren die Fans nun zum Daimlerstadion. Dass sich Fußball und Humor nicht ausschließen, beweisen jene Anhänger, die auf der Höhe des Mineralbads Berg spontan den Text ihres Lieblingslieds abwandeln: „Deutscher Meister, auch beim FKK!"

Als die Mannschaft des VfB ins Daimlerstadion einläuft, entlädt sich bei den Fans die angestaute Vorfreude. An diesem Fußballfeiertag schwenken nicht nur die treuesten Anhänger in der Cannstatter Kurve ihre Fahnen, auch auf den teuren Plätzen erheben sich die Zuschauer zu Ehren der Mannschaft. Stuttgart und der VfB – das ist nicht zu jeder Zeit eine unverbrüchliche Liebe, wie sie von den Schalker Fans ihrem Team entgegengebracht wird. Es handelt sich vielmehr um eine Zuneigung, die sich die Spieler durch Leistung erkämpfen müssen. Die Haupttribüne – jene Halbhöhenlage der Fankultur – ist berüchtigt für ihre Schimpftiraden auf vermeintlich zu hoch bezahlte Spieler.

Doch bei diesem Endspiel gegen Energie Cottbus hat es sich ausgebruddelt. Ein Einpeitscher begrüßt jede Kurve und jede Tribüne vor dem Anpfiff – und die Antwort ist ohrenbetäubend.

Tausende recken Meisterschalen in die Höhe, noch sind sie aus Pappe, aber in 90 Minuten wollen sie das Original sehen. Doch Cottbus macht es dem VfB schwer, schon nach zehn Minuten wird klar: Es gibt keine Geschenke, Stuttgart muss bis zur letzten Minute dieser Spielzeit alles geben. Daran zweifelt um 15.48 Uhr keiner mehr unter den 56.000 im Daimlerstadion: Sergiu Radu schießt Cottbus 1:0 in Führung. Entsetzen auf den Rängen, vom Schlossplatz aus erhebt sich ein Seufzer der Verzweiflung in den Himmel, über dem Biergarten breitet sich Schweigen aus. Im Flüsterton verbreitet sich eine weitere Hiobsbotschaft – Schalke führt 2:0 gegen Bielefeld. Wenn es dabei bliebe, würde die Schale im Ruhrgebiet überreicht. Gerüchte schwirren wie lästige Bremsen durch die Stadt: „Was? Schalke führt schon 3:0?"

So weit ist es noch nicht, so weit kommt es auch nicht. Um 15.56 Uhr zirkelt Pavel Pardo im Daimlerstadion eine Ecke weit vor den Strafraum auf Thomas Hitzlsperger, der den Ball mit links volley nimmt. Es ist ein Schuss direkt ins Glück, mit dem der gebürtige Bayer die Antwort auf die Frage gibt, warum sie ihn während seiner Zeit bei Aston Villa „The Hammer" genannt haben. Die versammelten Experten schütteln noch drei Tage später ungläubig die Köpfe und Matthias Sammer wird in einer der TV-Runden später sagen, dass es in der Bundesliga nur drei, vielleicht vier Spieler gibt, die in dieser Situation ein Tor machen. Als der Ball im rechten oberen Torwinkel einschlägt, explodiert das Stadion beinahe. Hitzlsperger rennt zur Eckfahne und tritt diese mit jener Wucht zu Boden, mit der er gerade den Ausgleich erzielt hat. Die Schale ist wieder zum Greifen nah.

Als der 20-jährige Sami Khedira nach 63 Minuten den VfB in Führung köpft, kommt dieser Treffer der zuvor sichtlich nervösen Mannschaft einer Erlösung gleich. Jetzt ahnen die Fans: Die Taschentücher werden abends in Gelsenkirchen benötigt. Wenige Sekunden vor dem Abpfiff der Partie – inzwischen zweifelt keiner mehr an der fünften deutschen Meisterschaft des VfB – vibriert das Oval vor Begeisterung. In den Katakomben des Stadions eilen Mitarbeiter des Klubs im Laufschritt in Richtung Rasen. Sie tragen stapelweise T-Shirts, die vorsorglich für die Feiern bedruckt worden sind. Der Präsident Erwin Staudt sagt einige Sätze, aber seine Mimik verrät mehr als seine Worte. Mit glasigen Augen berichtet er von der „Herzinfarktgefahr während des Spiels".

Tollhaus Stuttgart

Um 17.29 Uhr vollzieht sich eine Wachablösung, auf die die Fans seit 15 Jahren gewartet haben: Guido Buchwald, der letzte Kapitän einer VfB-Meistermannschaft, überreicht die Schale an seinen Nachfolger Fernando Meira. „Dass ich die Schale überreichen darf, ist eine große Ehre für mich", sagt der Weltmeister von 1990. „Ich war derjenige, der sie zuletzt für Stuttgart in Empfang nehmen durfte – heute darf ich sie endlich weitergeben." Die Meistermannschaft von 2007 ist auf dem Rasen hinter einem weiß-roten Konfettiregen für einen Moment kaum mehr zu erkennen. Dann laufen die Spieler mit der Schale hinüber in die Cannstatter Kurve, hinüber zu jenen „dunkelroten" Fans, die sie zu jedem Auswärtsspiel der Saison begleitet haben. Die Gänsehautmomente setzen sich auf der Ehrenrunde fort: Der Trainer Armin Veh wirft Kusshände ins Publikum, der Mittelfeldspieler Antonio da Silva tanzt den Samba do Stuttgart, und die Gegengerade macht den Fischer-Chören Konkurrenz: „O wie ist das schön."

In diesem Moment steht eine ganze Stadt zunächst Kopf, zweieinhalb Stunden später steht sie still. Nichts geht mehr auf der Königstraße zwischen dem Schlossplatz und dem Hauptbahnhof, wo die Massen vorübergehend nicht mehr vor und zurück kommen. Nichts geht mehr auf der sechs Kilometer langen Strecke des Autokorsos zwischen Bad Cannstatt und der City. Der Mannschaft fliegen in diesen Stunden viele Herzen zu, aus Sicht der Polizei wohl zu viele.

Es ist die größte Party in der Geschichte der Stadt. Der Talkessel droht an einigen Stellen überzulaufen angesichts der Menschenmengen. Als im Juli 2006 die deutsche Nationalmannschaft nach dem Spiel um Platz drei in Stuttgart empfangen wurde, hätte kaum jemand geglaubt, dass so bald eine noch rauschendere Feier stattfinden könnte. Während den Kommentatoren die Superlative ausgehen, wird die Party für manche zu einer logistischen Herausforderung: Dauernd brechen die Handynetze zusammen, weil sich Zehntausende so viel per SMS zu sagen haben. Ans Geschäft denken die fliegenden Händler, die vor Hofeinfahrten in Windeseile ihre Bierbänke aufgestellt haben und ihr Pils zu nicht mehr feierlichen Preisen verkaufen. Am Himmel kreisen Sportflugzeuge mit Werbebotschaften.

In den Niederungen säumen geschätzte 250.000 Menschen die Straßen. Vor der Wache drei in Bad Cannstatt sind die Feuerwehrleute aufs Dach ihrer Spritzenwagen geklettert und schwenken Fahnen statt Schläuche. In einer nahe gelegenen Kirche läuten die Mitglieder einer Jugendgruppe vor Begeisterung die Glocken. Alle Zuschauer wollen beim Autokorso nur einmal die Spieler abklatschen, nur einmal die echte Schale anfassen, die die Spieler in den tintenblauen Abendhimmel recken. So kommt die Mannschaft, anders als während der Saison auf dem Spielfeld, nur im Schritttempo voran. Am Straßenrand hat die Freude viele Gesichter: Georg Schwemmle steht mit seiner Schiebermütze vor dem Bahnhof und beobachtet lächelnd die schunkelnde Menge: „Mir hen in den fünfziger Jahren bei den Meisterschaften des VfB auch feiern könne", sagt der 79-Jährige.

Unterdessen schleppt Sabrina Kallenbach, 24, ein Sixpack mit Bier heran und stößt mit ihrer Freundin an. Ihr heimliches Motto: VfB-Dekolleté, olé, olé. Die Kreativität der Anhänger auf den Straßen kennt keine Grenzen: Die VfB-Shirts sind nicht nur mit den Namen der Lieblingsspieler bedruckt: Neben Dutzenden von Gomez' und Cacaus sind unzählige Fantasienamen vertreten: Spielt wirklich mit der Nummer 7 ein „Gangster" beim Verein für Bewegungsspiele? Hat man jemals mit der Rückennummer 13 „King Kong" ein Tor für den VfB erzielen sehen?

Die Nachspielzeit wird auch für zehntausende von Fans auf dem Schlossplatz zur Geduldsprobe: „Wann kommt endlich die Mannschaft?" lautet die am häufigsten gestellte Frage des Abends. Dafür interessiert sich auch Raul, der mit einem Freund eigens aus Mexiko nach Deutschland geflogen ist, um seine beiden Landsleute Pardo und Osorio anzufeuern. Drei Stunden später als geplant biegen die Cabriolets mit den Spielern um 23.15 Uhr auf die Planie ein, während auf dem Schlossplatz der Emotionen die Hip-Hopper der Fantastischen Vier alles geben, um die Anhänger bei Laune zu halten. „Wir denken zurück an die WM", sagt Smudo und blickt über den Schlossplatz, „aber was hier heute abgeht, das schlägt alles um Längen."

Kurz vor Mitternacht beginnt der letzte Akt der öffentlichen Fanparty. Einige Anhänger sind zu diesem Zeitpunkt schon angezählt: Kalle, Trikotnummer sieben, blickt verklärt in Richtung Bühne. In der einen Hand hält er ein Bier, die andere liegt schwer auf der Schulter seiner Freundin. Halb stützt sie ihn, halb steht er selbst, als endlich nach dreieinhalb Stunden der Autokorso mit dem Präsidenten Erwin Staudt an der Spitze auf den Schlossplatz einbiegt. Den VfB-Spielern müssen in diesem Augenblick angesichts der vieltausendfachen Zuneigung schon die Schultern und die Hände schmerzen.

Auf der Bühne tanzen Thomas D, Smudo und die Spieler wie Derwische. Der Stürmer Cacau hat sich in eine brasilianische Flagge eingehüllt, der Schweizer Marco Streller trägt einen VfB-Schal wie ein Piratentuch um den Kopf gewickelt. Stuttgarts Band Nummer eins und Stuttgarts Verein Nummer eins feiern enthusiastisch vor der Kulisse des Neuen Schlosses den Titelgewinn. Während ein Feuerwerk den Königsbau erleuchtet, bleiben der Ministerpräsident, der Oberbürgermeister und der Daimlerchef Dieter Zetsche im Hintergrund. Im Erfolg stehen viel mehr als nur elf Freunde Seite an Seite. Alle Augen richten sich in diesen Stunden auf Stuttgart, auch dank der vielen Fernsehkameras des „Aktuellen Sportstudios".

Weit nach Mitternacht müssen der Trainer Armin Veh und der Manager Horst Heldt noch einmal erklären, wie sehr sie sich für die Mannschaft freuen und dass es für das Team keinen Zapfenstreich gibt. Dann verschwinden die Spieler, deren Klubanzüge noch erstaunlich unzerknittert sind, zu einer Privatparty. Draußen leert sich nach dem über zehnstündigen Feiermarathon ganz allmählich der Schlossplatz. Zurück bleibt ein brackiger Müllbrei, zurück bleiben einige unverwüstliche Fans, die noch mal den leicht veränderten Hit der Fantastischen Vier anstimmen: „VfB, mit freundlichen Grüßen – die Welt liegt uns zu Füßen, und wir stehen drauf."

STUTTGART
VfB STUTTGA
Stuttgart
VfB STUTTGART
YOU'LL NEVER WALK ALONE
SCHWABENPOWER
VfB STUTTGART
YOU'LL NEVER WALK ALONE
VfB-Fanclub
"Eisener Block"
"Eisener Block"
CANNSTATT
VfB STUTTGART
STUTTGART
DIE JUNGEN WI
Apostolos-Nikolaidis-Stadion
STUTTGART
GOTTLIEB-DAIMLER-STADION
BERL

STUTTGART
NECKAR-STADION
SUPER
VfB STUTTGART
DIE KINGS VOM GOTTLIEB-DAIMLER-STADION
1893
ttgart

Ritual mit Maskottchen: Vor dem entscheidenden Spiel beschwören die Spieler den Teamgeist.

Flugeinlage von Piplica: Hilbert und Cacau scheitern am Cottbusser Torhüter.

Der erlösende Ausgleich: Nach einer Ecke von Pavel Pardo zieht Thomas Hitzlsperger volley ab und tritt anschließend vor Freude die Eckfahne um.

Der umjubelte Siegtreffer: Nach einer Flanke von Toni da Silva köpft Khedira das 2:1 und geht mit diesem Tor in die Geschichte des Clubs ein.

envia
SWR1 SW

Auf den Rängen feiern die Zuschauer, auf dem Rasen die Spieler – der VfB wird nach 15 Jahren wieder Deutscher Meister.

Nach dem Schlusspfiff gibt es kein Halten mehr – und Mario Gomez gerät in Rücklage.

Gruppenbild mit Schale: Fernando Meira präsentiert die Trophäe und hält sie im Überschwang der Gefühle verkehrt herum.

EnBW Tribüne
EnBW Tribüne

Der VfB ist Meister – Pardo, Meira und Osorio posieren mit ihrem Schmuckstück.

Nach der Bierdusche für den Meistertrainer ...

... feiern die Spieler in der Kabine.

Ein Bild für die Ewigkeit: für diesen Moment hat die Mannschaft 34 Spieltage lang alles gegeben.

MEISTER 2007
VfB
STUTTGART
BUNDES
LIGA

Prominente am Ball

Joachim Löw (Bundestrainer):
„Ich gratuliere dem VfB Stuttgart zum Titelgewinn. Trainer Armin Veh hat vom ersten Spieltag an eine klare Strategie verfolgt, und der Verein hat auch in schwierigen Phasen zu ihm gestanden – das war vorbildlich. Die Stuttgarter haben attraktiven Offensivfußball gespielt. Außerdem haben sie in ihrem Kader eine gute Mischung aus talentierten und erfahrenen, deutschen und ausländischen Spielern gefunden."

Ottmar Hitzfeld (Trainer des FC Bayern München):
„Ich hatte den VfB eigentlich nicht auf der Rechnung und habe auch gesagt, dass wir vor dem VfB landen werden. Aber der VfB war zu stark für uns und die anderen Mannschaften. Sie hatten nicht so viel zu verlieren wie Schalke oder Bremen. Davon haben sie profitiert. Sie haben die Nerven bewahrt, guten Fußball gespielt und sich taktisch flexibel präsentiert. Deshalb ist Stuttgart für mich ein würdiger Meister."

Theo Zwanziger
(Präsident des Deutschen Fußball-Bundes):
„Meine Glückwünsche gelten allen Verantwortlichen und Spielern und auch den Fans des VfB Stuttgart. Der Gewinn der deutschen Meisterschaft ist für den Verein ein stolzer Erfolg. Zu Beginn der Saison gehörte die Mannschaft nicht unbedingt zu den Titelkandidaten, doch sie hat sich permanent gesteigert und am Ende den spannenden Titelkampf mit einer großartigen Erfolgsserie zu ihren Gunsten entschieden."

Timo Hildebrand (Torhüter des VfB Stuttgart):
„Ich werde die Fans, diese Mannschaft und diesen Verein, dem ich alles in meiner Karriere zu verdanken habe, nie vergessen. Ich hatte einen Traum, mit dem VfB deutscher Meister zu werden. Und dieser Traum ist jetzt in Erfüllung gegangen. Der Mannschaft habe ich das zu verdanken. Ihr habt geil gespielt. Ich liebe euch und werde euch nie vergessen."

Mirko Slomka (Trainer des FC Schalke 04):
„Kompliment an Stuttgart. Mit acht Siegen in Serie am Ende vorn zu stehen, verdient großen Respekt. Vielleicht hätten wir oder Bremen den Titel genauso verdient gehabt. Heute hatten wir uns sehr viel vorgenommen, wollten unseren Fans und allen, die uns immer die Daumen gedrückt haben, ein gutes Saisonfinale bieten. Leider hat es nicht ganz gereicht. Trotzdem ein Riesenkompliment an meine Mannschaft. Sie hat zueinandergefunden, besonders nach dem stürmischen Herbst."

Jürgen Klinsmann (ehemaliger Fußball-Bundestrainer und früherer VfB-Profi):
„Es ist natürlich normal und nachvollziehbar, dass man mit der Mannschaft fiebert, für die man viele Jahre gespielt hat, wo man aufgewachsen ist, wo die Familie nach wie vor ein Zuhause hat. Trainer Armin Veh hat den jungen Spielern eine Chance gegeben, vor allem auch in schwierigen Zeiten zu ihnen gestanden."

Thomas Hitzlsperger
(Mittelfeldspieler des VfB Stuttgart):
„Das ist schwer in Worte zu fassen. Das ist der schönste Tag. Es war harte Arbeit."

Erwin Staudt
(Präsident des VfB Stuttgart):
„Wir haben etwas geschafft, was niemand erwarten konnte. Wir haben ein klasse Team."

Armin Veh
(Trainer des VfB Stuttgart):
„Begriffen habe ich es schon. Es ist ein sehr, sehr gutes Gefühl. Ich freue mich vor allem für die Mannschaft, weil sie über die gesamte Saison konstanten Fußball gespielt hat."

Matthias Sammer
(DFB-Sportdirektor):
„Ich freue mich, dass durch den Gewinn der deutschen Meisterschaft indirekt auch die gute Nachwuchsarbeit des VfB Stuttgart belohnt wird. Ich gratuliere den Verantwortlichen in der Führungsetage des Klubs und dem Trainerteam zu dem Erfolg, der durch konstante Arbeit in den vergangenen Monaten möglich geworden ist."

Rudi Völler (Sportdirektor Bayer Leverkusen):
„Die Stuttgarter können jetzt zu Recht feiern. Sie haben eine tolle Saison gespielt. Während Bremen, Schalke und die Bayern den Druck gespürt haben, hatten die Stuttgarter nichts zu verlieren. Das war ihr Vorteil."

Hansi Müller (Europameister 1980 und Vizemeister mit Stuttgart 1979):
„Das ist eine Leistung des Gesamtvereins, nicht nur ein Erfolg des Trainerteams. Das ist ein Paradebeispiel für Teamwork, da greift ein Rad ins andere. Der VfB hat die Basis, sich auf längere Zeit oben zu etablieren. Er hat eine Chance wie noch nie in der Vereinsgeschichte."

Wolfgang Schuster (Stuttgarter Oberbürgermeister):
„Der Trainer Veh ist eine Wunder-Fee. Nach dem Rückstand war es hart, aber Hauptsache glücklich gewonnen. Wir freuen uns nun auf nächsten Samstag in Berlin, und da packen wir die Nürnberger auch noch."

Ralf Schumacher (Formel-1-Pilot bei Toyota):
„Ich bin nun ja kein riesiger Fußballfan. Aber die Schalker tun mir leid als Rheinländer. Doch knapp vorbei ist auch daneben. Die Stuttgarter haben gezeigt, dass man im Sport manchmal einen langen Atem braucht. Glückwunsch!"

Fernando Meira (Kapitän des VfB Stuttgart):
„Keiner hat mit uns gerechnet. Ich bin stolz auf diese Mannschaft."

Uli Hoeneß (Manager des FC Bayern München):
„Stuttgart ist verdient Meister geworden, weil es im Schlussspurt am stärksten war und sich in der wichtigsten Phase der Saison keine Blöße gegeben hat. Die anderen müssen sich an die eigene Nase fassen, dass sie den Stuttgarter Triumph nicht verhindert haben."

Guido Buchwald (Weltmeister 1990 und VfB-Ehrenspielführer):
„Der VfB war diese Saison die beste Mannschaft. Die Mannschaft hat die Ruhe bewahrt und Rückschläge wettgemacht."

Winfried Schäfer (früherer Trainer des VfB Stuttgart und des Karlsruher SC):
„Die Mannschaft, die am souveränsten war in dieser Saison, ist Meister. Der Grund des VfB-Erfolges ist das gute Teamwork. Manager Heldt und Trainer Veh haben als Paar fantastisch gearbeitet. Der Erste in der Tabelle hat den Titel verdient. Aber das Niveau in der Bundesliga ist nach unten gegangen. Das liegt an den Bayern. Sie haben eine schlechte Einkaufspolitik betrieben, sie haben mit dem Trainerwechsel gezögert und der Trainer Hitzfeld hat nicht viel bewegt. Es ist gut für die Entwicklung im deutschen Fußball, dass mit dem Nachwuchs gut gearbeitet wird, so wie beim VfB."

Ralf Rangnick (Trainer TSG Hoffenheim, früher VfB Stuttgart und FC Schalke 04):
„Schalke hat die Meisterschaft im Februar verspielt. Wer in Bochum und Dortmund nicht gewinnt, hat es auch nicht verdient. Bei Stuttgart war entscheidend, dass Manager und Trainer dieselbe Philosophie haben. Der VfB ist ein würdiger Meister."

Franz Beckenbauer (Präsident des FC Bayern München):
„Der VfB hatte am Anfang der Saison große Startschwierigkeiten. Dann haben sie sich gefangen und von der Schwäche der anderen profitiert. In der Rückrunde waren sie die konstanteste Mannschaft und haben sich eine Spielfreude regelrecht erarbeitet. In der Mannschaft funktioniert es einfach. Und somit sind sie absolut verdient Meister geworden."

Oliver Bierhoff (Nationalmannschafts-Manager):
„Natürlich ist es aus Sicht der Nationalmannschaft positiv, dass sich etliche Nationalspieler in dieser Saison beim VfB Stuttgart weiterentwickelt haben und somit entscheidenden Anteil am Titelgewinn haben. Eine wichtige Rolle hat auch Manager Horst Heldt gespielt, der durch seine seriöse Arbeit die Weichen für die beachtliche Saison des Vereins mit gestellt hat."

Ricardo Osorio (Abwehrspieler des VfB Stuttgart):
„Für so etwas gibt es keine Worte. Pavel und ich haben außerhalb unseres Landes für die mexikanische Fahne, die ich hier habe, gekämpft. Der Schlüssel zum Erfolg war, dass alle in der Mannschaft einfach Lust auf Fußball hatten und dass alle Ziele hatten."

Eine Stadt feiert ihre Helden

Schlossplatz der Emotionen: 50.000 Fans zittern erst mit dem VfB und warten dann stundenlang auf die Ankunft der Mannschaft.

VfB STUTTGART
BAD CANNSTATT
EINS

Eine Stadt feiert ihre Helden

Die Krönung des Tages ...

... Spieler und Fans mit der Schale.

We are the champions: auch die Fans auf dem Schlossplatz fühlen sich als Sieger.

So sehen Sieger aus.

Die Spieler sind so stolz wie ihr Präsident.

Stuttgarts längster Stau: der Korso kommt nur im Schneckentempo voran und erreicht sein Ziel erst nach dreieinhalb Stunden.

Eine Stadt feiert ihre Helden

Bad in der Menge: allein vor dem Hauptbahnhof warten 30.000 Menschen – nur um einmal die Spieler mit der Schale zu sehen.

Helfer in Rot-Weiß

Kaum Zeit zum Feiern hatten am weiß-roten Meisterwochenende die vielen Helfer in Rot-Weiß. Die Rettungssanitäter des Deutschen Roten Kreuzes (DRK) mussten insgesamt mehr als 400-mal Hilfe leisten, meist wegen Kreislaufproblemen und Schnittverletzungen. Die meisten „Opfer" kamen nach einer Verschnaufpause in der kühlen Dependance des DRK in einem Seitenflügel des Neuen Schlosses von selbst wieder auf die Beine, einige bierselige Fans brauchten derweil etwas länger: Insgesamt 19 Fans mussten zur Ausnüchterung über Nacht abtransportiert werden.

Bayrische Träume

GLÜCKWUNSCH, VfB!

Wir gratulieren zur Meisterschaft und versprechen Euch einen heißen Kampf in der nächsten Saison um die Schale.

FC BAYERN MÜNCHEN

Karl-Heinz Rummenigge   Uli Hoeneß   Karl Hopfner
Mannschaft und Trainer

Der FC Bayern München hat sich in der Niederlage spendabel gezeigt und dem VfB eine 20.000 Euro teure Glückwunschkarte zugestellt. So viel kostete die halbseitige Anzeige, die der entthronte deutsche Fußballmeister in der „Stuttgarter Zeitung" und den „Stuttgarter Nachrichten" hatte schalten lassen. „Glückwunsch, VfB!", hieß es neben einem Foto der Meisterschale. „Wir gratulieren zur Meisterschaft und versprechen Euch einen heißen Kampf in der nächsten Saison um die Schale." Darunter standen neben dem Vereinswappen des FC Bayern die Namen von Karl-Heinz Rummenigge, Uli Hoeneß, Karl Hoepfner sowie der Hinweis auf Mannschaft und Trainer. Zuvor hatte Münchens Aufsichtsratschef Franz Beckenbauer bereits in Richtung des VfB-Präsidenten Erwin Staudt gesagt: „Tut's mir die Schale schön putzen, denn im nächsten Jahr wird sie wahrscheinlich wieder nach München gehen."

Haarpracht bleibt

Presseberichten zufolge wollten die Spieler des VfB im Falle der Meisterschaft ihrem Trainer Armin Veh die Haare scheren, wozu es dann aber doch nicht gekommen ist. Zum einen wehrte sich Trainer Veh vehement gegen den Angriff mit dem Rasierer: „Das kommt überhaupt nicht in Frage. Die Haare bleiben dran." Außerdem betonte er, dass seine Spieler das eigentlich sowieso nicht von sich aus wollten, sondern von außen dazu angestachelt worden wären. „Meine Spieler haben keine solche Flausen im Kopf." Frühere VfB-Spieler waren da weniger zimperlich: Der heutige Bundestrainer Joachim Löw hatte sich beim Pokalsieg 1997 mit dem VfB auf dem Marktplatz vor allen Fans den Schädel kahl rasieren lassen müssen. „Ich habe mich damals nicht sehr gut gefühlt, als die Schere angesetzt wurde", erinnerte er sich.

Ein Titel geht um die Welt

Die Entscheidung um die deutsche Fußballmeisterschaft war auf ein weltweites Medieninteresse gestoßen. Die Begegnung des VfB gegen Cottbus wurde über den Sender Arena in mehr als 120 Länder übertragen – die elektrisierenden Bilder vom Stuttgarter Schlossplatz und dem Fanauflauf beim Autokorso gingen um den ganzen Globus. Rund 30 Länder hatten den letzten Spieltag der Saison sogar in einer eigens produzierten Konferenz ausgestrahlt, die mit Abstand meisten Kamerateams, unter anderem auch aus Mexiko, wurden dabei natürlich in Stuttgart gezählt.

Ufo-Alarm

Die Meisterfeier des VfB hat galaktische Ausmaße angenommen. Während der Party, bei der mehr als 250.000 Menschen in der Stuttgarter Innenstadt feierten, erhielt die Ufo-Meldezentrale in Mannheim etliche Anrufe. Die aufgeregten Bürger berichteten von weiß-roten Lichtbällen mit einer pulsierenden Leuchtaura, die am Himmel schwebten. Bei näherer Betrachtung waren es dann aber doch keine Außerirdischen, die mit dem VfB feierten. Irdische Fußballfans hatten etwa 1,80 Meter große Miniatur-Heißluftballons steigen lassen.

Meisterschale statt Viktoria

Die meisten europäischen Fußballer recken als Siegertrophäe einen Pokal in die Höhe, der deutsche Meister freut sich über eine „Salatschüssel". Die begehrte silberne Meisterschale wurde 1949 angefertigt und ersetzte die im Zweiten Weltkrieg verschollene Viktoria. Der erste Nachkriegsmeister 1. FC Nürnberg musste 1948 ganz ohne Siegertrophäe auskommen. In ihrer jetzigen Fassung hat die Schale einen Durchmesser von 59 Zentimetern, wiegt etwa elf Kilogramm und ist mit insgesamt 21 kleinen Turmalin-Edelsteinen von 247 Karat besetzt. Den Materialwert beziffert der deutsche Fußball-Bund (DFB) auf etwa 25.000 Euro. Auf der Meisterschale sind alle Deutschen Meister seit 1903 eingraviert, beginnend mit dem VfB Leipzig. 1981 wurde die Trophäe mit einem zusätzlichen Silberring vergrößert, da kein Platz mehr vorhanden war, um weitere Titelgewinner einzugravieren. Allerdings reicht dieser zusätzliche Ring nur bis zum Jahre 2011 aus. Von der Meisterschale existieren mehrere Duplikate, die sich im Besitz jener Vereine befinden, die mehrfach Meister geworden sind. Das Original ist als Wanderpokal jeweils im Besitz des aktuellen Meisters – und der heißt bekanntlich VfB Stuttgart.

Stuttgart holt den ersten Stern

Nach dem Gewinn der dritten Deutschen Meisterschaft seit der Gründung der Bundesliga 1963 kann sich der VfB nun mit einem goldenen Stern schmücken. Dieser wird ab der Saison 2007/2008 auf den Trikots des Traditionsclubs zu sehen sein – als sechster Verein in der Liga hat der VfB mindestens drei nationale Titel gewonnen und sich damit diese Auszeichnung verdient. Für drei Titel erhält eine Mannschaft einen Stern, ab fünf Titeln kommt ein weiterer hinzu, und nach dem Gewinn von mindestens zehn Meisterschaften erhält ein Verein drei Sterne. Die prangen bisher nur auf den Trikots des deutschen Rekordmeisters Bayern München, der seit dem Bestehen der Bundesliga bereits 19 Titel gewann. Zweiter in dieser Liste ist Borussia Mönchengladbach, das nach fünf Erfolgen zwei Sterne aufdrucken darf. Einen Stern besitzen neben dem VfB Stuttgart auch Werder Bremen (vier Titel), der Hamburger SV und Borussia Dortmund (jeweils drei Titel). Die Vergabe von Sternen gilt als eine besondere Auszeichnung, mit der der historische Wert der Meisterschaften für die Bundesliga unterstrichen werden soll.

Meisterliche Quote

So viele Zuschauer hatte die SWR-Sendung „Sport am Samstag" noch nie: Mehr als 350.000 Zuschauer erlebten die Meisterschaft des VfB im dritten Fernsehprogramm des SWR. Zwischen 17 und 18 Uhr erreichte der Marktanteil sensationelle 24,5 Prozent in Baden-Württemberg. Am Abend verfolgten sogar 400.000 Zuschauer den Autokorso des VfB vom Stadion in die Innenstadt. Da der Triumphzug immer wieder stecken blieb, verlängerte der SWR seine Sendezeit bis 23 Uhr – was vielen Zuschauern aber nicht lange genug war. Den Auftritt der Mannschaft auf dem Schlossplatz eine halbe Stunde vor Mitternacht verpassten sie nämlich.

Dortmunder Schützenhilfe

Weiß-rot, wohin man auch schaute – und mittendrin ein paar gelbe Farbkleckse. Für die sorgten am Stuttgarter Meisterwochenende Olli und seine Jungs, die mit Dortmund-Trikots auf den Schultern angereist waren und fern der Heimat auf dem Kleinen Schlossplatz unablässig per Megafon skandierten: „Ohne Dortmund wär hier gar nichts los, ohne Dortmund wär hier gar nichts los." Recht haben sie, fanden viele VfB-Schlachtenbummler und gaben den Dortmundern für ihre Schützenhilfe am vorletzten Spieltag gegen Schalke etliche Biere aus – und zwar frisches Veltins, das kistenweise über den Tresen ging. Der Beginn einer neuen Fanfreundschaft?

Auch der Rubel rollt

Dank seines Meistertitels hat der VfB Stuttgart von allen 18 Fußball-Bundesligisten am stärksten vom neuen TV-Vertrag profitiert. Dem neuen deutschen Meister stehen nach Berechnungen der Wirtschaftsprüfungsgesellschaft Ernst & Young AG für die abgelaufene Saison 2006/2007 insgesamt 26,18 Millionen Euro aus der Vermarktung der Fernsehrechte zu. Das sind gut 80 Prozent mehr als im Vorjahr. Doch auch die anderen Clubs bekommen mehr Geld: Der gescheiterte Titelverteidiger Bayern München kassiert mit 25,19 Millionen Euro immerhin noch 55 Prozent mehr. Den geringsten Anteil erhalten die letztjährigen Aufsteiger VfL Bochum (13,87), Alemannia Aachen (13,16) und Energie Cottbus (12,45).

Jubel auf mexikanisch

Nicht nur die Fans in der baden-württembergischen Landeshauptstadt haben nach dem Titelgewinn des VfB gejubelt, auch tausende von Mexikanern machten nach dem Schlusspfiff im Daimlerstadion ein Fass auf. Zuvor hatten sie das Spiel live im mexikanischen Fernsehen verfolgt und dabei natürlich ganz besonders ihren Landsleuten Pável Pardo und Ricardo Osorio die Daumen gedrückt. „Wir sind übermäßig zufrieden", sagte Pardos Vater Jorge unmittelbar nach dem Schlusspfiff. Er hatte zusammen mit der ganzen Familie das entscheidende Spiel angeschaut, das wegen der siebenstündigen Zeitverschiebung in Mexiko um die Mittagszeit zu Ende war. „Erst danach konnten wir in Ruhe frühstücken", gab der stolze Vater bei den Journalisten zu Protokoll.

Freunde auf den Dixi-Klos

Reichlich zu tun hatte an diesem Wochenende auch die Polizei, die zwischen Schlossplatz und Stadion mit mehr als 600 Mann im Einsatz war. Etliche Zugangsstraßen mussten lange vor dem Anpfiff gesperrt werden, über der weiß-roten Innenstadt kreiste der grün-weiße Polizeihubschrauber und im Radio wurden die Warndurchsagen rauf und runter gespielt. Dennoch blieb den Beamten Zeit, auch noch auf die Bühne auf dem Schlossplatz zu klettern, was der Einsatzleiter Michael Kühner höchstselbst tat, um auf dem Platz für Ordnung zu sorgen: „Hallo Freunde auf den Dixi-Klos, kommt wieder runter, sonst brechen wir die Party ab", rief er immer wieder ins Mikro der SWR-Moderatorin Stefanie Anhalt. Etliche Fans hatten sich nämlich einen Logenplatz gesichert, um einen unverstellten Blick auf die Leinwand zu haben. Polizeichef Kühner aber blieb hart – und die Freunde auf den Dixi-Klos zeigten sich schließlich einsichtig.

Das Warten hat sich gelohnt: Sechs Stunden nach dem Schlusspfiff feiern die Fans und die Spieler endlich gemeinsam auf dem Schlossplatz.

VfB
STUTTGART

Ein Plakat sagt mehr als tausend Worte – die Botschaft kommt bei den Spielern an.

Völlig losgelöst: die Spieler und die Fantas mit ihrem Sänger Thomas D heben gemeinsam ab.

Der einstige Bundestrainer Jürgen Klinsmann hätte in diesem Augenblick wahrscheinlich gesagt: „Das sind Gefühle, die wo man schwer beschreiben kann."

Hymne für den Heimweg

Bei der Meisterfeier auf dem Schlossplatz haben nicht nur die Fantastischen Vier ihre Gesangsqualitäten unter Beweis gestellt. Im Überschwang der Gefühle gab anschließend auch ein VfB-Duo stimmlich alles: Sportdirektor Jochen Schneider und der Abwehrspieler Markus Babbel versuchten sich an einer berühmten Fußballhymne, die dem Exspieler des FC Liverpool aus seiner Zeit in England noch bestens bekannt war und in die schließlich der ganze Schlossplatz mit einstimmte: „You'll Never Walk Alone". Dieser Song wurde von Richard Rodgers (Musik) und Oscar Hammerstein II (Text) im Jahr 1945 für das Broadway-Musical Carousel geschrieben. Heute gilt das Stück in der Version von Gerry & the Pacemakers als die Fanhymne schlechthin. Weltweit berühmt wurde der Song durch den Liverpooler Fanblock „The Kop". Eines Tages fiel vor einem Spiel die Soundanlage des Stadions an der Anfield Road aus, während „You'll Never

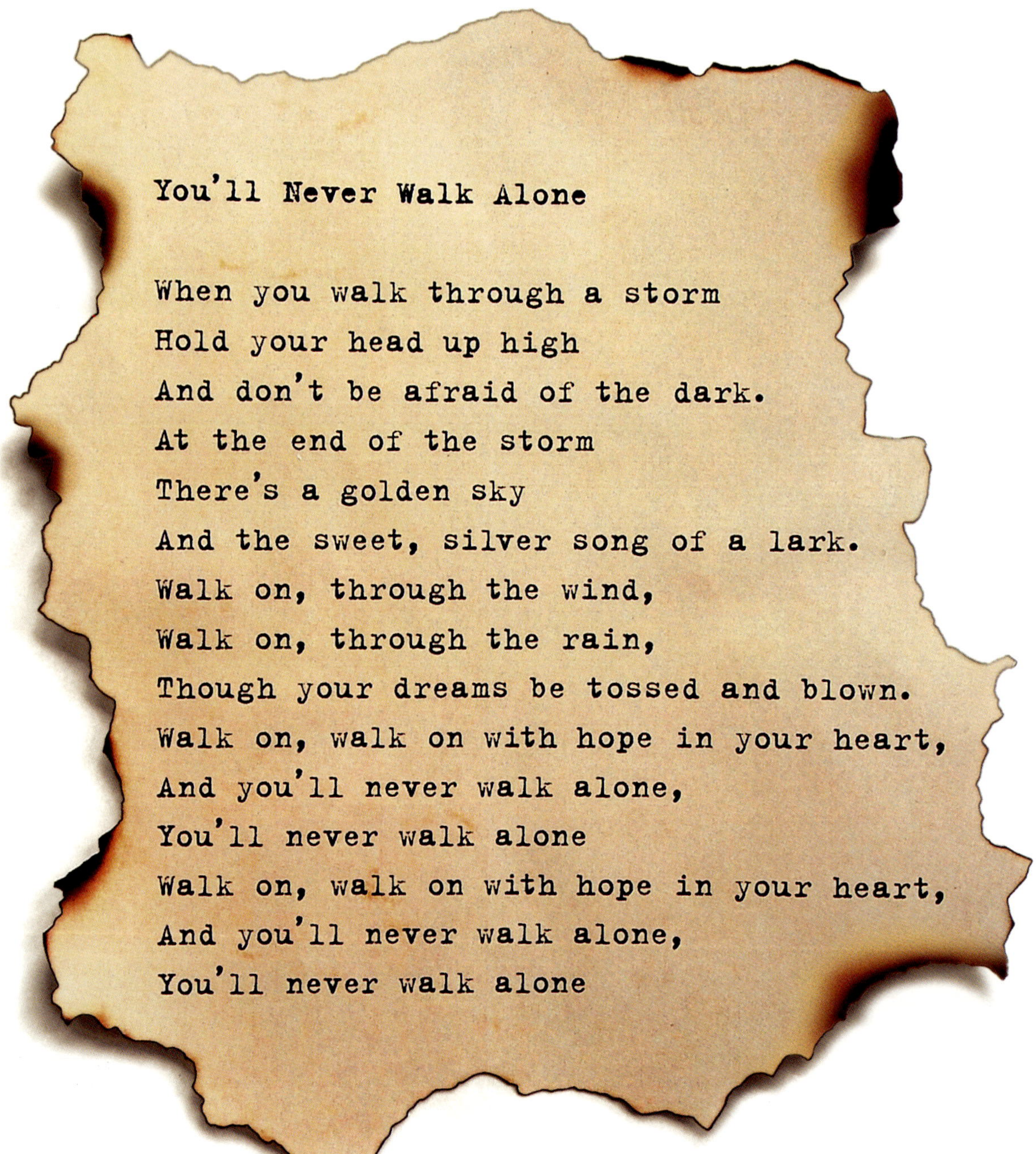

Walk Alone" lief. Die Fans intonierten das Lied daraufhin selbst in voller Stärke. Seit diesem Tag wird vor Spielbeginn in Liverpool das Lied vom Publikum geschlossen angestimmt, als eine Art Hymne des Vereins. Inzwischen wird der Song auch in anderen internationalen Ligen immer populärer.

Der Erfolg und seine Macher

Das Wunder vom Wasen

**Ein Fall für Zwei –
Armin Veh und Horst Heldt**

**Emotionen zum Abschied –
Timo Hildebrand**

**Tore am Fließband –
Mario Gomez**

**Doppelpack aus Mexiko –
Pavel Pardo und Ricardo Osorio**

Das Wunder vom Wasen

Schon vor dem Saisonbeginn haben viele auf den VfB gewettet. Die meisten setzten ihr Geld auf Armin Veh. Bevor der erste Ball in der Spielzeit 2006/2007 über den Rasen rollte, galt der gebürtige Augsburger auf dem Trainerstuhl der Schwaben als einer der Topkandidaten für den schnellsten Rauswurf in der Runde. Die Buchmacher taten sich schwer damit, überhaupt noch Wetten auf seine Entlassung anzunehmen – die Quote war so schlecht, dass es nichts zu verdienen gab. Am Ende kam es bekanntlich ganz anders: Am 19. Spieltag wurde beispielsweise dem zweifachen Doublegewinner Felix Magath bei den Bayern der Stuhl vor die Tür gesetzt. Am selben Tag mussten auch der bei den HSV-Fans beliebte Thomas Doll und das Trainer-Urgestein Jupp Heynckes in Mönchengladbach gehen. Armin Veh blieb, auch weil die Führung des VfB trotz eines holprigen Starts in die Saison an ihm festhielt. Und am Ende stand er tatsächlich an der Spitze: diesmal nicht als Wackelkandidat, sondern als Meistertrainer.

Doch zunächst beginnt diese außergewöhnliche Saison mit einem Fehlstart. Am 12. August betritt eine runderneuerte VfB-Elf beim ersten Heimspiel gegen den 1. FC Nürnberg den Rasen des Gottlieb-Daimler-Stadions. Die Zuschauer sehen ein Team mit vielen Unbekannten: Im Mittelfeld soll der junge Schwede Alexander Farnerud die Fäden ziehen, auf der wichtigen Position des zentralen Mittelfeldspielers ist der mexikanische Rekordnationalspieler Pavel Pardo vorgesehen, und hinter ihm verteidigt dessen Landsmann Ricardo Osorio. Für die vermeintlichen Experten, für die Fans und vielleicht auch für einige der Verantwortlichen des VfB ist diese Truppe wie eine Wundertüte.

Als der Schiedsrichter nach 90 Minuten abpfeift, hüpft eine Kröte aus ihr heraus. Stuttgart ist von couragierten Nürnbergern mit 0:3 abgewatscht worden, und auf den Rängen des Daimlerstadions wird der erste Auftritt der Saison mit zwei Reaktionen quittiert: Kopfschütteln und Abwinken. Die Aufbruchstimmung weicht Ernüchterung, der VfB startet als Randnotiz in die Runde. Und die Liga spekuliert nach dem ersten Spieltag darüber, wie schnell die Bayern den Abgang ihres Leithammels Michael Ballack nach Chelsea verkraften werden. Sie räsoniert über die Titelchancen des vermeintlich strahlenden Hamburger Sportvereins, und viele der Fans schwärmen noch immer vom Sommermärchen der Fußball-Weltmeisterschaft 2006.

Armin Veh hingegen muss auf der Pressekonferenz Fragen dazu beantworten, ob er jetzt schon Druck verspürt. Viele im Umfeld des Vereins erinnern sich wieder an den Satz des Aufsichtsratschefs Dieter Hund, der anlässlich der Verpflichtung von Veh zunächst das Wort „Übergangslösung" prägte. Dass seine Arbeit chronisch unterschätzt wird, begleitete Armin Veh seit Jahren, obwohl er vor allem mit Reutlingen und der Spielvereinigung Fürth zuvor viel erreicht hatte. Doch im schillernden Geschäft des Millionenspiels Fußballbundesliga werden solche Leistungen mit Klubs aus der zweiten Reihe nur bedingt zur Kenntnis genommen – die Bewährungsprobe muss in der Bundesliga bestanden werden. Das weiß Veh, aber auch die Kritik vermeintlicher Experten kann ihn zu Beginn dieser am Ende so erfolgreichen Saison nicht von seinem eingeschlagenen Weg abbringen. „Ruhe bewahren" lautet seine Devise zu diesem Zeitpunkt der Saison.

Die Wende auf der Alm

Eine Woche nach der Pleite gegen Nürnberg tritt der VfB auf der Bielefelder Alm an und feiert seine Wiederauferstehung. Die Mannschaft wirkt wie verwandelt. Nichts ist zu spüren von der Verunsicherung, von der scheinbaren Leblosigkeit der Elf. Der VfB kämpft, er überzeugt spielerisch – und er zeigt Moral. Nach einer unberechtigten roten Karte für Ricardo Osorio und einer gelbroten Karte für den Mainzer Neuzugang Antonio da Silva spielt der VfB nur noch zu neunt, als sich Cacau acht Minuten vor Schluss den Ball schnappt: Sein Siegtreffer zum 3:2 wird später zum Tor des Monats gewählt. Dieser späte Sieg in Unterzahl wird zum Befreiungsschlag, für den Trainer ist er das Signal, auf das er gewartet hat. „Dieses Spiel war ein Schlüsselerlebnis. Da habe ich gemerkt, was für einen Charakter die Jungs haben", erinnert er sich später im Rückblick. Es ist für Veh das wichtigste Spiel der Saison. Das Spiel, das die Wende bringt.

Im Laufe der Hinrunde kommt der Verein für Bewegungsspiele allmählich in Fahrt – was außerhalb von Stuttgart zunächst kaum jemand bemerkt. In Stuttgart selbst übt sich die Doppelspitze aus Trainer Veh und Manager Heldt in

Zurückhaltung – was keine falsche Bescheidenheit ist, sondern eine überlegte Strategie. Die Saisonziele werden möglichst niedrig angesetzt, um dem jungen Team nicht unnötigen Erwartungsdruck auf die Schultern zu laden. Der UEFA-Cup? Zunächst kein Thema. Und als der Platz für den internationalen Wettbewerb später kaum noch zu verlieren ist, mag auf dem Wasen niemand von der Champions League reden. In Interviews mauern Veh und Heldt beharrlich, wenn es darum geht, die Erwartung nach oben zu schrauben. Aber auf dem Platz entwickelt sich die junge Mannschaft allmählich zu einer Marke, die für ein rasantes Kurzpassspiel steht. Stuttgart orientiert sich an den modernen Spielsystemen europäischer Spitzenteams, wie sie beispielsweise der FC Arsenal in der Premier- und in der Champions League demonstriert.

Neue Stars aus der Nachwuchsschmiede

Die neu erwachte Stärke des Klubs bekommen auch die erklärten Titelfavoriten zu spüren. Am 16. September gewinnt der VfB bei Werder Bremen mit 3:2, und das Krisengerede in Stuttgart verstummt endgültig. Am siebten Spieltag legt der VfB seinen Heimkomplex ab und schlägt Bayer Leverkusen mit 3:0. Es ist der erste Heimsieg seit mehr als fünf Monaten, dem am neunten Spieltag gleich der nächste folgt: Schalke 04, mit dem zahlungskräftigen russischen Gasunternehmen Gazprom als Sponsor, wird im Daimlerstadion mit 3:0 abgefertigt. Für Stuttgart treffen Serdar Tasci und zweimal Sami Khedira. Serdar wer? Sami wie bitte? Die Bundesliga muss sich an neue Namen gewöhnen und daran, dass sich der VfB nach einem mageren Start auf den vorderen Rängen in der Tabelle festsetzt. Das Team, seit sechs Punktspielen ungeschlagen, steht inzwischen bereits auf Platz vier.

Mit jedem Spieltag sind die Konturen der neuen Mannschaft deutlicher zu erkennen. In der Defensive bilden Fernando Meira und Matthieu Delpierre eines der zweikampfstärksten und besten Abwehrgespanne der Liga. Zudem schlagen fast alle Neuzugänge ein: Auf den Außenpositionen wirbeln Arthur Boka von der Elfenbeinküste, der Mexikaner Osorio und Roberto Hilbert. Vor allem Hilbert wird in der Rückrunde dank seiner Schnelligkeit, seiner Spielübersicht und Torgefährlichkeit zu einer der wichtigsten Figuren in der Mannschaft. Auch die jungen Spieler aus der nach dem Vorbild des holländischen Traditionsvereins Ajax Amsterdam reformierten Talentschmiede der Stuttgarter spielen erstaunlich konstant. Aber auch abseits des Spielfelds läuft es für den VfB glänzend: Ende Oktober präsentiert der Finanzvorstand Ulrich Ruf für das Geschäftsjahr 2005 einen Rekordumsatz von 81,78 Millionen Euro und einen Gewinn von 2,06 Millionen Euro. Daraufhin kann der Klubchef Erwin Staudt verkünden: „Der VfB ist schuldenfrei."

Tabellenführer im Oktober

Und der VfB ist erfolgreich. Am zwölften Spieltag, nach einem 2:1 in Hannover, steht der VfB Stuttgart erstmals seit dem 23. Oktober 2004 wieder auf dem ersten Tabellenplatz der Bundesliga. „Wir bleiben trotzdem auf dem Teppich", lautet nun die Devise des Trainers.

Nur nicht abheben, bloß nicht den Verdacht erregen, dass man nach Höherem strebt. Auf dem Platz arbeitet ein straff organisiertes Kollektiv ohne große Stars, das auf dem Boden bleibt. Kaum ein Anhänger trauert den klingenden Namen nach, die der Vergangenheit angehören oder im Laufe der Spielzeit den Verein verlassen. Dazu gehört der mit großen Erwartungen bedachte Däne Jon Dahl Tomasson, der es lediglich auf vier Einsätze in der Vorrunde bringt und dann zum spanischen Erstligisten Villareal ausgeliehen wird. Dazu gehört auch der Serbe Danijel Ljuboja, der in Stuttgart als Leihgabe nach einer guten Saison an seinem Vertragspoker und nicht am fehlenden Können scheitert. Er wechselt auf Leihbasis zum HSV.

In Stuttgart haben sie sich zunächst von den ganz großen Namen verabschiedet und damit zum Erfolg zurückgefunden. Auch das Kapitel Giovanni Trapattoni ist Geschichte. Als der Maestro im Juni 2005 als Nachfolger von Matthias Sammer vorgestellt wurde, knallten in ganz Stuttgart die Korken von den Spumanti-Flaschen. Trapattoni, das klang nach Scala am Neckar, nach italienischer Leichtigkeit und nach einer eingekauften Titelgarantie. Schließlich reiste der 66-Jährige mit der stolzen Referenz von 22 Titeln nach „Stoccarda", wo er sich bei seiner ersten Pressekonferenz gewohnt charmant gab: „Ich schon wieder da!"

Die italienischen Wirte in der Stadt stießen auf Trap an, und rund um das Klubhaus am Wasen blühten die schönsten Träume, die jedoch bald verwelkten. Unter dem erfolgreichsten Vereinstrainer aller Zeiten, der am Neckar nach Meinung vieler mit Methoden von vorgestern arbeitete, spielte der VfB oft verzagt und meist minimalistisch. Die Anhänger bruddelten, und der Klub dümpelte im Niemandsland der Tabelle vor sich hin. Den höchsten Unterhaltungswert besaßen oft die Interviews, die der Trainer auf „Trapattonisch" gab, und bei denen sich Journalisten und Fans anschließend in Interpretationen versuchten. Auch die Mannschaft verstand wohl nicht immer, was der Maestro mit Direktiven wie jener meinte: „Spiele lange Ball und mache Krieg auf die andere Seit!"

Seine Ära endete, als Horst Heldt im Januar 2006 das Spielertrikot mit dem Brustring auszog und es gegen einen Anzug tauschte. Eine der ersten Amtshandlungen des neuen Managers, der den Sprung vom Spieler zum Entscheidungsträger ohne jede Zwischenstation absolvierte, war die Entlassung Trapattonis: Der Neuling im Job kündigte dem Altmeister – und die Bundesliga staunte Bauklötze angesichts dieser Courage. „Als Spieler habe ich mir immer gewünscht, dass ich genau weiß, woran ich bin. Je schneller man einen klaren Schnitt macht, desto besser", kommentierte Heldt seine Entscheidung, um gleich darauf die Liga mit seinem nächsten Coup zu verblüffen: Armin Veh wird neuer Trainer auf dem Wasen.

Abschied von Timo

Der bodenständige Augsburger weiß, was er will – und wen er nicht will. So erfährt der Ex-Nationalspieler Markus Babbel kurz nach Saisonbeginn, dass er unter Veh keine Rolle mehr spielen wird. Doch dank der frühzeitigen Ansagen von Trainer und Manager herrscht Ruhe in der Mannschaft, auch bei den Aussortierten, die wissen, woran sie sind. Fingerspitzengefühl benötigen die Macher im Club bei einer delikaten Personalie, die in der Winterpause der Saison 2006/2007 geklärt wird: Kurz vor Weihnachten verkündet der VfB die Trennung von Timo Hildebrand. Der 27-jährige Torhüter konnte sich zuvor mit dem Verein nicht auf eine Vertragsverlängerung einigen. Ende Januar verpflichtet der VfB den Nürnberger Torwart Raphael Schäfer als seinen Nachfolger. Zuvor verlängern Trainer Veh und Co-Trainer Alfons Higl um ein weiteres Jahr. Eine längere Laufzeit lehnt Veh ab. Dies sei fair für beide Seiten, argumentiert Veh und verzichtet damit auf eine höhere Abfindung im Fall seiner Entlassung. Das kommt an im Schwabenland.

Die Rückrunde beginnt für den VfB wie die Hinrunde – mit einer deftigen Niederlage gegen Nürnberg. Nach der 1:4-Klatsche im Schneetreiben des Frankenstadions sagt Timo Hildebrand: „Wir brauchen offenbar einen Tritt." Der Tritt muss so stark gewesen sein, dass die Mannschaft beinahe verlernt, wie man verliert. Am 10. Februar besiegen die Schwaben Werder Bremen mit 4:1 – Mario Gomez, der gegen Bremen einmal trifft, führt zu diesem Zeitpunkt die Torjägerliste mit zwölf Treffern an. Vor allem auch seinen Toren hat es der VfB zu verdanken, dass viele Fans allmählich vom Titel träumen – so lange, bis es beim Spiel gegen Wolfsburg knüppeldick für den Jungnationalspieler kommt: Erst zieht er sich beim torlosen Remis gegen Wolfsburg

einen Innenbandriss im linken Knie zu. Dann knallt der Stürmer noch auf dem Platz frustriert seine Faust gegen den Koffer des Ärzteteams und bricht sich dabei die Hand.

Bayern wird gedemütigt

Mario Gomez fällt fast zehn Wochen aus, und nachdem der VfB am 26. Spieltag mit 0:1 gegen Schalke verliert, glaubt ganz Gelsenkirchen, Stuttgart im Titelrennen abgehängt zu haben. Doch der VfB schlägt zum Erstaunen der Liga unbeeindruckt zurück und besiegt hintereinander Aachen, Hamburg und Hannover. Es sind in dieser Phase der Saison vor allem die jungen Spieler wie Sami Khedira und Robert Hilbert, die den Torgaranten Mario Gomez ersetzen. Hilbert avanciert zum Mann für die wichtigen Tore. Gegen Hannover schießt er sein Team bereits nach zwei Minuten in Führung und in Gladbach erzielt er das Tor des Tages. Ein Big Point für den VfB.

Am Spieltag zuvor sind die Bayern zu Gast im Daimlerstadion, um beim Südgipfel nach einer aus ihrer Sicht verkorksten Saison die Verhältnisse zurechtzurücken. Der Trainerfuchs Ottmar Hitzfeld spricht schon Tage vor der Partie von einem unglaublichen Druck, der auf dem VfB lasten muss und die Beine schwer macht – doch das Gegenteil ist der Fall. Durch zwei Tore von Cacau schlägt der VfB in einem seiner besten Saisonspiele den zu jeder Zeit chancenlosen Rekordmeister und die Stuttgarter Zeitung titelt am Tag danach: „Die Lehrlinge sind plötzlich besser als der Meister." Weiß-Rot hat Rot-Weiß entzaubert. Der unbändige Siegeswille der Spieler mit dem Brustring ist an diesem Tag bis hinauf in den letzten Rang des mit 56.000 Zuschauern ausverkauften Daimlerstadions zu spüren. Und die Fans gehen mit einem großen Traum nach Hause.

Das Drama von Bochum

Die Bayern verabschieden sich in Stuttgart endgültig aus dem Titelrennen, und an der Tabellenspitze der Bundesliga entbrennt ein Dreikampf. Nur noch vier Punkte liegt der VfB hinter dem Spitzenreiter Schalke, aber auch die

Bremer liegen zu diesem Zeitpunkt noch aussichtsreich im Titelrennen. Die Vorentscheidung fällt am 33. Spieltag, nachdem alle drei Titelaspiranten ihr Spiel zuvor gewonnen hatten. Der Showdown steigt am 12. Mai im Ruhrpott. Der VfB tritt im Bochumer Ruhrstadion an, Schalke beim Revierderby im nur wenige Kilometer entfernten Dortmunder Westfalenstadion. Das Spiel beginnt schlecht für den VfB, der schnell mit 0:1 zurückliegt und Glück hat, dass der Toptorjäger der Liga, der Bochumer Theofanis Gekas, kurz nach der Führung völlig frei aus kurzer Distanz den Ball über den Kasten von Timo Hildebrand schaufelt. Durch ein Tor von Hitzlsperger gleicht Stuttgart aus, doch noch vor der Pause geht Bochum erneut in Führung.

Die Partie ist nichts für schwache Nerven – doch genau in solchen kritischen Momenten zeigt der VfB in dieser Saison seine besonderen Stärken: Das Team bewahrt die Ruhe und hält sein System scheinbar stoisch bis zum Schlusspfiff durch, während andere Mannschaften längst die Taktik über Bord werfen. Auch in Bochum lassen sich die Schwaben vom eigenen Rückstand und dem Halbzeitergebnis aus Dortmund, wo Schalke mit 0:1 hinten liegt, nicht nervös machen. In einer dramatischen Aufholjagd dreht der VfB die Partie zu seinen Gunsten – und der Held der Partie heißt Mario Gomez. Ausgerechnet in diesem entscheidenden Spiel feiert der Torjäger nach seiner Verletzungspause sein Comeback, schneller als geplant wechselt Armin Veh ihn ein: „Ich hatte das Gefühl, dass ich früher etwas bewegen muss und Gomez die Wende bringen kann." Fünf Minuten lang müht sich der Stürmer vergeblich, ins Spiel zu kommen, dann trifft er mit seinem ersten Ballkontakt zum 2:2-Ausgleich und sagt später bescheiden: „Der Ball fiel mir auf den Kopf."

Zeit für Helden

Im Ruhrstadion gibt es kein Halten mehr. Tausende von mitgereisten Fans feuern den VfB nach dem Ausgleich frenetisch an, keine zehn Minuten später dreht sich der Brasilianer Cacau in bester Gerd-Müller-Manier um sich selbst und erzielt in der 72. Minute das 3:2. Im Westfalenstadion feiern die Dortmunder Fans den Treffer für den VfB, der auf der Anzeigentafel eingeblendet wird, wie die eigene Meisterschaft. Der hämische Torjubel trifft die Schalker Spieler wie eine Keule. Nichts geht mehr im Revierderby und für den VfB ist die Tabellenführung mit zwei Punkten Vorsprung greifbar nah, als drei Minuten vor Schluss plötzlich der Bochumer Dabrowski frei vor dem VfB-Tor auftaucht. Sein Schuss aus nächster Nähe ist eigentlich unhaltbar, doch Timo Hildebrand wirft sich dem Ball entgegen. Als er aufspringt und seinen Emotionen freien Lauf lässt, spürt jeder im Stadion, dass der Torhüter in dieser Saison endlich etwas Großes erreichen will. Nach dem Schlusspfiff werden viele von ihren Emotionen überwältigt: Der Stürmer Cacau heult noch auf dem Platz, und auch der Präsident Erwin Staudt bekommt auf der Haupttribüne feuchte Augen.

In Bochum feiert erneut das Kollektiv den Sieg, eine Mannschaft, in der keiner seinen Egoismus auf Kosten der anderen auslebt. Wenn einer ausfällt, rückt ein anderer nach – kein Rückschlag kann den VfB aus der Spur bringen. Armin Veh betont nicht nur einmal, dass er keinen aus seinem Kader herausheben möchte. Es ist eine Fußball-Floskel, aber in diesem Fall ist sie wahr: Der Star ist tatsächlich die Mannschaft. Und in der gibt es in dieser Saison keinen Platz für Unzufriedene und Stänkerer. Alle ziehen an einem Strang und ordnen sich dem gemeinsamen Ziel unter. So murrt auch ein Serdar Tasci nicht, als er nach vielen guten Spielen beim letzten Saisonspiel gegen Cottbus wieder auf der Bank Platz nehmen muss. Der Trainer dankt es ihm und wechselt seinen Ersatzchef in der Abwehr zwei Minuten vor dem Saisonende nochmals ein – der Mann mit der Nummer 35 betritt die Meisterbühne unter dem donnernden Applaus der 56.000 Zuschauer.

Ein gewaltiger Erwartungsdruck

Schalke hat verloren, Bremen hat verloren, Stuttgart ist Spitzenreiter. Unter diesen Vorzeichen hebt sich vor dem letzten Spieltag der Vorhang über der Bühne Bundesliga, auf der

nach den letzten 90 Minuten der VfB gefeiert wird. Es ist die Mischung aus ambitioniertem Fußball, Organisation und Risikobereitschaft, die den neuen VfB ganz nach oben geführt hat. Die Mannschaft hat im Laufe der Saison mit Tempofußball überzeugt und sich neben Werder Bremen die meisten Torchancen erarbeitet. Der neue VfB hat sich nach Rückständen zurückgekämpft – und genau diesen Kampfgeist zeigt er auch beim Saisonfinale gegen Energie Cottbus.

Das weltweite Interesse am Bundesligafinale, das in mehr als 120 Länder übertragen wird, ist an diesem Tag so gewaltig wie der Erwartungsdruck, der auf den Spielern lastet. Nie herrschte ein größerer Medienrummel rund um das Cannstatter Clubhaus als in der Woche vor dem 34. Spieltag. Aus der ganzen Welt strömen die Berichterstatter auf das Vereinsgelände, um die Stimmung beim Titelkandidaten einzufangen: Der Nachrichtensender N24 berichtet live vom Training, im ZDF-Morgenmagazin laufen täglich Interviews mit Gomez, Hildebrand, Magnin oder Tasci, das englische Fernsehen porträtiert Cacau, ein mexikanisches Filmteam wird zum Stammgast auf dem Wasen, und Reporter der FAZ, der Süddeutschen Zeitung und vom Stern versuchen, das Wunder von Stuttgart zu erklären. Die Medienmaschine dampft.

Und der Trubel zeigt bei den Spielern seine Wirkung. Nach dem 0:1-Rückstand durch den Cottbusser Radu zittern gerade den Jungen im VfB-Dress die Knie. Doch auch diesmal kommt der VfB zurück. Thomas Hitzlspergers fulminanter Kracher zum Ausgleich erlöst die Fans – und dann köpft ausgerechnet Sami Khedira, der in der ersten Halbzeit mit das größte Nervenflattern hatte, den VfB zum Sieg. Zur Meisterschaft. Zum Freudentaumel. Der VfB Stuttgart ist deutscher Meister 2007 – und so endet diese Bundesligasaison mit einem Novum: Noch nie stand eine Mannschaft, die als Tabellenletzter in die Saison startete, nach 34 Spieltagen ganz oben.

Ein Fall für Zwei

Wer hätte vor der Saison gedacht, dass ausgerechnet das Gespann Armin Veh und Horst Heldt dem VfB nach 15 Jahren endlich wieder einen Meistertitel bescheren würde? Der Trainer und der Manager erzählen, wie sie die neue Mannschaft formten, was ihnen der Titel bedeutet und wie ihr Traum vom schönen Fußball aussieht.

Herr Veh, ein Spiel dauert 90 Minuten, ein Stuttgarter Autokorso gerne mal dreieinhalb Stunden.

Veh: Was sich nach unserem Sieg gegen Cottbus und dem Gewinn der deutschen Meisterschaft in Stuttgart abgespielt hat, war wirklich unglaublich. Ich habe noch nie so viele Menschen an einem Ort gesehen. Es war eine unheimliche Begeisterung. Die Strecke vom Stadion bis zum Schlossplatz, für die wir beim Autokorso eine halbe Ewigkeit gebraucht haben, fährst du an einem Tag mit normalem Verkehr in acht Minuten. Ich habe diese Fahrt bewusst genossen, nach dieser aufreibenden Schlussphase im Titelrennen. Der Fußball, den ich mir vorstelle, hat viel mit Leidenschaft zu tun, und diese Leidenschaft ist uns an diesem Tag von Seiten der Fans auch entgegengebracht worden. Es ist eine Riesenfreude für mich zu sehen, wie dieser Erfolg eine ganze Region bewegt hat. Das habe ich in meinen kühnsten Träumen nicht erwartet.

Nach dem Spiel wurden Sie mit etlichen Litern Bier übergossen. Ist der mausgraue Anzug, Ihr Glücksbringer in dieser Saison, noch zu retten?

Veh: Auf jeden Fall, so schlecht ist die Qualität auch wieder nicht. Übel gerochen hat er aber schon, das muss ich sagen. So lustig finde ich das Ganze zwar nicht, aber das gehört eben dazu.

Dafür sind die Haare ja noch dran!

Veh: Die waren auch nie in Gefahr. Wenn man vor der Saison eine Wette abschließt, kann man sich hinterher die Haare ja abrasieren. Mein Fall ist das nicht. Im Übrigen haben die Spieler das gar nicht vorgehabt. Das wurde ihnen von außen suggeriert.

Wie haben Sie die Meisterparty überstanden, Herr Heldt?

Heldt: Die Feiern nach unserem Titelgewinn sind für Stuttgart wie eine Neuauflage des Sommermärchens während der WM gewesen. Ich habe diese Begeisterung voll ausgekostet und werde diese Stunden nie vergessen. Die Fans haben uns einen Wahnsinnsempfang bereitet.

Für viele sind Sie der Trainer der Saison, Herr Veh, welche Gefühle überkamen Sie beim 1:0 für Cottbus?

Veh: Da bist du natürlich nicht glücklich auf der Bank. Cottbus hat gut gespielt und die Nerven meiner Spieler haben leicht geflattert. Ich kenne ja die Körpersprache und Haltung der Spieler, wir hatten in dieser Phase schon leichte Probleme. Nur war mir klar, dass wir zurückkommen können. Das hat die Mannschaft mehrfach bewiesen in dieser Saison. Wichtig war das 1:1 von Hitze, ein tolles Tor, das wir häufig in dieser Ausführung so geübt haben. Das war kein Zufall. In der zweiten Halbzeit waren wir dann die bessere Mannschaft – sicher war ich mir aber erst, als der Schiedsrichter abgepfiffen hat.

Was haben Sie als Erstes getan?

Veh: Ich habe die Umstehenden umarmt, bin dann aber schnell alleine in die Kabine, ich musste einfach ein paar Minuten alleine sein. Das mache ich immer so.

Ist der Titel auch deshalb eine besondere Genugtuung für Sie, weil der Spruch von der Übergangslösung, als die Sie galten, lange wie ein Damoklesschwert über Ihnen schwebte?

Veh: Absolut nicht, das ist lange vergessen. Im Gegenteil. Mit der Spielvereinigung Greuther Fürth und Reutlingen war es utopisch, deutscher Meister zu werden. Mit dem VfB habe ich diese Chance erhalten, und ich habe sie genutzt. Darüber freue ich mich, Genugtuung verspüre ich keine.

Der VfB hat mit dem Titelgewinn einen Coup gelandet, den ihm vor dem Saisonbeginn kaum ein Experte zugetraut hat – inwiefern hat der Club von der Rolle des Außenseiters profitiert?

Heldt: Es stimmt schon: Niemand hatte uns so recht auf der Rechnung. Aber dieser Faktor hat meiner Meinung nach keine ausschlaggebende Rolle gespielt. Für mich ist dieser Erfolg in erster Linie ein Produkt der Teamarbeit, an dem alle im Verein beteiligt sind, auch wenn nicht alle so in der Öffentlichkeit stehen wie Armin und ich.

Ist so ein Erfolg planbar?

Veh: Ein Stück weit ist jeder Erfolg planbar, ohne Konzept kommst du nicht weit. Den Plan, deutscher Fußballmeister zu werden, konnten wir aber nicht haben, das wäre vermessen gewesen. Die Mannschaft hatte nach einer schwierigen Phase einen großen Umbruch hinter sich und musste erst zueinanderfinden. Die Spieler haben die Vorgaben aber unglaublich schnell umgesetzt und auch das restliche Umfeld hat optimal funktioniert.

Wodurch zeichnet sich eine gute Zusammenarbeit aus Ihrer Sicht gerade in Ihrem Verhältnis zum Trainer aus, Herr Heldt?

Heldt: Vor allem durch gegenseitigen Respekt. Manchmal rede ich mit dem Trainer über taktische Dinge vor einem Spiel – das wird dann von Armin nicht gleich mit einem „Ich weiß es aber besser" abgebügelt. Er traut mir als ehemaligem Spieler in diesen Fragen eine gewisse Kompetenz zu und hört sich meine Argumente an. Genauso wie ich dann im Gegenzug akzeptiere, dass er in diesen Dingen das letzte Wort hat.

Veh: Dazu gehört auch, dass wir bei manchen Punkten unterschiedlicher Meinung sein können und dies auch offen ansprechen. Das ist das Gute an unserem Verhältnis: Weil wir insgesamt auf einer Linie liegen, können wir über einzelne Dinge kontrovers diskutieren, beispielsweise was die Eignung eines Spielers als Neuzugang angeht.

Mit Ihren Neuverpflichtungen haben Sie die Bundesliga verblüfft –

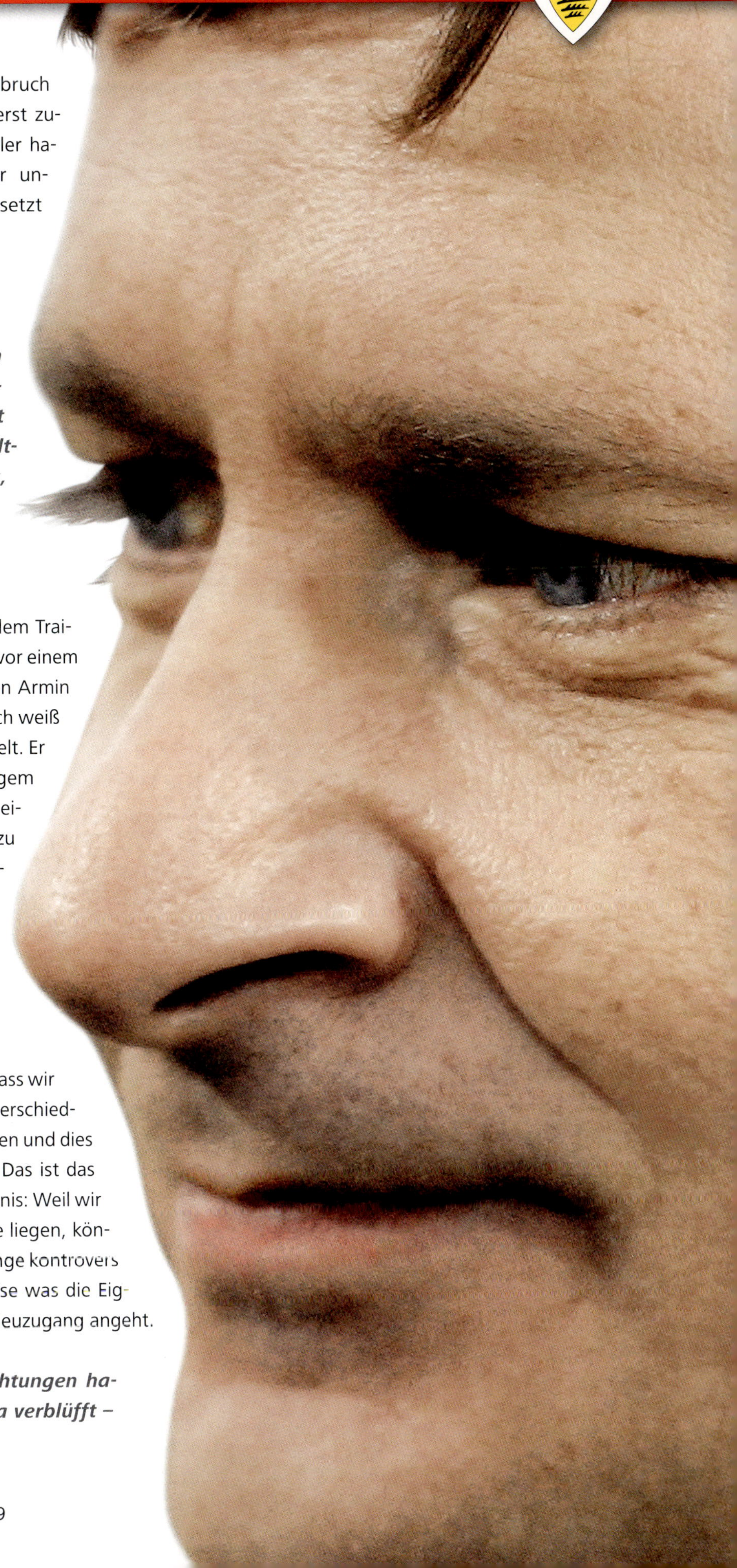

dass ausgerechnet zwei Mexikaner so einschlagen, hätten viele nicht für möglich gehalten.

Veh: Dabei haben wir die nicht so einfach aus dem Hut gezaubert, so auf den Verdacht hin: „Der eine ist Rekordnationalspieler, der wird es bei uns schon packen." Ganz im Gegenteil. Ich habe beide beim Confederations Cup erstmals gesehen, und auch bei der WM, als wir sie beobachtet haben, spielten sie eine gute Rolle in ihrem Team.

Heldt: Es ist doch letztendlich nicht ausschlaggebend, ob jemand hierzulande schon einen großen Namen hat, wenn er zu uns wechselt. Genauso wichtig wie die individuelle Klasse eines Spielers ist die Frage, ob er zu einem Club und zu dessen Spielsystem passt oder nicht. Im Fall von Osorio und Pardo haben wir uns mit ihnen, ihren Frauen und einem Dolmetscher lange unterhalten, bevor wir uns entschieden haben, sie zu verpflichten.

Veh: Horst und ich, wir waren uns anschließend beide einig, dass die beiden auch charakterlich zu uns passen und hier keine großen Schwierigkeiten haben werden, sich zu integrieren.

Der Erfolg hat Ihnen Recht gegeben. Was waren neben dem gelungenen Umbau des Kaders die entscheidenden Punkte, die zum Titelgewinn des VfB Stuttgart beigetragen haben?

Veh: Ich glaube, ein zentraler Punkt ist, dass es uns über die ganze Saison hinweg gelungen ist, dass keiner im Verein sein Ego und seine eigenen Interessen in den Vordergrund gerückt hat. Ich kann mich an kein einziges unbedachtes Wort eines Spielers in der Öffentlichkeit erinnern. Diese Ruhe im Verein hat uns enorm geholfen, unsere Ziele zu verfolgen und letztlich etwas zu erreichen, das vorher kaum einer für möglich gehalten hat.

Es war viel die Rede vom Charakter einer Mannschaft, was ist für Sie Charakter?

Veh: Charakter hat mit Ehrlichkeit zu tun, mit Wahrhaftigkeit. Meine Mannschaft ist untereinander ehrlich zu sich, daher verstehen sich die Spieler gut. Das ist auch eine Gefühlssache. Im Erfolg ist das einfach, aber die Spieler haben auch in der Niederlage zueinandergestanden. Für Profifußballer geht es darum, zu spielen und Geld zu verdienen. Dazu brauchst du auch einen gewissen Egoismus. Die anderen Spieler trotzdem zu respektieren, ist ein ganz entscheidender Punkt für den Erfolg einer Mannschaft.

Heldt: Dazu hat auf jeden Fall der Umgang des Trainers mit den Spielern beigetragen, der sich aus meiner Sicht sehr fair gegenüber allen verhalten hat. Für mich war das während meiner eigenen Karriere als Spieler ein entscheidendes Kriterium: Mir waren die Offenheit und die Fairness im gegenseitigen Umgang sehr wichtig. Die bringt Armin Veh mit, der genauso offen Lob wie Kritik äußert. Natürlich nur intern.

Der VfB hat während dieser Spielzeit den Ruf als mauernde Remiskönige aus der Ära Trapattoni abgestreift und auf ein schnelles Offensivspiel umgestellt, das nicht nur erfolgreich, sondern oft auch schön anzuschauen war. Ist das Ihre Vorstellung von modernem Fußball?

Veh: Ich bin selbst als 18-jähriger Spieler zu Borussia Mönchengladbach gewechselt, auch weil ich die Bilder von der berühmten Fohlen-Mannschaft aus den 70er Jahren noch im Kopf hatte. Die haben damals schon schnell und direkt gespielt, was meiner Vorstellung vom idealen und intelligenten Fußball auch heute sehr nahe kommt. Aber diese Vorstellung ist zunächst nur Theorie – du brauchst die entsprechenden Spielertypen, um so ein System auch umzusetzen. Diese Mannschaft hatte ich nun während meiner zweiten Saison in Stuttgart. Die Jungs haben sehr schnell kapiert, wenn ich ihnen taktische Varianten erklärt habe. Die Spieler waren nicht nur körperlich, sie waren auch geistig topfit.

Heldt: Als wir damals einen Nachfolger für Trapattoni suchten, hat für mich die Arbeit, die Armin bei Teams mit einem so geringen Etat wie dem SSV Reutlingen oder Greuther Fürth und Hansa Rostock geleistet hat, mit den Ausschlag gegeben: Dort ließ er auch Offensivfußball spielen, das ist keine Selbstverständlichkeit bei Mannschaften, die gegen den Abstieg spielen. Ein sehr guter Trainer vermittelt zudem die notwendige Spielintelligenz, damit die Mannschaft selbst auf bestimmte Situationen auf dem Spielfeld reagieren kann.

Veh: Heute kannst du als Trainer einer halbwegs mündigen Mannschaft nichts mehr vormachen. Die Jungs merken sofort, wenn du ein Training mit den Methoden von vorgestern auf-

ziehst. Viele lesen ja selbst die einschlägigen Lehrbücher über Trainingsmethoden. Allein aus dem Bauch heraus Entscheidungen zu treffen, genügt schon längst nicht mehr.

Eine frühe Entscheidung von Ihnen war, Markus Babbel auszusortieren – immerhin einen gestandenen Nationalspieler. Ein bitterer Moment für ihn, der aber nicht zum Bruch geführt hat.

Veh: Ich habe ihm das sehr früh mitgeteilt und ihm meine Gründe dafür genannt. Es war zwar hart für ihn, aber er war mir auch dankbar, dass ich ihm das so klar mitgeteilt habe. Damit hat er letztlich gut leben können. Es ist wichtig, die Dinge sofort anzusprechen, dann hat jeder die Chance, damit umzugehen. Und Babbel hat sich absolut professionell verhalten und seine Erfahrungen an die jüngeren Spieler weitergegeben. Weil er Erfahrung und Charakter hat, habe ich ihn auch für die neue Saison ins Trainerteam geholt.

Während dieser Saison haben die jungen Spieler wie Gomez und Hilbert einen kometenhaften Aufstieg erlebt, der sie bis in die Nationalelf geführt hat. Befürchten Sie, dass irgendwann einmal ein Leistungseinbruch bei den beiden bevorstehen könnte?

Veh: Das wäre völlig normal bei so jungen Spielern – aber bei unseren Jungs mache ich mir keine allzu großen Sorgen, weil viele von ihnen schon sehr reif für ihr Alter sind. Ich glaube, dass die auf dem Teppich bleiben werden, trotz des ganzen Rummels um sie nach der Meisterschaft. Gerade im Erfolgsfall ist es unheimlich wichtig, dass du nicht alles auf dich beziehst und dich selbst für den Allergrößten hältst. Ich kann den Titelgewinn gut für mich einordnen.

Gibt es einen Spieler, den Sie aus dem Kader herausheben wollen, etwa Timo Hildebrand, der eine hervorragende Rückrunde gespielt hat, oder Pavel Pardo, der in große Fußstapfen treten musste und die Fäden im Mittelfeld gezogen hat?

Veh: Der Pavel ist ein ganz wichtiger und erfahrener Spieler, von dem wir wie gesagt immer überzeugt waren. Er war der Chef im Mittelfeld und hat eine super Saison auf einer ganz wichtigen Position gespielt. Die Meisterschaft hat aber das Team geholt, und das ist keine Floskel. Ich habe immer gesagt, dass ich keinen Spieler herausheben möchte. Wenn, dann muss man jeden einzelnen nennen, und dabei bleibe ich.

Noch strahlen alle in Stuttgart – aber viele warnen schon, dass es in der nächsten Saison für den VfB durch die Doppelbelastung aus Meisterschaft und Champions League viel schwerer wird.

Veh: Wir freuen uns zunächst einmal auf die Champions League. Dass wir uns verstärken müssen, ist ganz normal. Wir haben wesentlich mehr Spiele und müssen etwas tun. Eines aber ist auch klar: Wir werden die Mannschaft, die erfolgreich war und viele junge Spieler hat, die sich noch entwickeln können, nicht groß ändern. Diese Spieler können noch um einiges besser werden, davon bin ich fest überzeugt. Daher werden wir uns nur sehr gezielt verstärken.

Heldt: Es ist immer die größte Herausforderung, einen Erfolg langfristig zu konservieren. Aber die Voraussetzungen sind diesmal für den VfB so gut wie selten zuvor: Unter unseren Leistungsträgern befinden sich viele junge Spieler, die wir langfristig an uns gebunden haben. Es besteht für uns also überhaupt kein Anlass, die Mannschaft umzukrempeln – aber natürlich müssen wir uns für die Champions League auf einzelnen Positionen verstärken.

Wie lautet Ihr Ziel für die nächste Spielzeit wenn Sie mit Ihrer Mannschaft auch auf große europäische Teams treffen werden?

Veh: Es bleibt das gleiche wie im Vorjahr – wir wollen den Zuschauern attraktiven Fußball und eine leidenschaftlich kämpfende Mannschaft präsentieren.

Sehen wir Sie dann wieder in Ihrem grauen Anzug?

Veh: Seit ich diesen Anzug angezogen habe, haben wir nicht mehr verloren. Er ist zwar nicht der schönste, aber ich konnte ihn ja nicht mehr einfach ausziehen – Fußballer sind eben so bekloppt. Jetzt hat er aber ausgedient, er wird für einen guten Zweck versteigert.

Emotionen zum Abschied

In den wohl bewegendsten Momenten seiner Laufbahn gibt es für Timo Hildebrand kein Halten mehr. Sechs Stunden, nachdem er im Daimlerstadion den Fans die Meisterschale präsentiert hat, stürmt der Torwart kurz vor Mitternacht gemeinsam mit Roberto Hilbert auf die Bühne des Schlossplatzes. Dort spielen die Fantastischen Vier gerade einen ihrer Hits – und als hätte jemand absichtsvoll Regie geführt, singen Thomas D und Smudo in diesem Moment ausgerechnet jenes Lied, das am besten geeignet ist, um das Verhältnis zwischen Timo Hildebrand und dem VfB zu beschreiben: „Troy". Vor zehntausenden von Fans texten die Fantastischen Vier: „Du hattest gute Zeiten, wir waren mit dabei, wir werden dich begleiten, wir bleiben troy."

Am größten Tag in seiner Karriere verabschiedet sich Timo Hildebrand nach zwölf Jahren mit der deutschen Meisterschaft aus Stuttgart. Er geht, er verlässt den Verein, bei dem er 1999 zum ersten Mal in der Bundesliga zwischen den Pfosten stand, bei dem er jede Menge gute Zeiten erlebte und auch schwierige. Doch als er an diesem 19. Mai 2007 seinen letzten Auftritt in Stuttgart hat, verabschiedet sich der Mann mit der Rückennummer 1 als gefeierter Held. Dieser letzte Auftritt ist es, der allen in Erinnerung bleiben wird, die später einmal über die Ära Hildebrand im Tor des VfB reden: Hildebrand, der mit der Meisterschale eine Ehren- und Abschiedsrunde durch das Stadion läuft und frenetisch mit „Timo! Timo! Sprechchören" gefeiert wird.

Während eine Viertelmillion Menschen in der Stadt den fünften Meistertitel des VfB feiern, bricht aus dem 28-Jährigen, der sich während seiner Zeit in Stuttgart manchmal zurückhaltend gab, das Partytier heraus: Er hüpft wie ein Gummiball zur Musik der Fantas, er klatscht beim Autokorso jeden einzelnen Fan ab und kann sich eine ganze Nacht lang kaum von der Meisterschale trennen. Die Bühne auf dem Schlossplatz gehört allein ihm und Roberto Hilbert, bevor seine Mannschaftskameraden dazustoßen. „Du hattest schlechte Zeiten und wir war'n auch dabei, wir werden dich begleiten, wir bleiben troy", singen die Fantastischen Vier.

Zu Beginn jener denkwürdigen Bundesligasaison 2006/2007 hatte der gebürtige Wormser, der als Teenager von seinem Heimatverein FV 1911 Hofheim/Ried an den Wasen gewechselt war, aufgrund einer Rückenverletzung manchmal nur durchschnittliche Leistungen bringen können, wie sein Trainer Armin Veh nach dem Titelgewinn erklärt. Hildebrand, damals noch die Nummer drei im Tor der deutschen Nationalmannschaft, hatte nach der Fußball-WM nur knapp zwei Wochen Urlaub und auch nur eine kurze Vorbereitung auf die Bundesligasaison. Fehler hatte er in dieser für ihn schweren Anfangsphase der Saison zwar keine begangen, aber er hatte auch keine unhaltbaren Bälle gehalten, wie so oft in der Ära Magath und Sammer.

Dann beschlossen der Torhüter und der Klub in der Winterpause auch noch, nach der Saison getrennte Wege zu gehen. Und schon bruddelten die Fans, dass der Timo zwar ein guter Keeper sei, aber womöglich nicht mehr richtig bei der Sache und gedanklich schon in einem ganz anderen Stadion.

Sie sollten sich gründlich täuschen. Die Nummer eins des VfB wuchs in der Rückrunde aus der Sicht vieler gegnerischer

Nicht nur diese Girlieband wird ihr Idol vermissen.

So verabschiedet sich Timo Hildebrand am 19. Mai 2007 von seinen Fans im Gottlieb-Daimler-Stadion, indem er sich und ihnen einen lang gehegten Traum erfüllt. Auf der Videotafel sind noch einmal die guten und die schlechten Zeiten zu sehen: Hildebrands Bangen im Abstiegskampf 2001, die großen Momente in der Champions League, als der VfB Manchester United besiegte und schließlich sein Bundesligarekord von 825 Minuten ohne Gegentor. Dann greift die Nummer eins zum Mikrofon, seine Abschiedsrede ist kurz und sagt doch alles: „Ich hatte den Traum, mit dem Klub deutscher Meister zu werden, und dieser Traum ist in Erfüllung gegangen. Ich liebe euch, danke!"

Zwölf Jahre und 221 Bundesligaspiele ist Timo Hildebrand dem Verein „troy" geblieben. Dann hat er ihn verlassen – nach dem Tag in seiner Karriere, den er und die VfB-Anhänger niemals vergessen werden.

Stürmer oftmals zu einem unüberwindbaren Riesen im Tor. Hildebrand war auf und vor der Linie so stark wie kaum ein anderer Torhüter der Liga, und je länger die Saison dauerte, desto lautstärker dirigierte er seine Abwehr. Er gab den Kahn, ohne sich dessen Aussetzer zu leisten. Hildebrand war unterwegs auf einer Mission – neben seinem Können bestach er mit jedem Spieltag mit seinem immer stärkeren, unbändigen Willen. Dem Willen, in Stuttgart etwas Bleibendes zu hinterlassen.

Dies wird in keinem Augenblick der Meistersaison deutlicher als in jener 87. Minute des 33. Spieltags im Bochumer Ruhrstadion. Der VfB führt zu diesem Zeitpunkt, nachdem er zuvor zweimal einen Rückstand ausgleichen konnte, durch ein Tor von Cacau mit 3:2 gegen den VfL. Gleichzeitig liegt nur einige Kilometer weiter der größte Konkurrent, der FC Schalke 04, im mit Spannung erwartenden Revierderby gegen Borussia Dortmund zurück. Die Tabellenführung ist zum Greifen nahe, bis plötzlich eine Flanke in den Strafraum des VfB segelt, vorbei an allen Abwehrspielern, direkt vor die Füße des Bochumers Dabrowski, der völlig frei wenige Meter vor der Torlinie steht. Niemand kann dieses Tor mehr verhindern – außer Timo Hildebrand, der sich mit dem Mute der Verzweiflung reaktionsschnell dem Ball entgegenwirft und den Schuss in letzter Sekunde mit einem unglaublichen Reflex pariert.

Danach kann ihn keiner mehr stoppen. Er springt auf, fletscht die Zähne wie ein Raubtier, ballt die Fäuste und schreit sein Glück so laut heraus, dass es vermutlich auch noch im benachbarten Westfalenstadion zu hören ist. Diese überragende Parade, die sich die VfB-Fans abends wieder und wieder ungläubig in den Sportsendungen ansehen, führt den VfB am vorletzten Spieltag der Saison mit zwei Punkten Vorsprung an die Tabellenspitze. Hildebrands Reflexe machen nicht nur in dieser Partie den Unterschied aus zwischen dem VfB und seinen Gegnern.

Wie einst im Mai: Timo im ersten Profijahr 1999.

Tore am Fließband

Der 10. März 2007 ist nicht der Tag des Mario Gomez. Erst zieht sich der 21-Jährige beim torlosen Remis gegen den VfL Wolfsburg kurz vor dem Halbzeitpfiff einen Innenbandabriss im linken Knie zu, als ein Schuss von ihm geblockt wird. Dann schlägt der Stürmer aus Frust über die Verletzung noch an der Seitenlinie mit solcher Wucht gegen einen Medizinkoffer, dass auch noch die Hand bricht. Gomez ist geschockt, die Mannschaft und der Trainer sind es auch.

13 Tore hat Super-Mario bis zu diesem 25. Spieltag für sein Team erzielt, auch deshalb steht der VfB zu diesem Zeitpunkt weit oben auf dem 3. Tabellenplatz. Die Saison geht in die entscheidende Phase: Das wichtige Spiel in Schalke steht an, die Partie beim HSV, der Südgipfel im eigenen Stadion gegen die Bayern – und der beste Torschütze der Liga, der Torgarant mit der Nummer 33, liegt mit schmerzverzerrtem Gesicht auf dem Rasen. Die Träume drohen zu platzen. „Durch den Ausfall von Mario Gomez haben wir ein ziemliches Problem", sagt der VfB-Trainer Armin Veh nach dem Spiel gegen Wolfsburg. Es ist ein schwarzer Tag für den VfB, für Gomez und für seine vielen Fans.

Dabei hat das Talent aus der Nachwuchsabteilung des VfB seine zweite Saison bei den Profis bis zu diesem Zeitpunkt wie in einem einzigen Rausch erlebt. Nach zuvor sechs Toren in 39 Spielen gelingt dem Angreifer unter Trainer Veh eine wahre Leistungsexplosion, die ihn sogar bis ins Nationalteam von Bundestrainer Joachim Löw katapultiert. Der Stürmer trifft fast in jedem Spiel – meist, wie gegen Bremen, Berlin, Leverkusen oder Wolfsburg, ist er der Mann für die entscheidenden Tore. Und auch bei seinem Debüt in der Nationalelf erwischt er einen Traumtag: Gleich bei seinem ersten Einsatz gelingt ihm im Spiel gegen die Schweiz ein Tor, das 2:0 in der 30. Minute.

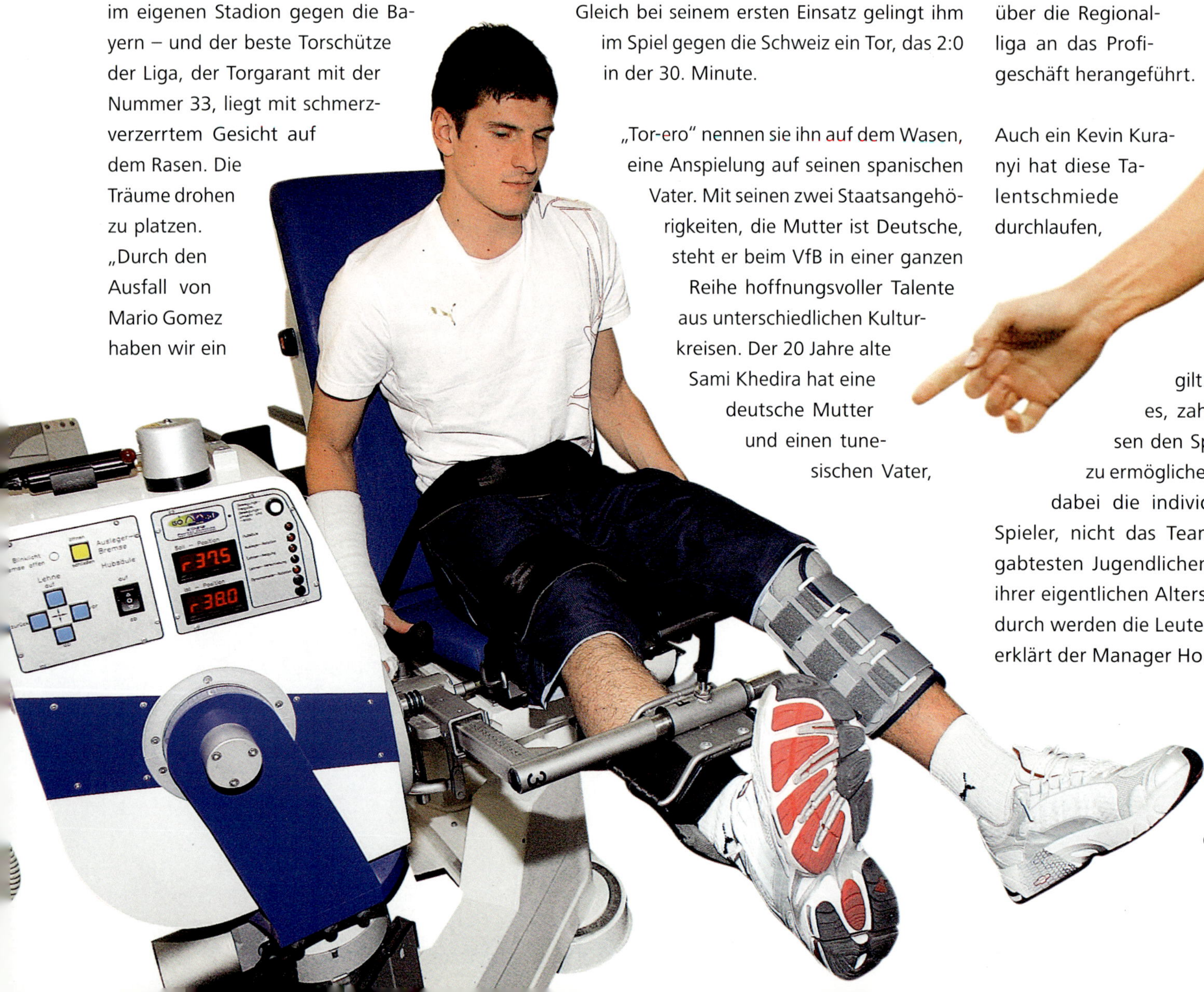

„Tor-ero" nennen sie ihn auf dem Wasen, eine Anspielung auf seinen spanischen Vater. Mit seinen zwei Staatsangehörigkeiten, die Mutter ist Deutsche, steht er beim VfB in einer ganzen Reihe hoffnungsvoller Talente aus unterschiedlichen Kulturkreisen. Der 20 Jahre alte Sami Khedira hat eine deutsche Mutter und einen tunesischen Vater, Andreas Beck hat seine Wurzeln in Kasachstan, der junge Serdar Tasci spricht zu Hause auch Türkisch. Die Talente aus der Jugendabteilung des VfB, die ihren Sitz neben dem Gottlieb-Daimler-Stadion hat, wurden allesamt über die Regionalliga an das Profigeschäft herangeführt.

Auch ein Kevin Kuranyi hat diese Talentschmiede durchlaufen, die als eine der besten in Deutschland gilt. Das wichtigste Ziel ist es, zahlreichen Eigengewächsen den Sprung in die Bundesliga zu ermöglichen. Im Vordergrund steht dabei die individuelle Ausbildung der Spieler, nicht das Team. So werden die begabtesten Jugendlichen stets eine Stufe über ihrer eigentlichen Altersklasse eingesetzt. „Dadurch werden die Leute permanent gefordert", erklärt der Manager Horst Heldt. Dies gilt auch für Mario Gomez, der im Juli 2001 als Jugendspieler vom SSV Ulm 1846 in die Talentschmiede des VfB Stuttgart kam.

Im Frühjahr 2007 ist er jedoch auf ganz anderem Terrain gefordert: Verbissen quält er sich wochenlang in der Donaustaufer Rehabilitation von Klaus Eder, dem Physiotherapeuten der Nationalmannschaft, wo er sich während der schweißtreibenden Aufbauarbeit mit dem Tennisprofi Nicolas Kiefer anfreundet. Dabei profitiert er auch von dessen leidvollem Erfahrungsschatz. Der 1,89 Meter große Angreifer will nicht wahrhaben, dass die Saison für ihn bereits gelaufen ist, er kämpft um sein Comeback – und der Kraftakt gelingt.

Am 1. Mai, dem Tag der Arbeit, ist der Nationalstürmer so weit, dass er wieder ins Mannschaftstraining einsteigen kann. Wenig später, am 33. Spieltag, sitzt Gomez bereits auf der Bank. Trainer Armin Veh versteht das vor dem wichtigen Spiel gegen den VfL Bochum auch als Zeichen und Motivationsschub für die Mannschaft: seht her, der Tor-ero ist wieder da. Er soll in der Schlussphase zum Einsatz kommen, doch zu seiner Überraschung gibt ihm der Trainer schon kurz nach der Halbzeit das Zeichen zum Warmlaufen. Es läuft nicht gut für den VfB, der mit 1:2 im Rückstand liegt. In der 55. Minute läuft Gomez nach fast zehnwöchiger Verletzungspause auf, fünf Minuten später jubelt er bereits an der Eckfahne über seinen Ausgleichstreffer.

Es ist der Stoff, aus dem Träume sind. Tag für Tag hat sich Gomez in der Reha geschunden, und als die Mannschaft ihn am dringendsten braucht, gelingt dem Aufsteiger der Saison mit seinem ersten Ballkontakt ein Tor. Sein 14. Saisontreffer leitet die Wende ein. Doch auch das „Comeback der Saison“ ist für den bodenständigen Schwaben, der seit fünf Jahren mit seiner Jugendfreundin Silvie zusammen ist, kein Grund, abzuheben. „Dass es wie auf Bestellung geklappt hat, ist natürlich fantastisch. Aber ich habe immer gesagt, dass ich der Mannschaft in dieser Saison noch helfen will und dass ich nach meiner Verletzung vielleicht sogar stärker zurückkomme“, diktiert er den Journalisten nach dem Spielende in die Blöcke. Die mitgereisten VfB-Fans im Bochumer Ruhrstadion feiern den Stürmer derweil noch Stunden nach dem Schlusspfiff. „Vor mir laufen immer noch diese Bilder ab. Das werde ich nie vergessen“, sagt Gomez später, als er an diese Momente zurückdenkt. Auch in der Stunde seines größten Erfolgs

ist der gebürtige Riedlinger bescheiden geblieben – umso höher setzt er dagegen seine Ziele an. Der zentrale Angreifer, der aus Aberglauben immer zuerst den linken Schuh anzieht und in der Kabine stets auf die linke Toilette geht, träumt davon, eines Tages das Trikot seines Lieblingsvereins zu tragen: des FC Barcelona. Irgendwann einmal, in ferner Zukunft. Derzeit trägt er beim VfB den Stempel „unverkäuflich“, Gerüchte über Kontakte zu spanischen Klubs wischt der Manager Horst Heldt in seiner schelmischen Art beiseite: „Mario kann doch gar kein Spanisch.“ Dafür kann er Tore schießen, was er in dieser verrückten Saison 2006/2007 bewiesen hat. Der Saison des Mario Gomez.

Doppelpack aus Mexiko

Kaum eine Verpflichtung hat in der Bundesliga für mehr Erstaunen gesorgt, als die der beiden Mexikaner Pavel Pardo und Ricardo Osorio – dem ersten mexikanischen Export in die höchste deutsche Spielklasse. Zwei Profis aus Mittelamerika, die kein Wort deutsch sprechen, sich vermutlich nur schwer akklimatisieren, mit dem Tempo und dem Wettbewerb in der Bundesliga nicht zurechtkommen werden – und die zudem kaum einer kennt. Ein unkalkulierbares Risiko. Mit solchen Vorurteilen sind viele in Stuttgart im Sommer 2006 schnell zur Hand, umso mehr staunt die Fußballwelt, als schließlich alles ganz anders kommt.

Denn das Experiment wird zum Erfolgsfaktor. Dem 30 Jahre alten Mittelfeldstrategen Pardo, der den VfB eine Million Euro Ablöse kostet, gelingt es auf Anhieb, in die mächtigen Fußstapfen seines in Stuttgart hoch geschätzten Vorgängers zu treten: Zvonimir Soldo. Genau wie der Kroate hält auch Pardo nach kurzer Zeit die Fäden in der Hand, er ist der Kopf der Mannschaft, der mit großer Effizienz die Defensive mit dem Angriff verbindet. Und sein Landsmann Osorio, der Rechtsfuß vom mexikanischen Spitzenklub CD Cruz Azul, wird beim VfB zur zuverlässigen Größe auf der vakanten rechten Abwehrseite.

Genau so hatten sich Manager Horst Heldt und Trainer Armin Veh den Auftritt der beiden Spieler vorgestellt, die schon lange auf der Liste des Talentspähers Herbert Briem gestanden hatten: Nach dem Abgang von Zvonimir Soldo und Andreas Hinkel suchte der Verein für beide Positionen einen gleichwertigen Ersatz. „Wir haben die beiden Spieler lange beobachtet und nach der WM zum gegenseitigen Kennenlernen gleich hierbehalten. Was sie sportlich können, wussten wir. Aber auch im Gespräch haben beide einen sehr guten Eindruck gemacht", erinnert sich Armin Veh, der in Interviews immer wieder betont, dass er viel Wert auf den Charakter seiner Spieler legt. „Wenn du dich bei der Auswahl der Spieler aufs Glück verlässt, dann bist du hoffnungslos verlassen", lautet die Maxime des Coachs, der jeden Spieler vor einem möglichen Transfer persönlich ins Verhör nimmt, sich ein Bild von ihm macht und dessen Charakter prüft. Privat habe er bei der Beurteilung eines Menschen schon einmal danebengelegen, sagt Veh, „in einem Spieler habe ich mich bisher eigentlich noch nie getäuscht".

Das gute Händchen von Trainer und Manager bei den Neuverpflichtungen ist ein Teil der Erfolgsgeschichte des VfB in dieser Spielzeit, die wenig mit Glück zu tun hat, sondern auf einem schlüssigen Konzept fußt. Für sein System eines Offensivfußballs, bei dem das Spiel mit schnellen Pässen in die gegnerische Hälfte verlagert werden soll, sucht sich der Fußballlehrer Profis mit dem passenden Profil aus: Technisch stark müssen sie sein, taktisch klug, konditionsstark und charakterlich einwandfrei. Fast alle Neuzugänge erfüllen diese Kriterien und werden zu Volltreffern. Neben den beiden Mexikanern überzeugen auch Arthur Boka von der Elfenbeinküste, der vor allem in der Hinrunde auftrumpft, Antonio da Silva (vorher FSV Mainz 05) und der schnelle Roberto Hilbert vom Zweitligisten Greuther Fürth, der in keinem einzigen Spiel fehlte und am Neckar immer torgefährlicher wurde.

Doch vor allem Pavel Pardo, der von CF América zum VfB

kam, überrascht die Bundesliga als Vorzeigeprofi mit deutschen Tugenden. Er beschwert sich nie, kennt kein schlechtes Wetter, keine Müdigkeit, und dies obwohl er seit Jahren keine Sommerpause hatte. In Stuttgart lernt er fleißig Deutsch, kommt zu jedem Training pünktlich und schwört auf das Kollektiv. Souverän widerlegt er auch bei seinen charmanten Fernsehauftritten alle Vorurteile. Pardo hatte zuvor lange auf diese eine Chance gewartet, Europa zu beweisen, was er kann. Ein paar Berater hatten sich zwar hin und wieder bei ihm gemeldet, auf den erhofften Transfer in eine der großen Ligen wartete er aber vergeblich.

Dabei genießt gerade Pardo in seiner Heimat höchsten Respekt. Der „mexikanische Beckenbauer" ist mit 133 Einsätzen der Rekordnationalspieler seines Landes – eine unumstrittene Führungsfigur, die sein Team auch bei der Fußball-WM 2006 angeführt hat. „El comandante" nennen ihn seine Landsleute, für die der Mittelfeldspieler ein Held ist.

Als der VfB im Sommer 2006 auf ihn zukommt, zögert der 30 Jahre alte Familienvater nicht lange und lässt sich auf das Abenteuer Deutschland ein – bei einem VfB, der im Sommer 2006 nach Platz 9 in der Vorsaison nicht zu den ersten Adressen in der Bundesliga zählt. „Die Mannschaft war damals im Umbruch, das stimmt. Aber manchmal muss man im Leben eben ein Risiko eingehen, wenn man etwas erreichen will", erinnert sich Pardo, der in nur einer Saison besser Deutsch gelernt hat als so mancher andere Profi aus dem Ausland während seiner gesamten Bundesligazeit.

Und auch in Mexiko spricht man inzwischen dank der Landsmänner im VfB-Dress ein paar Brocken Schwäbisch: Die Sportblätter und Tageszeitungen des fußballverrückten Landes drucken seit der Verpflichtung von Pardo und Osorio alles, was es aus dem fernen „Suabia" zu berichten gibt – von der Aufzählung der Stuttgarter Sehenswürdigkeiten, über Rezepte für Maultaschen und Schupfnudeln bis hin zu einem Schwäbisch-Grundkurs. In den Geschäften werden neben den Trikots mit dem Brustring auch weiß-rote Flaschen mit VfB-Tequilla und VfB-Sombreros verkauft. Und im Fernsehen vergeht im Meisterschaftsendspurt kein Tag ohne ein Interview mit den beiden Exil-Mexikanern. Pavel Pardo, Superstar: Homestorys zeigen den Nationalspieler beim Golfen, gemeinsam mit seinem Töchterchen oder beim Bummel über den Stuttgarter Schlossplatz, einem seiner Lieblingsorte in der Stadt.

Zudem werden in Mexiko sämtliche Spiele des VfB live übertragen, mitunter sogar auf zwei Kanälen gleichzeitig. Als die Bundesligasaison am 19. Mai abgepfiffen wird, ist es in Mexiko 10.15 Uhr am Morgen und auf den Straßen wird genauso gejubelt, wie tausende von Kilometern entfernt auf dem Stuttgarter Schlossplatz. Bei Jorge Pardo, dem Vater von Pavel, fließen Freudentränen. „Wir sind übermäßig zufrieden, vor allem mit unserem Jungen. Jetzt weiß auch die Bundesliga, wie gut in Mexiko Fußball gespielt wird", sagt er nach dem Erfolg, die Tageszeitung La Jornada titelt „Campeones en Alemania". Gemeinsam schreiben Pardo und Osorio an diesem Tag ein Stück Bundesligageschichte: Die beiden Neuzugänge werden als erste Mexikaner deutscher Meister.

Die Bundesligasaison 2006/2007

Alle Spiele, alle Tore

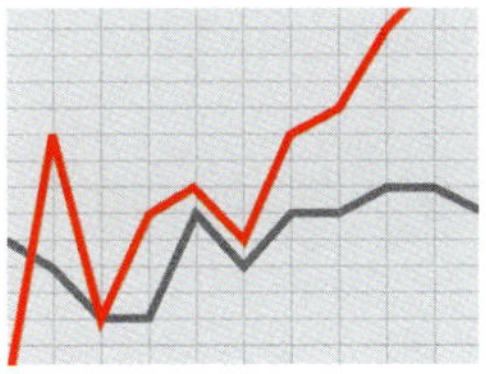

Bundesligastatistik

Tabelle

Platz	Verein	Sp.	g.	u.	v.	Tore	Diff.	Pkte.
1	1. FC Nürnberg	1	1	0	0	3:0	3	3
2	Bayer Leverkusen	1	1	0	0	3:0	3	3
3	Werder Bremen	1	1	0	0	4:2	2	3
4	Bayern München	1	1	0	0	2:0	2	3
5	Borussia M'gladb.	1	1	0	0	2:0	2	3
6	1. FSV Mainz 05	1	1	0	0	2:1	1	3
7	Eintracht Frankfurt	1	0	1	0	1:1	0	1
8	FC Schalke 04	1	0	1	0	1:1	0	1
9	Hamburger SV	1	0	1	0	1:1	0	1
10	Arminia Bielefeld	1	0	1	0	1:1	0	1
11	VfL Wolfsburg	1	0	1	0	0:0	0	1
12	Hertha BSC	1	0	1	0	0:0	0	1
13	VfL Bochum	1	0	0	1	1:2	-1	0
14	Hannover 96	1	0	0	1	2:4	-2	0
15	Energie Cottbus	1	0	0	1	0:2	-2	0
16	Borussia Dortmund	1	0	0	1	0:2	-2	0
17	Alemannia Aachen	1	0	0	1	0:3	-3	0
18	**VfB Stuttgart**	**1**	**0**	**0**	**1**	**0:3**	**-3**	**0**

Spielergebnisse

Freitag, 11.08.2006		
FC Bayern München	– Borussia Dortmund	2:0 (1:0)
Samstag, 12.08.2006		
Hamburger SV	– Arminia Bielefeld	1:1 (0:1)
FC Schalke 04	– Eintracht Frankfurt	1:1 (1:0)
Bayer Leverkusen	– Alemannia Aachen	3:0 (2:0)
VfB Stuttgart	**– 1. FC Nürnberg**	**0:3 (0:2)**
Borussia M'gladbach	– Energie Cottbus	2:0 (0:0)
1. FSV Mainz 05	– VfL Bochum	2:1 (1:0)
Sonntag, 13.08.2006		
Hannover 96	– Werder Bremen	2:4 (1:1)
VfL Wolfsburg	– Hertha BSC	0:0 (0:0)

Stuttgart / Nürnberg

Stuttgart	Nürnberg
1 Timo Hildebrand	1 Raphael Schäfer
3 Ricardo Osorio	4 Gläuber
5 Markus Babbel	5 Andreas Wolf
8 Daniel Bierofka	6 Tomas Galásek
10 Jon Dahl Tomasson	10 Ivica Banovic
11 Thomas Hitzlsperger	13 Ivan Saenko
13 Pavel Pardo	19 Jan Kristiansen
14 Alexander Farnerud	21 Markus Schroth
17 Matthieu Delpierre	28 Dominik Reinhardt
19 Roberto Hilbert	33 Robert Vittek
33 Mario Gomez	36 Jaouhar Mnari
Tore	
	37. Min. 0:1 R. Vittek
	46. Min. 0:2 M. Schroth
	78. Min. 0:3 I. Saenko
Auswechslungen	
60. Min. ▸ M. Gomez	79. Min. ▸ T. Galásek
◂ J. Cacau	◂ T. Paulus
60. Min. ▸ D. Bierofka	85. Min. ▸ M. Schroth
◂ A. da Silva	◂ G. Sibon
	86. Min. ▸ R. Vittek
	◂ L. Benko
Karten	
39. Min. T. Hitzlsperger	35. Min. I. Saenko
	43. Min. M. Schroth

Schiedsrichter Florian Meyer
Zuschauer 40.000

Pleite zum Saisonauftakt

Der VfB verpatzt den Auftakt in die neue Saison. Nach einer ausgeglichenen ersten halben Stunde schockt der „Club" das Team von Armin Veh mit einem Tor aus dem Nichts. Bei einer Standardsituation stimmt die Zuordnung nicht und Vittek trifft zum 0:1. Schon nach diesem Rückstand ist der neu formierten VfB-Mannschaft anzumerken, dass die Automatismen im Spiel nach vorne noch nicht vorhanden sind. Hinzu kommt, dass das Tor unmittelbar vor dem Pausenpfiff den VfB-Spielern das nach einer schwachen Vorsaison ohnehin labile Selbstvertrauen raubt. Zu unentschlossen geht die Mannschaft von Armin Veh deshalb den zweiten Durchgang an und wird lediglich bei Einzelaktionen gefährlich. Statt des erhofften Anschlusstreffers sehen die enttäuschten Zuschauer im Gottlieb-Daimler-Stadion deshalb lediglich noch das dritte und alles entscheidende Tor der Gäste durch Saenko. Die Mannschaft, in deren Startformation zahlreiche Neuzugänge stehen, bekommt anschließend in der Presse entsprechend schlechte Kritiken.

VfB-Cheftrainer Armin Veh:
„Wir hatten uns für heute natürlich viel vorgenommen, waren aber nach der starken Vorrunde des „Clubs" auch gewarnt. Nach dem 0:1 war ein kleiner Knacks in der Mannschaft. Die Ordnung auf dem Platz war nicht mehr vorhanden und beim Versuch, Torchancen herauszuspielen, waren keine klaren Möglichkeiten dabei."

VfB-Abwehrchef Markus Babbel:
„Dieses Resultat ist für mich unerklärlich, denn wir haben eine sehr gute Vorbereitung absolviert und uns wahnsinnig viel für dieses Spiel vorgenommen. So schlecht, wie es das Resultat ausdrückt, haben wir aber nicht gespielt."

Nürnberg jubelt über das 0:3 ...

... Farnerud kämpft vergeblich.

Nach der Auftaktniederlage gegen den Club steht der VfB auf dem letzten Platz.

Tabelle

Platz	Verein	Sp.	g.	u.	v.	Tore	Diff.	Pkte.
1	1. FC Nürnberg	2	2	0	0	4:0	4	6
2	Werder Bremen	2	2	0	0	6:3	3	6
3	Bayern München	2	2	0	0	4:1	3	6
4	Hertha BSC	2	1	1	0	4:0	4	4
5	1. FSV Mainz 05	2	1	1	0	3:2	1	4
6	FC Schalke 04	2	1	1	0	2:1	1	4
7	Bayer Leverkusen	2	1	0	1	4:2	2	3
8	Borussia M'gladb.	2	1	0	1	2:1	1	3
9	**VfB Stuttgart**	**2**	**1**	**0**	**1**	**3:5**	**-2**	**3**
10	Hamburger SV	2	0	2	0	3:3	0	2
11	Eintracht Frankfurt	2	0	2	0	1:1	0	2
12	VfL Wolfsburg	2	0	2	0	0:0	0	2
13	Arminia Bielefeld	2	0	1	1	3:4	-1	1
14	Energie Cottbus	2	0	1	1	2:4	-2	1
15	Borussia Dortmund	2	0	1	1	1:3	-2	1
16	VfL Bochum	2	0	0	2	2:4	-2	0
17	Alemannia Aachen	2	0	0	2	0:4	-4	0
18	Hannover 96	2	0	0	2	2:8	-6	0

Spielergebnisse

Freitag, 18.08.2006			
1. FC Nürnberg	– Borussia M'gladbach	1:0	(1:0)
Samstag, 19.08.2006			
Werder Bremen	– Bayer Leverkusen	2:1	(1:1)
Hertha BSC	– Hannover 96	4:0	(2:0)
Borussia Dortmund	– 1. FSV Mainz 05	1:1	(0:0)
Eintracht Frankfurt	– VfL Wolfsburg	0:0	(0:0)
Alemannia Aachen	– FC Schalke 04	0:1	(0:0)
Energie Cottbus	– Hamburger SV	2:2	(0:1)
Sonntag, 20.08.2006			
Arminia Bielefeld	**– VfB Stuttgart**	**2:3**	**(0:1)**
VfL Bochum	– Bayern München	1:2	(0:1)

Bielefeld	Stuttgart
1 Mathias Hain	1 Timo Hildebrand
2 Markus Schuler	3 Ricardo Osorio
3 Marcio Borges	6 Fernando Meira
5 Rüdiger Kauf	8 Daniel Bierofka
7 Thorben Marx	10 Jon Dahl Tomasson
9 Christian Eigler	13 Pavel Pardo
14 Jonas Kamper	17 Matthieu Delpierre
16 Heiko Westermann	18 Jeronimo Cacau
18 Artur Wichniarek	19 Roberto Hilbert
19 Bernd Korzynietz	21 Ludovic Magnin
21 Ioannis Masmanidis	25 Antonio da Silva
Tore	
65. Min. 1:1 A. Ahanfouf	39. Min. 0:1 F. Meira
76. Min. 2:2 J. Böhme	73. Min. 1:2 J. Cacau
	82. Min. 2:3 J. Cacau
Auswechslungen	
45. Min. ▸ A. Wichniarek	68. Min. ▸ J. D. Tomasson
◂ A. Ahanfouf	◂ S. Tasci
61. Min. ▸ J. Kamper	90. Min. ▸ J. Cacau
◂ J. Böhme	◂ C. Gentner
75. Min. ▸ C. Eigler	92. Min. ▸ D. Bierofka
◂ D. Kobylik	◂ M. Streller
Karten	
58. Min. Gelb B. Korzynietz	31. Min. Gelb F. Meira
	43. Min. Gelb A. da Silva
	65. Min. Rot R. Osorio
	80. Min. Gelb-Rot A. da Silva

Schiedsrichter Manuel Gräfe
Zuschauer 20.000

Die Wende zum Guten auf der Alm

Mit einer Energieleistung holt der VfB in der Schüco-Arena in Bielefeld einen verdienten Dreier und gibt damit auf die 0:3-Auftaktpleite gegen Nürnberg eine passende Antwort. Nachdem Fernando Meira die Veh-Elf im ersten Durchgang verdientermaßen in Führung bringt, ist es Schiedsrichter Gräfe, der Bielefeld mit mehreren äußerst zweifelhaften Entscheidungen zurück ins Spiel verhilft. Doch weder durch die überzogene rote Karte gegen Ricardo Osorio noch durch den Foulelfmeter oder die gelbrote Karte gegen Antonio da Silva lässt sich eine mannschaftlich geschlossene VfB-Elf aus dem Takt bringen. An diesem zweiten Spieltag der Hinrunde deutet Stuttgart erstmals an, wie viel die Mannschaft mit einer entsprechenden Moral erreichen kann. Zum Matchwinner wird der VfB-Stürmer Cacau, der den VfB zwei Mal in Führung schießt und dessen Treffer zum 3:2-Auswärtssieg später von den Zuschauern der ARD-Sportschau zum Tor des Monats gewählt wird. Beim letzten Tor des Brasilianers steht der VfB nur noch zu neunt auf dem Platz. Eine außergewöhnliche Energieleistung rettet die drei Auswärtspunkte.

VfB-Doppeltorschütze Cacau:
„Natürlich habe ich mich darüber gefreut, dass ich heute zwei Tore gemacht habe. Wir haben gute Stürmer in der Mannschaft. Ich würde mich auch nicht unter Druck gesetzt fühlen, wenn noch ein weiterer Angreifer kommen sollte. Wenn wir so weitermachen wie heute, werden wir eine gute Saison spielen."

VfB-Keeper Timo Hildebrand:
„Dieser Erfolg war natürlich sehr wichtig nach dem verpatzten Start letzte Woche. Wir haben heute eine überragende Moral gezeigt und auch mit neun Mann am Schluss völlig verdient gewonnen."

Cacau gelingt ein Doppelschlag.

Das richtige Signal, auch für den Trainer.

Am Ende eines dramatischen Spiels lassen sich die Spieler von den mitgereisten Fans feiern.

3. Spieltag VfB – Borussia Dortmund 1:3

Tabelle

Platz	Verein	Sp.	g.	u.	v.	Tore	Diff.	Pkte.
1	1. FC Nürnberg	3	2	1	0	4:0	4	7
2	FC Schalke 04	3	2	1	0	4:1	3	7
3	Bayern München	3	2	1	0	4:1	3	7
4	Borussia M'gladb.	3	2	0	1	3:1	2	6
5	Werder Bremen	3	2	0	1	6:5	1	6
6	Hertha BSC	3	1	2	0	5:1	4	5
7	1. FSV Mainz 05	3	1	2	0	4:3	1	5
8	Bayer Leverkusen	3	1	1	1	5:3	2	4
9	Borussia Dortmund	3	1	1	1	4:4	0	4
10	Energie Cottbus	3	1	1	1	3:4	-1	4
11	Hamburger SV	3	0	3	0	4:4	0	3
12	Eintracht Frankfurt	3	0	3	0	2:2	0	3
13	VfL Wolfsburg	3	0	3	0	1:1	0	3
14	Alemannia Aachen	3	1	0	2	3:4	-1	3
15	**VfB Stuttgart**	**3**	**1**	**0**	**2**	**4:8**	**-4**	**3**
16	Arminia Bielefeld	3	0	1	2	3:5	-2	1
17	VfL Bochum	3	0	0	3	2:5	-3	0
18	Hannover 96	3	0	0	3	2:11	-9	0

Spielergebnisse

Freitag, 25.08.2006		
FC Schalke 04	– Werder Bremen	2:0 (1:0)
Samstag, 26.08.06		
Bayern München	– 1. FC Nürnberg	0:0 (0:0)
Bayer Leverkusen	– VfL Wolfsburg	1:1 (0:0)
VfB Stuttgart	**– Borussia Dortmund**	**1:3 (1:2)**
Borussia M'gladbach	– Arminia Bielefeld	1:0 (0:0)
Hannover 96	– Alemannia Aachen	0:3 (0:1)
VfL Bochum	– Energie Cottbus	0:1 (0:0)
Sonntag, 27.08.2006		
Hamburger SV	– Hertha BSC	1:1 (1:0)
1. FSV Mainz 05	– Eintracht Frankfurt	1:1 (0:1)

Stuttgart	Dortmund
1 Timo Hildebrand	1 Roman Weidenfeller
6 Fernando Meira	3 Markus Brzenska
8 Daniel Bierofka	4 Christian Wörns
9 Marco Streller	6 Florian Kringe
13 Pavel Pardo	7 Tinga
14 Alexander Farnerud	9 Nelson Haedo Valdez
17 Matthieu Delpierre	10 Steven Pienaar
18 Jeronimo Cacau	13 Alexander Frei
19 Roberto Hilbert	17 Dede
21 Ludovic Magnin	22 Marc-André Kruska
35 Serdar Tasci	23 Philipp Degen
Tore	
30. Min. 1:1 S. Tasci	20. Min. 0:1 L. Magnin
	32. Min. 1:2 F. Kringe
	88. Min. 1:3 A. Frei
Auswechslungen	
45. Min. ▶ A. Farnerud	69. Min. ▶ N. H. Valdez
◀ C. Gentner	◀ E. Smolarek
55. Min. ▶ M. Streller	
◀ M. Gomez	
79. Min. ▶ L. Magnin	
◀ B. Nehrig	
Karten	
10. Min. ▮ M. Streller	14. Min. ▮ F. Kringe
54. Min. ▮ M. Delpierre	73. Min. ▮ Tinga
92. Min. ▮ J. Cacau	

Schiedsrichter Dr. Franz-Xaver Wack
Zuschauer 45.000

Stuttgart und der Heimkomplex

Nach der 0:3-Auftaktpleite gegen Nürnberg kassiert der VfB gegen Borussia Dortmund mit einem 1:3 im zweiten Heimspiel die zweite Niederlage. Nach dem unglücklichen Eigentor von Ludovic Magnin kommt der VfB ausgerechnet durch den jüngsten Akteur auf dem Platz zurück in die Partie: Serdar Tasci, ein hoffnungsvolles Talent aus der Nachwuchsabteilung auf dem Wasen, erzielt per Kopf den Ausgleich. Mangelnde Entschlossenheit und fehlende Zweikampfhärte der Stuttgarter Abwehr ermöglichen Dortmund aber nur wenig später den zweiten Treffer, dem der VfB erneut hinterherlaufen muss. Dass es zumindest mit dem erhofften und durchaus möglichen einen Punkt nichts mehr wird, liegt unter anderem an der mangelhaften Chancenauswertung der VfB-Spieler. Nach mehreren umstrittenen Entscheidungen verweigert der Schiedsrichter Franz-Xaver Wack dem VfB zudem drei Minuten vor Schluss einen eindeutigen Handelfmeter. Als der BVB-Stürmer Alexander Frei praktisch im Gegenzug das 3:1 für Schwarz-Gelb erzielt, verlassen viele Zuschauer enttäuscht das Stadion.

VfB-Torschütze Serdar Tasci:

„Es wäre schöner gewesen, wenn ich kein Tor erzielt hätte und wir dafür gewonnen hätten. Am Anfang war ich sehr nervös, vor über 40.000 Zuschauern zu spielen. Aber mit dem Anpfiff war dann alles okay. Ich bin ganz gut ins Spiel reingekommen und das hat mir natürlich Sicherheit gegeben."

BVB-Verteidiger Christian Wörns:

„Wir haben jetzt drei Spiele auf unseren ersten Sieg gewartet. Natürlich war er sehr glücklich. Gerade in der zweiten Hälfte hatten wir viel Glück. Der VfB Stuttgart war dem Ausgleich sehr nahe."

Gegen Borussia Dortmund …

… verliert der VfB erneut ein Heimspiel.

Unerwarteter Sieg in Bremen

Nach zwei individuellen Fehlern gerät der VfB im Weserstadion in der ersten Hälfte ohne Not mit zwei Toren in Rückstand. Beim 0:1 flankt Torsten Frings von der rechten Seite in den Strafraum – dabei landet der Ball so unglücklich auf dem Kopf von Roberto Hilbert, dass dieser dem eigenen Torwart keine Chance lässt. Nach dem Eigentor und dem anschließenden 2:0 für Werder durch Zidan glaubt keiner mehr an den VfB, doch Hilbert trifft vor der Pause noch einmal – diesmal ins richtige Tor. Nach Pavel Pardos Ausgleichstreffer besitzen beide Mannschaften in der Folge die Chance, alles klarzumachen. Letztlich ist der VfB dabei das entschlossenere Team. Drei Minuten vor Schluss legt der Schweizer Marco Streller quer auf Gomez, der sich im Zweikampf gegen seinen Gegenspieler Clemens Fritz behauptet und zum 2:3-Endstand trifft. Seiner Mannschaft sichert er damit einen glücklichen, aber keineswegs unverdienten Sieg.

VfB-„Doppeltorschütze" Roberto Hilbert:
„Das war ein turbulentes Spiel. Wir sind auch durch mein Eigentor mit 0:2 in Rückstand geraten. Wichtig war, dass wir noch vor der Pause das 1:2 gemacht haben. Danach haben wir alle toll gekämpft und sind dafür zunächst mit dem Ausgleich und dann noch mit dem Sieg belohnt worden."

VfB-Kapitän Timo Hildebrand:
„Das war sensationell, dass wir einen Zwei-Tore-Rückstand wieder aufholen konnten. Nach dem Anschlusstreffer durch Roberto sind wir gut aus der Halbzeitpause gekommen und haben schnell den Ausgleich erzielt. An diese Leistung müssen wir jetzt auch im nächsten Heimspiel gegen Eintracht Frankfurt anknüpfen."

Im Weserstadion erzielt Pardo sein erstes Tor für die Roten.

Tabelle

Platz	Verein	Sp.	g.	u.	v.	Tore	Diff.	Pkte.
1	Hertha BSC	4	2	2	0	7:1	6	8
2	1. FC Nürnberg	4	2	2	0	5:1	4	8
3	Bayern München	4	2	1	1	5:3	2	7
4	Borussia Dortmund	4	2	1	1	5:4	1	7
5	Energie Cottbus	4	2	1	1	5:4	1	7
6	FC Schalke 04	4	2	1	1	4:3	1	7
7	Eintracht Frankfurt	4	1	3	0	5:3	2	6
8	Alemannia Aachen	4	2	0	2	7:6	1	6
9	Werder Bremen	4	2	0	2	8:8	0	6
10	Borussia M'gladb.	4	2	0	2	5:5	0	6
11	**VfB Stuttgart**	**4**	**2**	**0**	**2**	**7:10**	**-3**	**6**
12	1. FSV Mainz 05	4	1	2	1	4:5	-1	5
13	Bayer Leverkusen	4	1	1	2	6:6	0	4
14	Arminia Bielefeld	4	1	1	2	5:6	-1	4
15	Hamburger SV	4	0	3	1	4:5	-1	3
16	VfL Wolfsburg	4	0	3	1	2:3	-1	3
17	Hannover 96	4	1	0	3	4:12	-8	3
18	VfL Bochum	4	0	1	3	3:6	-3	1

Spielergebnisse

Freitag, 15.09.2006		
VfL Wolfsburg	– Hannover 96	1:2 (0:0)
Samstag, 16.09.2006		
Werder Bremen	**– VfB Stuttgart**	**2:3 (2:1)**
Borussia Dortmund	– Hamburger SV	1:0 (0:0)
1. FC Nürnberg	– VfL Bochum	1:1 (1:1)
Arminia Bielefeld	– Bayern München	2:1 (1:1)
Alemannia Aachen	– Borussia M'gladbach	4:2 (2:0)
Energie Cottbus	– 1. FSV Mainz 05	2:0 (0:0)
Sonntag, 17.09.2006		
Hertha BSC	– FC Schalke 04	2:0 (1:0)
Eintracht Frankfurt	– Bayer Leverkusen	3:1 (0:0)

Bremen / Stuttgart

Bremen	Stuttgart
18 Tim Wiese	1 Timo Hildebrand
3 Petri Pasanen	3 Ricardo Osorio
4 Naldo	8 Daniel Bierofka
5 Pierre Wome	13 Pavel Pardo
6 Frank Baumann	15 Arthur Boka
8 Clemens Fritz	17 Matthieu Delpierre
9 Mohamed Zidan	18 Jeronimo Cacau
10 Diego	19 Roberto Hilbert
22 Torsten Frings	25 Antonio da Silva
23 Hugo Almeida	33 Mario Gomez
24 Tim Borowski	35 Serdar Tasci

Tore

Bremen			Stuttgart		
4. Min.	1:0	R. Hilbert	38. Min.	2:1	R. Hilbert
33. Min.	2:0	M. Zidan	58. Min.	2:2	P. Pardo
			87. Min.	2:3	M. Gomez

Auswechslungen

Bremen			Stuttgart		
62. Min.	▶	P. Pasanen	61. Min.	▶	D. Bierofka
	◀	A. Hunt		◀	T. Hitzlsperger
75. Min.	▶	T. Borowski	73. Min.	▶	R. Hilbert
	◀	C. Schulz		◀	C. Gentner
80. Min.	▶	P. Wome	76. Min.	▶	J. Cacau
	◀	P. Owomoyela		◀	M. Streller

Karten

Bremen			Stuttgart		
43. Min.	▮	Diego	40. Min.	▮	D. Bierofka
90. Min.	▮	Naldo	82. Min.	▮	A. da Silva
			84. Min.	▮	M. Streller

Schiedsrichter Dr. Markus Merk
Zuschauer 40.000

Tabelle

Platz	Verein	Sp.	g.	u.	v.	Tore	Diff.	Pkte.
1	Bayern München	5	3	1	1	7:4	3	10
2	FC Schalke 04	5	3	1	1	6:3	3	10
3	Hertha BSC	5	2	3	0	8:2	6	9
4	1. FC Nürnberg	5	2	3	0	6:2	4	9
5	Borussia M'gladb.	5	3	0	2	6:5	1	9
6	Energie Cottbus	5	2	2	1	6:5	1	8
7	Eintracht Frankfurt	5	1	4	0	6:4	2	7
8	Werder Bremen	5	2	1	2	9:9	0	7
9	Borussia Dortmund	5	2	1	2	5:5	0	7
10	**VfB Stuttgart**	**5**	**2**	**1**	**2**	**8:11**	**-3**	**7**
11	Alemannia Aachen	5	2	0	3	8:8	0	6
12	1. FSV Mainz 05	5	1	3	1	5:6	-1	6
13	Bayer Leverkusen	5	1	2	2	7:7	0	5
14	Hamburger SV	5	0	4	1	5:6	-1	4
15	Arminia Bielefeld	5	1	1	3	6:8	-2	4
16	VfL Bochum	5	1	1	3	5:7	-2	4
17	Hannover 96	5	1	1	3	5:13	-8	4
18	VfL Wolfsburg	5	0	3	2	2:5	-3	3

Spielergebnisse

Freitag, 22.09.2006		
Borussia M'gladbach	– Borussia Dortmund	1:0 (1:0)
Samstag, 23.09.06		
Bayern München	– Alemannia Aachen	2:1 (1:1)
Hamburger SV	– Werder Bremen	1:1 (0:0)
FC Schalke 04	– VfL Wolfsburg	2:0 (0:0)
VfB Stuttgart	**– Eintracht Frankfurt**	**1:1 (0:0)**
1. FSV Mainz 05	– Hertha BSC	1:1 (0:0)
Hannover 96	– Bayer Leverkusen	1:1 (0:1)
Sonntag, 24.09.2006		
VfL Bochum	– Arminia Bielefeld	2:1 (0:1)
Energie Cottbus	– 1. FC Nürnberg	1:1 (0:1)

Stuttgart	Frankfurt
1 Timo Hildebrand	21 Markus Pröll
3 Ricardo Osorio	2 Patrick Ochs
8 Daniel Bierofka	6 Michael Fink
13 Pavel Pardo	8 Albert Streit
15 Arthur Boka	11 Michael Thurk
17 Matthieu Delpierre	16 Christoph Spycher
18 Jeronimo Cacau	18 Ioannis Amanatidis
19 Roberto Hilbert	19 Naohiro Takahara
25 Antonio da Silva	23 Marco Russ
33 Mario Gomez	27 Sotirios Kyrgiakos
35 Serdar Tasci	33 Marko Rehmer
Tore	
73. Min. 1:0 M. Gomez	88. Min. 1:1 A. Meier
Auswechslungen	
63. Min. ▸ D. Bierofka	70. Min. ▸ A. Streit
◂ T. Hitzlsperger	◂ B. Huggel
66. Min. ▸ R. Osorio	80. Min. ▸ M. Russ
◂ C. Gentner	◂ A. Meier
83. Min. ▸ J. Cacau	90. Min. ▸ I. Amanatidis
◂ M. Babbel	◂ C. Preuß
Karten	
	59. Min. (gelb) M. Russ

Schiedsrichter Babak Rafati
Zuschauer 40.000

Der Aufschwung wird zum Geduldsspiel

Der VfB verpasst auch im dritten Heimspiel der laufenden Saison einen Sieg, der durchaus möglich gewesen wäre. Spätestens nach dem Führungstreffer von Mario Gomez scheint der VfB seinem ersten Heimsieg in dieser Bundesligaspielzeit sehr nahe zu sein. Zumal die Elf von Armin Veh auch anschließend die besseren Chancen besitzt. Nach dem Treffer zum 1:0 von Mario Gomez scheint der VfB auf der Siegerstraße zu sein, da die Veh-Elf sowohl davor als auch danach die besseren und klareren Chancen besitzt. Elf Minuten vor Schluss wechselt der Eintracht-Coach Friedhelm Funkel den Stürmer Alexander Meier für den Verteidiger Marco Russ ein. Mit dieser Hereinnahme beweist Funkel ein glückliches Händchen. Zwei Minuten vor dem Abpfiff kann Timo Hildebrand einen Schuss von Naohiro Takahara nur abklatschen und der Ball landet genau vor den Füßen des gerade ins Spiel gekommenen Angreifers der Eintracht. Nach zwei Heimniederlagen und zwei Auswärtssiegen zum Auftakt weiß der VfB nach dieser Partie immer noch nicht recht, wo er steht.

VfB-Cheftrainer Armin Veh:

„Die Mannschaft hat heute wieder mit Leidenschaft gespielt und sich sehr viele Torchancen erarbeitet. In der 73. Minute sind wir dann mit dem 1:0 durch Mario Gomez für unseren Aufwand belohnt worden. Danach hätten wir natürlich das zweite Tor machen müssen. Leider ist die Mannschaft heute nicht belohnt worden. Aber man sieht, dass hier etwas zusammenwächst."

VfB-Torschütze Mario Gomez:

„Ich weiß gar nicht, was ich sagen soll. Bis ich das Tor gemacht habe, waren die Frankfurter nicht einmal gefährlich bei uns vor dem Tor. Nach dem 1:0 haben wir plötzlich aufgehört zu spielen und waren unkonzentriert."

Gegen Frankfurt fühlt sich der VfB zu sicher – und wird mit dem Ausgleich bestraft.

Gerechtes Unentschieden in Berlin

Unter dem Strich trennen sich die Hertha und der VfB mit einem verdienten Unentschieden. Nach der schnellen Führung durch Mario Gomez sorgen zwei individuelle Fehler in der Defensive des VfB dafür, dass die Berliner mit einem 2:1-Vorsprung in die Halbzeitpause gehen. Nach dem Wechsel spielt die Mannschaft von Trainer Armin Veh wesentlich engagierter als die Hausherren und verdient sich damit das 2:2 durch Cacau, der sich zu einem der torgefährlichsten Spieler der Bundesliga entwickelt. In der Folge besitzen beide Teams hochkarätige Möglichkeiten zum Sieg. Für den VfB vergeben Mario Gomez und wenig später Cacau per Kopf die Chance zur Führung. Auch der Däne Jon Dahl Tomasson scheitert kurz vor dem Abpfiff. Bei Berlin rauft sich Christian Gimenez, der zwei gute Chancen auslässt, die Haare. Letztlich kann sich kein Team über das Remis beklagen, und der VfB kann sich nach diesem erneuten Punktgewinn auf gegnerischem Platz in der Tabelle nach oben orientieren. Was die Stuttgarter jetzt noch benötigen, ist endlich der erste Heimsieg der Saison.

Hertha-Trainer Falko Götz:
„Wir haben zu früh angefangen, das Ergebnis zu verwalten, und auch das 2:2 bekommen. Alles in allem war es sehr mühsam und mit dem Punkt müssen wir am Ende zufrieden sein."

VfB-Mittelfeldspieler Thomas Hitzlsperger:
„Das war wieder eine starke Leistung von uns. Wir wollten eigentlich drei Punkte. Der eine Punkt ist für uns weniger wert als die Art und Weise, wie wir ihn erreicht haben. Wenn wir so weitermachen, werden wir wieder gewinnen. Irgendwann wird man für die Leistungen, die wir in den Spielen zeigen, belohnt."

In Berlin treffen Cacau und Gomez.

Tabelle

Platz	Verein	Sp.	g.	u.	v.	Tore	Diff.	Pkte.
1	Hertha BSC	6	2	4	0	10:4	6	10
2	1. FC Nürnberg	6	2	4	0	7:3	4	10
3	Werder Bremen	6	3	1	2	12:9	3	10
4	Bayern München	6	3	1	2	7:5	2	10
5	FC Schalke 04	6	3	1	2	7:6	1	10
6	Alemannia Aachen	6	3	0	3	10:9	1	9
7	Borussia M'gladb.	6	3	0	3	6:8	-2	9
8	Bayer Leverkusen	6	2	2	2	10:8	2	8
9	Eintracht Frankfurt	6	1	5	0	8:6	2	8
10	Borussia Dortmund	6	2	2	2	7:7	0	8
11	Energie Cottbus	6	2	2	2	7:8	-1	8
12	**VfB Stuttgart**	**6**	**2**	**2**	**2**	**10:13**	**-3**	**8**
13	Arminia Bielefeld	6	2	1	3	9:9	0	7
14	1. FSV Mainz 05	6	1	4	1	6:7	-1	7
15	VfL Wolfsburg	6	1	3	2	3:5	-2	6
16	Hamburger SV	6	0	5	1	7:8	-1	5
17	Hannover 96	6	1	2	3	7:15	-8	5
18	VfL Bochum	6	1	1	4	6:9	-3	4

Spielergebnisse

Freitag, 29.09.2006		
Borussia Dortmund	– Hannover 96	2:2 (1:0)
Samstag, 30.09.2006		
Werder Bremen	– Borussia M'gladbach	3:0 (3:0)
1. FC Nürnberg	– 1. FSV Mainz 05	1:1 (1:0)
Arminia Bielefeld	– Energie Cottbus	3:1 (0:1)
Eintracht Frankfurt	– Hamburger SV	2:2 (1:0)
VfL Wolfsburg	– Bayern München	1:0 (1:0)
Alemannia Aachen	– VfL Bochum	2:1 (0:1)
Sonntag, 01.10.2006		
Bayer Leverkusen	– FC Schalke 04	3:1 (1:1)
Hertha BSC	**– VfB Stuttgart**	**2:2 (2:1)**

Berlin | Stuttgart

Berlin	Stuttgart
12 Christian Fiedler	1 Timo Hildebrand
3 Arne Friedrich	3 Ricardo Osorio
4 Dick van Burik	11 Thomas Hitzlsperger
5 Sofian Chahed	13 Pavel Pardo
8 Pal Dardai	17 Matthieu Delpierre
9 Marko Pantelic	18 Jeronimo Cacau
11 Ellery Cairo	19 Roberto Hilbert
13 Christian Giménez	21 Ludovic Magnin
14 Josip Simunic	25 Antonio da Silva
17 Kevin-Prince Boateng	33 Mario Gomez
20 Andreas Neuendorf	35 Serdar Tasci

Tore

Berlin			Stuttgart		
9. Min.	1:1	A. Friedrich	4. Min.	0:1	M. Gomez
14. Min.	2:1	M. Pantelic	58. Min.	2:2	J. Cacau

Auswechslungen

Berlin			Stuttgart		
60. Min.	▶	K.-P. Boateng	70. Min.	▶	R. Hilbert
	◀	P. Ebert		◀	C. Gentner
76. Min.	▶	A. Neuendorf	81. Min.	▶	J. Cacau
	◀	S. Okoronkwo		◀	J. D. Tomasson
84. Min.	▶	E. Cairo	91. Min.	▶	A. da Silva
	◀	C. Samba		◀	S. Khedira

Karten

Berlin			Stuttgart		
62. Min.	▮	A. Neuendorf	44. Min.	▮	P. Pardo
79. Min.	▮	S. Chahed	63. Min.	▮	S. Tasci
			76. Min.	▮	L. Magnin

Schiedsrichter Thorsten Kinhöfer
Zuschauer 40.000

Tabelle

Platz	Verein	Sp.	g.	u.	v.	Tore	Diff.	Pkte.
1	Werder Bremen	7	4	1	2	18:9	9	13
2	Bayern München	7	4	1	2	11:7	4	13
3	FC Schalke 04	7	4	1	2	9:7	2	13
4	Alemannia Aachen	7	4	0	3	13:10	3	12
5	Borussia M'gladb.	7	4	0	3	9:9	0	12
6	1. FC Nürnberg	7	2	5	0	8:4	4	11
7	Borussia Dortmund	7	3	2	2	10:9	1	11
8	VfB Stuttgart	7	3	2	2	13:13	0	11
9	Hertha BSC	7	2	4	1	12:8	4	10
10	Eintracht Frankfurt	7	1	6	0	9:7	2	9
11	Arminia Bielefeld	7	2	2	3	10:10	0	8
12	Bayer Leverkusen	7	2	2	3	10:11	-1	8
13	Energie Cottbus	7	2	2	3	9:11	-2	8
14	1. FSV Mainz 05	7	1	4	2	7:10	-3	7
15	VfL Wolfsburg	7	1	3	3	4:8	-4	6
16	Hannover 96	7	1	3	3	8:16	-8	6
17	Hamburger SV	7	0	5	2	8:10	-2	5
18	VfL Bochum	7	1	1	5	6:15	-9	4

Spielergebnisse

Freitag, 13.10.2006		
1. FSV Mainz 05	– Alemannia Aachen	1:3 (1:2)
Samstag, 14.10.2006		
Bayern München	– Hertha BSC	4:2 (2:0)
Hamburger SV	– FC Schalke 04	1:2 (1:1)
VfB Stuttgart	– Bayer Leverkusen	3:0 (1:0)
Borussia M'gladbach	– VfL Wolfsburg	3:1 (2:1)
Hannover 96	– Eintracht Frankfurt	1:1 (1:0)
VfL Bochum	– Werder Bremen	0:6 (0:1)
Sonntag, 15.10.2006		
1. FC Nürnberg	– Arminia Bielefeld	1:1 (1:1)
Energie Cottbus	– Borussia Dortmund	2:3 (1:1)

Stuttgart / Leverkusen

Stuttgart	Leverkusen
1 Timo Hildebrand	1 Jörg Butt
6 Fernando Meira	4 Juan
13 Pavel Pardo	5 Karim Haggui
15 Arthur Boka	6 Simon Rolfes
17 Matthieu Delpierre	9 Sergej Barbarez
18 Jeronimo Cacau	10 Paul Freier
19 Roberto Hilbert	11 Stefan Kießling
25 Antonio da Silva	12 Andrej Voronin
28 Sami Khedira	25 Bernd Schneider
33 Mario Gomez	27 Gonzalo Castro
35 Serdar Tasci	28 Carsten Ramelow

Tore
22. Min. 1:0 M. Gomez
48. Min. 2:0 A. Boka
76. Min. 3:0 T. Hitzlsperger

Auswechslungen

Stuttgart		Leverkusen	
35. Min.	▶ F. Meira	45. Min.	▶ S. Kießling
	◀ C. Gentner		◀ T. Barnetta
72. Min.	▶ S. Khedira	68. Min.	▶ G. Castro
	◀ T. Hitzlsperger		◀ M. Babic
80. Min.	▶ M. Gomez	80. Min.	▶ P. Freier
	◀ M. Streller		◀ P. Schwegler

Karten

Stuttgart		Leverkusen	
49. Min.	R. Hilbert	25. Min.	Juan
		59. Min.	C. Ramelow
		61. Min.	C. Ramelow

Schiedsrichter Peter Gagelmann
Zuschauer 34.000

Im vierten Heimspiel platzt der Knoten

Nach einer überzeugenden Leistung schafft der VfB im vierten Heimspiel endlich den ersten Sieg. Mario Gomez ebnet mit seinem 1:0 den Weg, der spätestens kurz nach der Pause durch Arthur Bokas Treffer zum 2:0 vorgezeichnet ist. An diesem siebten Bundesligaspieltag lässt sich die Elf, die allmählich zusammenwächst und Konturen gewinnt, selbst von Rückschlägen nicht mehr aus dem Konzept bringen. So scheitert Antonio da Silva, der Neuzugang vom FSV Mainz 05, nach einer guten Stunde vom Elfmeterpunkt aus. Weil der Schiedsrichter zuvor auf ein absichtliches Handspiel des Leverkuseners Karsten Ramelow entschieden hat, spielt der VfB fortan in Überzahl gegen Bayer. Gegen die dezimierten Gäste lässt Stuttgart nichts mehr anbrennen. Thomas Hitzlsperger sorgt mit dem 3:0 schließlich für die endgültige Entscheidung. Einzig die Chancenverwertung ist an diesem ansonsten rundum gelungenen Nachmittag bei der Heimmannschaft zu bemängeln.

VfB-Youngster Sami Khedira:
„Es freut mich natürlich, dass mein Bundesligadebüt in der Startformation so gut geklappt hat. Von meinem Einsatz habe ich zwei Stunden vor Spielbeginn bei der Mannschaftsbesprechung erfahren. Das Spiel verlief wie unsere vorherigen Heimauftritte, nur hatten wir heute in den entscheidenden Situationen das notwendige Quäntchen Glück. Unterm Strich war es ein gutes Spiel von uns."

VfB-Cheftrainer Armin Veh:
„Ich bin sehr zufrieden mit dem Auftritt meiner Mannschaft. Wir hatten uns für das heutige Spiel viel vorgenommen und dies dann auch weitestgehend gut umgesetzt. Insgesamt mussten wir zwei kritische Phasen überstehen. Einmal nach Bernd Schneiders Pfostentreffer und dann nach unserem verschossenen Elfmeter."

Der erste Heimsieg: Stuttgart orientiert sich nach oben.

Mario Gomez trifft und trifft

Im Vergleich zum überzeugenden 3:0-Heimsieg vor Wochenfrist gegen Leverkusen nimmt der VfB-Cheftrainer Armin Veh beim Gastauftritt in Wolfsburg lediglich eine unvermeidbare Änderung in seiner Startformation vor. Für den erneut wegen Wadenproblemen pausierenden Kapitän Fernando Meira rückt Ricardo Osorio ins Team,

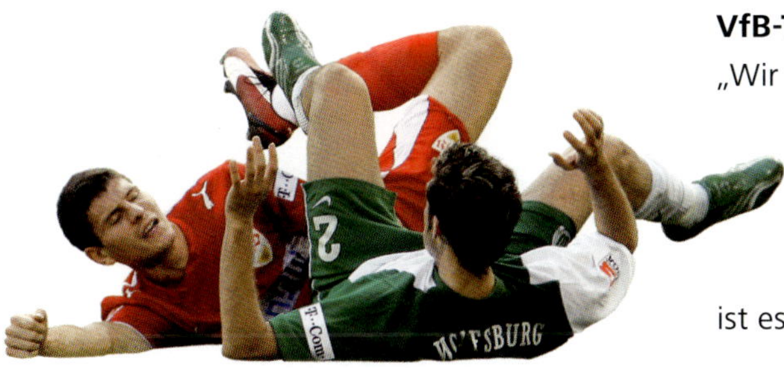

der seine Schmerzen am Spann überwunden hat. Der VfB zeigt zumindest phasenweise auch in Wolfsburg, warum das Team in der bisherigen Saison auswärts noch ungeschlagen ist. Gefällige Kombinationen nach vorne und auch reichlich Gelegenheiten, mehr als nur einen Treffer zu erzielen, wechseln sich jedoch mit Schwächen in der Defensive ab, weil die Veh-Elf nicht immer aggressiv genug in die Zweikämpfe geht. Deshalb ist am Ende auch nicht mehr als ein Punkt verdient. Diesen sichert dem VfB der Stürmer Mario Gomez, der sein fünftes Tor im fünften Spiel hintereinander erzielt und die VfL-Führung durch Mike Hanke ausgleicht. Mit diesen Leistungen spielt sich das Talent immer mehr in den Mittelpunkt des öffentlichen Interesses.

VfB-Torschütze Mario Gomez:

„Wir waren heute nicht so aggressiv. Wir haben zu viele Zweikämpfe verloren. Vielleicht waren wir nicht so frisch. Es hat an Kraft und schließlich auch an Konzentration gefehlt. Wir wollten gewinnen, doch jetzt ist es ein gerechtes Unentschieden geworden."

VfL-Torschütze Mike Hanke:

„Ich bin überhaupt nicht zufrieden. Mit so vielen Torsituationen, die wir hatten, hätten wir das Spiel gewinnen müssen. Wir hatten mehr Spielanteile und Torchancen. Das Spiel wäre zu gewinnen gewesen, aber wir haben zu schnell den Ausgleich gekriegt. Unseren zweiten Treffer hatte ich auf dem Fuß. Deswegen bin ich schon unzufrieden mit dem Ergebnis."

Der VfB und der VfL schenken sich in Wolfsburg nichts.

Tabelle

Platz	Verein	Sp.	g.	u.	v.	Tore	Diff.	Pkte.
1	Werder Bremen	8	5	1	2	21:10	11	16
2	FC Schalke 04	8	5	1	2	11:8	3	16
3	Hertha BSC	8	3	4	1	14:9	5	13
4	Bayern München	8	4	1	3	12:10	2	13
5	1. FC Nürnberg	8	2	6	0	10:6	4	12
6	Alemannia Aachen	8	4	0	4	14:12	2	12
7	Borussia Dortmund	8	3	3	2	11:10	1	12
8	**VfB Stuttgart**	**8**	**3**	**3**	**2**	**14:14**	**0**	**12**
9	Borussia M'gladb.	8	4	0	4	10:11	-1	12
10	Arminia Bielefeld	8	3	2	3	11:10	1	11
11	Energie Cottbus	8	3	2	3	11:12	-1	11
12	Eintracht Frankfurt	8	1	7	0	11:9	2	10
13	Hamburger SV	8	1	5	2	10:11	-1	8
14	Bayer Leverkusen	8	2	2	4	11:13	-2	8
15	1. FSV Mainz 05	8	1	4	3	7:11	-4	7
16	VfL Wolfsburg	8	1	4	3	5:9	-4	7
17	Hannover 96	8	1	3	4	9:18	-9	6
18	VfL Bochum	8	1	2	5	7:16	-9	5

Spielergebnisse

Freitag, 20.10.2006		
Borussia Dortmund	– VfL Bochum	1:1 (1:1)
Samstag, 21.10.2006		
Werder Bremen	– Bayern München	3:1 (2:1)
FC Schalke 04	– Hannover 96	2:1 (2:0)
Hertha BSC	– Borussia M'gladbach	2:1 (0:0)
Arminia Bielefeld	– 1. FSV Mainz 05	1:0 (0:0)
VfL Wolfsburg	**– VfB Stuttgart**	**1:1 (1:1)**
Alemannia Aachen	– Energie Cottbus	1:2 (1:0)
Sonntag, 22.10.2006		
Bayer Leverkusen	– Hamburger SV	1:2 (1:0)
Eintracht Frankfurt	– 1. FC Nürnberg	2:2 (1:1)

Wolfsburg	Stuttgart
1 Simon Jentzsch	1 Timo Hildebrand
2 Facundo Quiroga	3 Ricardo Osorio
4 Alexander Madlung	13 Pavel Pardo
5 Kevin Hofland	15 Arthur Boka
6 Tom van der Leegte	17 Matthieu Delpierre
10 Jacek Krzynowek	18 Jeronimo Cacau
11 Mike Hanke	19 Roberto Hilbert
13 Isaac Boakye	25 Antonio da Silva
15 Hans Sarpei	28 Sami Khedira
18 Cedric Makiadi	33 Mario Gomez
22 Alex	35 Serdar Tasci

Tore

26. Min. 1:0 M. Hanke	31. Min. 1:1 M. Gomez

Auswechslungen

71. Min. ▸ F. Quiroga ◂ J. C. Menseguez	63. Min. ▸ S. Khedira ◂ T. Hitzlsperger
84. Min. ▸ I. Boakye ◂ M. Karhan	73. Min. ▸ J. Cacau ◂ J. D. Tomasson
	86. Min. ▸ R. Hilbert ◂ D. Bierofka

Karten

9. Min. ▮ T. v. d. Leegte

Schiedsrichter Lutz Wagner
Zuschauer 18.000

Tabelle

Platz	Verein	Sp.	g.	u.	v.	Tore	Diff.	Pkte.
1	Werder Bremen	9	6	1	2	27:11	16	19
2	Bayern München	9	5	1	3	14:10	4	16
3	FC Schalke 04	9	5	1	3	11:11	0	16
4	**VfB Stuttgart**	**9**	**4**	**3**	**2**	**17:14**	**3**	**15**
5	Arminia Bielefeld	9	4	2	3	16:11	5	14
6	Energie Cottbus	9	4	2	3	13:12	1	14
7	1. FC Nürnberg	9	2	7	0	11:7	4	13
8	Hertha BSC	9	3	4	2	14:11	3	13
9	Borussia Dortmund	9	3	4	2	12:11	1	13
10	Alemannia Aachen	9	4	0	5	15:17	-2	12
11	Bor. M'gladbach	9	4	0	5	10:13	-3	12
12	Bayer Leverkusen	9	3	2	4	13:13	0	11
13	Eintracht Frankfurt	9	1	7	1	11:11	0	10
14	VfL Wolfsburg	9	2	4	3	6:9	-3	10
15	Hamburger SV	9	1	6	2	10:11	-1	9
16	Hannover 96	9	1	4	4	9:18	-9	7
17	1. FSV Mainz 05	9	1	4	4	8:17	-9	7
18	VfL Bochum	9	1	2	6	7:17	-10	5

Spielergebnisse

Freitag, 27.10.2006		
1. FSV Mainz 05	– Werder Bremen	1:6 (0:3)
Samstag, 28.10.2006		
Bayern München	– Eintracht Frankfurt	2:0 (2:0)
Hamburger SV	– Hannover 96	0:0 (0:0)
1. FC Nürnberg	– Borussia Dortmund	1:1 (0:0)
Borussia M'gladbach	– Bayer Leverkusen	0:2 (0:1)
VfL Bochum	– VfL Wolfsburg	0:1 (0:1)
Energie Cottbus	– Hertha BSC	2:0 (0:0)
Sonntag, 29.10.2006		
VfB Stuttgart	**– FC Schalke 04**	**3:0 (1:0)**
Arminia Bielefeld	– Alemannia Aachen	5:1 (2:0)

Stuttgart	Schalke 04
1 Timo Hildebrand	1 Frank Rost
3 Ricardo Osorio	5 Marcelo Jose Bordon
13 Pavel Pardo	6 Hamit Altintop
15 Arthur Boka	7 Gustavo Varela
17 Matthieu Delpierre	11 Peter Lövenkrands
18 Jeronimo Cacau	16 Dario Rodriguez
19 Roberto Hilbert	18 Rafinha
25 Antonio da Silva	19 Halil Altintop
28 Sami Khedira	20 Mladen Krstajic
33 Mario Gomez	25 Zlatan Bajramovic
35 Serdar Tasci	31 Sebastian Boenisch

Tore
32. Min. 1:0 S. Khedira
46. Min. 2:0 S. Khedira
75. Min. 3:0 S. Tasci

Auswechslungen

Stuttgart		Schalke 04	
63. Min.	▸ S. Khedira	59. Min.	▸ S. Boenisch
	◂ T. Hitzlsperger		◂ K. Kuranyi
76. Min.	▸ J. Cacau	65. Min.	▸ H. Altintop
	◂ M. Streller		◂ A. Baumjohann
80. Min.	▸ A. Boka		
	◂ L. Magnin		

Karten

Stuttgart		Schalke 04	
60. Min.	S. Khedira	42. Min.	S. Boenisch
71. Min.	A. Boka	54. Min.	H. Altintop
		70. Min.	M. J. Bordon
		78. Min.	G. Varela
		79. Min.	Z. Bajramovic

Schiedsrichter Wolfgang Stark
Zuschauer 50.000

Der VfB stürmt Richtung Spitze

Beim Heimspiel gegen Schalke 04 – einem der selbst ernannten Titelaspiranten in dieser Saison – kommt der VfB zunächst schwer in Tritt. Nach zehn Minuten zieht Schalkes Youngster Sebastian Boenisch aus halblinker Position ab und zwingt Timo Hildebrand mit seinem fulminanten Schuss zu einer Glanztat. Doch nach 32 Minuten jubeln die Fans in der Cannstatter Kurve: Sami Khedira versucht, nach einem weiten Pass den Ball auf Mario Gomez weiterzuleiten – dies misslingt zwar, weil Dario Rodriguez ein Bein dazwischenbringt, doch der Ball kommt zu Khedira zurück, der mit einem satten Schuss ins linke untere Eck Schalkes Torwart Frank Rost keine Chance lässt. Kurz nach der Pause erzielt Khedira das 2:0, und eine Viertelstunde vor Schluss macht ein weiterer VfB-Youngster alles klar: Arthur Boka flankt von der linken Seite und findet den aufgerückten Serdar Tasci, der mit einer Direktabnahme zum 3:0 aus spitzem Winkel für den VfB trifft. Die 52.000 Fans im Stadion lassen unterdessen „La Ola" durch das Stadion laufen.

VfB-Doppeltorschütze Sami Khedira:
„Ich hatte schon viele schöne Spiele, auch in der Jugend. Aber in der Bundesliga ist das natürlich alles noch einen Tick besser. Was meinen Vertrag anbelangt, kann ich nur sagen, dass ich versuche, meine Leistung zu bringen. Dann schauen wir weiter."

VfB-Torschütze Serdar Tasci:
„Es waren nicht nur die Jungen. Ob Jung oder Alt, die ganze Mannschaft hat super gespielt. Wir sind einfach ein klasse Team. Es hat eine halbe Stunde gedauert, aber dann sind wir gut ins Spiel gekommen. Man muss nicht nur mit uns rechnen. Man muss mit jeder Mannschaft in der Tabelle da oben rechnen. Wir jedenfalls werden alles geben, um da mitzumischen."

Lange Gesichter bei Schalke, ...

... Jubel in Stuttgart.

Im Spiel gegen den Favoriten …

… überzeugen Khedira und Tasci mit Toren.

Tabelle

Platz	Verein	Sp.	g.	u.	v.	Tore	Diff.	Pkte.
1	Werder Bremen	10	6	2	2	28:12	16	20
2	**VfB Stuttgart**	**10**	**5**	**3**	**2**	**21:16**	**5**	**18**
3	Bayern München	10	5	2	3	16:12	4	17
4	FC Schalke 04	10	5	2	3	13:13	0	17
5	Hertha BSC	10	4	4	2	16:12	4	16
6	Arminia Bielefeld	10	4	3	3	17:12	5	15
7	Energie Cottbus	10	4	3	3	14:13	1	15
8	Bor. Dortmund	10	3	5	2	13:12	1	14
9	1. FC Nürnberg	10	2	7	1	12:9	3	13
10	Eintracht Frankfurt	10	2	7	1	12:11	1	13
11	VfL Wolfsburg	10	3	4	3	7:9	-2	13
12	Bayer Leverkusen	10	3	3	4	14:14	0	12
13	Alemannia Aachen	10	4	0	6	17:21	-4	12
14	Bor. M'gladbach	10	4	0	6	10:14	-4	12
15	Hamburger SV	10	1	6	3	10:12	-2	9
16	VfL Bochum	10	2	2	6	9:17	-8	8
17	1. FSV Mainz 05	10	1	5	4	9:18	-9	8
18	Hannover 96	10	1	4	5	9:20	-11	7

Spielergebnisse

Freitag, 03.11.2006			
Hannover 96	– VfL Bochum	0:2	(0:1)
Samstag, 04.11.2006			
Werder Bremen	– Energie Cottbus	1:1	(0:0)
Bayer Leverkusen	– 1. FSV Mainz 05	1:1	(1:1)
Hertha BSC	– 1. FC Nürnberg	2:1	(1:0)
Borussia Dortmund	– Arminia Bielefeld	1:1	(0:0)
VfL Wolfsburg	– Hamburger SV	1:0	(1:0)
Alemannia Aachen	**– VfB Stuttgart**	**2:4**	**(1:2)**
Sonntag, 05.11.2006			
FC Schalke 04	– Bayern München	2:2	(2:1)
Eintracht Frankfurt	– Borussia M'gladbach	1:0	(0:0)

Aachen / Stuttgart

Aachen	Stuttgart
24 Kristian Nicht	1 Timo Hildebrand
2 Nico Herzig	3 Ricardo Osorio
5 Sascha Dum	9 Marco Streller
12 Moses Sichone	11 Thomas Hitzlsperger
16 Marius Ebbers	13 Pavel Pardo
18 Sergio Pinto	15 Arthur Boka
19 Jan Schlaudraff	17 Matthieu Delpierre
20 Matthias Lehmann	19 Roberto Hilbert
22 Jeffrey Leiwakabessy	25 Antonio da Silva
23 L.-A. Reghecampf	33 Mario Gomez
30 Sascha Rösler	35 Serdar Tasci

Tore

Aachen	Stuttgart
28. Min. 1:2 S. Rösler	24. Min. 0:1 M. Gomez
86. Min. 2:4 V. Ibisevic	26. Min. 0:2 T. Hitzlsperger
	46. Min. 1:3 M. Streller
	63. Min. 1:4 M. Streller

Auswechslungen

Aachen	Stuttgart
63. Min. ▸ S. Pinto	59. Min. ▸ T. Hitzlsperger
◂ C. Fiel	◂ S. Khedira
63. Min. ▸ M. Ebbers	66. Min. ▸ A. da Silva
◂ V. Ibisevic	◂ C. Gentner
68. Min. ▸ M. Sichone	70. Min. ▸ M. Streller
◂ A. Klitzpera	◂ D. Bierofka

Karten

Aachen	Stuttgart
46. Min. S. Pinto	43. Min. A. da Silva
	46. Min. T. Hitzlsperger
	88. Min. M. Delpierre

Schiedsrichter Dr. Felix Brych
Zuschauer 21.000

Der Doppelpack des Marco Streller

Dem VfB gelingt es in Aachen, an seine zuletzt gegen Schalke gezeigte gute Form nahtlos anzuknüpfen. Im Vergleich zum zurückliegenden 3:0-Heimsieg spielt Hitzlsperger in der Anfangsformation für Khedira, dem Veh eine Pause gönnt. Der Schweizer Streller ersetzt zudem Cacau, der dem Trainer vor dem Anpfiff signalisiert, dass er unter Oberschenkelproblemen leidet. Wegweisend in dieser Partie ist das 1:0 von Mario Gomez in einer Phase, in der Aachen gerade das Tempo anzieht und versucht, dem Spiel seinen Stempel aufzudrücken. Thomas Hitzlsperger gelingt wenig später sogar das 2:0, ehe die Gastgeber kurz danach verkürzen können. In der zweiten Halbzeit schlägt die Stunde des Schweizers Marco Streller, der bis dahin im Trikot mit dem Brustring die Fans nicht immer überzeugen konnte. Mit einem Doppelpack zerstört er alle Hoffnungen des Aufsteigers auf eine Wende in diesem Spiel. Der Treffer des Aacheners Ibisevic kommt zu spät und ist letztlich nur noch Ergebniskosmetik.

Der 4:2 Auswärtssieg festigt die Position des VfB in der Spitzengruppe der Liga.

Alemannia-Sportdirektor Jörg Schmadtke:
„Das war bitter. Die Niederlage ist unter dem Strich verdient. Uns fehlt gerade die mannschaftliche Geschlossenheit. Es ist zu leicht, gegen uns Tore zu schießen. Insgesamt merkt man schon eine gewisse Verunsicherung."

VfB-Doppeltorschütze Marco Streller:
„Ich habe mich auf dieses Spiel vorbereitet, als ob ich in der Stammelf stünde. Als es kurz vor Beginn hieß, ich müsse für Cacau spielen, habe ich mich doch kurz umstellen müssen. Ich wurde einmal gekauft, um Tore zu schießen. Das habe ich heute getan. Es war ein schöner Abend für mich. Ein wirklich tolles Spiel."

Der VfB stürmt den Tivoli ...

... und Aachen ist völlig chancenlos.

Hamburg geht in den letzten Minuten K.o.

Der VfB kommt am 11. Spieltag zu einem 2:0-Arbeitssieg gegen den HSV. Die schwach in die Saison gestarteten Hamburger erweisen sich – wie von Armin Veh im Vorfeld prognostiziert – als ein schwerer Brocken. Für Stuttgart treffen erneut Mario Gomez und auch Thomas Hitzlsperger, der nach seinen Anlaufschwierigkeiten in dieser Bundesligasaison immer stärker wird und sich von einem Wackelkandidaten zu einem Führungsspieler entwickelt. Die Mannschaft des VfB überzeugt in dieser Partie spielerisch längst nicht so wie in den Partien zuvor und siegt durch die späten Tore durchaus glücklich: Bei einer Flanke von David Jarolim setzt Serdar Tasci im Strafraum seinen linken Arm zur Abwehr ein, was der Schiedsrichter Herbert Fandel aber nicht als Regelverstoß wertet. Dabei hätte sich auf VfB-Seite in diesem Moment niemand beschweren können, wenn es schon früh einen Strafstoß für die Hamburger gegeben hätte. So aber rückt Stuttgart mit dem Sieg gegen Hamburg vor dem Auswärtsspiel in Hannover in der Tabelle immer näher an Platz eins heran.

VfB-Cheftrainer Armin Veh:

„Es war klar, dass diese Partie für uns sehr schwer werden würde. Die Erwartungshaltung war nach unseren guten letzten Spielen entsprechend hoch. Wir haben überhaupt nicht ins Spiel gefunden. Uns hat auch die Frische gefehlt und wir sind nicht in die Zweikämpfe gekommen."

VfB-Teammanager Horst Heldt:

„Der HSV war heute sehr gut und die bessere Mannschaft. Für uns war es das erwartet schwere Spiel. Wir hatten zum Teil große Probleme und sind nur schwer in die Zweikämpfe gekommen. Aber das ist bei unserer jungen Mannschaft nicht unbedingt überraschend nach den zuletzt guten Leistungen."

Hamburg ist zu Gast in Stuttgart ...

... und fährt ohne Punkte nach Hause.

Tabelle

Platz	Verein	Sp.	g.	u.	v.	Tore	Diff.	Pkte.
1	Werder Bremen	11	7	2	2	30:13	17	23
2	**VfB Stuttgart**	**11**	**6**	**3**	**2**	**23:16**	**7**	**21**
3	FC Schalke 04	11	6	2	3	15:13	2	20
4	Hertha BSC	11	4	5	2	18:14	4	17
5	Bayern München	11	5	2	4	16:13	3	17
6	Arminia Bielefeld	11	4	4	3	19:14	5	16
7	Eintracht Frankfurt	11	3	7	1	13:11	2	16
8	VfL Wolfsburg	11	4	4	3	9:10	-1	16
9	Bayer Leverkusen	11	4	3	4	17:15	2	15
10	Borussia Dortmund	11	3	6	2	13:12	1	15
11	Energie Cottbus	11	4	3	4	14:14	0	15
12	1. FC Nürnberg	11	2	7	2	13:11	2	13
13	Alemannia Aachen	11	4	1	6	17:21	-4	13
14	Bor. M'gladbach	11	4	0	7	10:16	-6	12
15	Hannover 96	11	2	4	5	10:20	-10	10
16	Hamburger SV	11	1	6	4	10:14	-4	9
17	VfL Bochum	11	2	2	7	10:20	-10	8
18	1. FSV Mainz 05	11	1	5	5	10:20	-10	8

Spielergebnisse

Dienstag, 07.11.2006		
Borussia Dortmund	– Alemannia Aachen	0:0 (0:0)
1. FC Nürnberg	– Werder Bremen	1:2 (0:1)
VfB Stuttgart	**– Hamburger SV**	**2:0 (0:0)**
1. FSV Mainz 05	– VfL Wolfsburg	1:2 (1:1)
Mittwoch, 08.11.2006		
Bayern München	– Hannover 96	0:1 (0:1)
Borussia M'gladbach	– FC Schalke 04	0:2 (0:2)
Arminia Bielefeld	– Hertha BSC	2:2 (1:1)
VfL Bochum	– Bayer Leverkusen	1:3 (0:2)
Energie Cottbus	– Eintracht Frankfurt	0:1 (0:1)

Stuttgart / Hamburg

Stuttgart	Hamburg
1 Timo Hildebrand	1 Stefan Wächter
3 Ricardo Osorio	5 Joris Mathijsen
9 Marco Streller	7 Mehdi Mahdavikia
11 Thomas Hitzlsperger	13 Mario Fillinger
13 Pavel Pardo	14 David Jarolim
15 Arthur Boka	15 Piotr Trochowski
17 Matthieu Delpierre	16 René Klingbeil
25 Antonio da Silva	17 Boubacar Sanogo
28 Sami Khedira	23 Rafael van der Vaart
33 Mario Gomez	33 Benny Feilhaber
35 Serdar Tasci	38 Danijel Ljuboja

Tore

80. Min. 1:0 M. Gomez
85. Min. 2:0 T. Hitzlsperger

Auswechslungen

Stuttgart		Hamburg	
45. Min.	▸ S. Khedira	63. Min.	▸ D. Ljuboja
	◂ R. Hilbert		◂ J. P. Guerrero
57. Min.	▸ R. Osorio	82. Min.	▸ M. Mahdavikia
	◂ C. Gentner		◂ B. Berisha
89. Min.	▸ T. Hitzlsperger		
	◂ D. Bierofka		

Karten

Stuttgart		Hamburg	
26. Min.	R. Osorio	21. Min.	M. Mahdavikia
		28. Min.	M. Fillinger

Schiedsrichter Herbert Fandel
Zuschauer 45.000

Tabelle

Platz	Verein	Sp.	g.	u.	v.	Tore	Diff.	Pkte.
1	VfB Stuttgart	12	7	3	2	25:17	8	24
2	Werder Bremen	12	7	2	3	31:16	15	23
3	FC Schalke 04	12	7	2	3	19:13	6	23
4	Bayern München	12	6	2	4	19:15	4	20
5	Arminia Bielefeld	12	5	4	3	22:14	8	19
6	Hertha BSC	12	4	6	2	21:17	4	18
7	Borussia Dortmund	12	4	6	2	16:13	3	18
8	VfL Wolfsburg	12	4	5	3	9:10	-1	17
9	Energie Cottbus	12	4	4	4	14:14	0	16
10	Eintracht Frankfurt	12	3	7	2	13:14	-1	16
11	Bayer Leverkusen	12	4	3	5	19:18	1	15
12	1. FC Nürnberg	12	2	8	2	14:12	2	14
13	Alemannia Aachen	12	4	2	6	18:22	-4	14
14	Bor. M'gladbach	12	4	1	7	11:17	-6	13
15	Hamburger SV	12	1	7	4	11:15	-4	10
16	Hannover 96	12	2	4	6	11:22	-11	10
17	VfL Bochum	12	2	3	7	13:23	-10	9
18	1. FSV Mainz 05	12	1	5	6	10:24	-14	8

Spielergebnisse

Freitag, 10.11.2006		
Werder Bremen	– Borussia Dortmund	1:3 (1:1)
Samstag, 11.11.2006		
Hamburger SV	– Borussia M'gladbach	1:1 (0:0)
FC Schalke 04	– 1. FSV Mainz 05	4:0 (3:0)
Bayer Leverkusen	– Bayern München	2:3 (0:1)
Hertha BSC	– VfL Bochum	3:3 (1:2)
Eintracht Frankfurt	– Arminia Bielefeld	0:3 (0:1)
VfL Wolfsburg	– Energie Cottbus	0:0 (0:0)
Sonntag, 12.11.2006		
Hannover 96	**– VfB Stuttgart**	**1:2 (1:0)**
Alemannia Aachen	– 1. FC Nürnberg	1:1 (0:1)

Hannover / Stuttgart

Hannover	Stuttgart
1 Robert Enke	1 Timo Hildebrand
3 Dariusz Zuraw	11 Thomas Hitzlsperger
6 Steven Cherundolo	13 Pavel Pardo
10 Arnold Bruggink	15 Arthur Boka
11 Szabolcs Huszti	17 Matthieu Delpierre
14 Hanno Balitsch	18 Jeronimo Cacau
18 Michael Tarnat	19 Roberto Hilbert
22 Frank Fahrenhorst	22 Christian Gentner
23 Chavdar Yankov	25 Antonio da Silva
24 Jiri Stajner	33 Mario Gomez
26 Jan Rosenthal	35 Serdar Tasci
Tore	
13. Min. 1:0 J. Rosenthal	49. Min. 1:1 T. Hitzlsperger
	54. Min. 1:2 J. Cacau
Auswechslungen	
67. Min. ▸ C. Yankov	82. Min. ▸ C. Gentner
◂ V. Hashemian	◂ S. Khedira
76. Min. ▸ S. Huszti	86. Min. ▸ J. Cacau
◂ G. H. Thorvaldsson	◂ S. Meißner
86. Min. ▸ H. Balitsch	88. Min. ▸ A. da Silva
◂ F. Montabell	◂ M. Streller
Karten	
	57. Min. Gelb T. Hitzlsperger
	60. Min. Gelb M. Delpierre
	90. Min. Gelb-Rot T. Hitzlsperger

Schiedsrichter Dr. Jochen Drees
Zuschauer 28.000

Der VfB erobert die Tabellenführung

Lange haben die VfB-Fans auf einen Tag wie diesen gewartet – auf einen Spieltag, an dessen Ende sie die Tabelle anschauen und ihren Lieblingsverein auf Platz eins wiederfinden. In Hannover kommt der VfB bereits zum vierten Auswärtssieg der laufenden Saison. Nach einer eher durchschnittlichen ersten Hälfte und einem nicht unverdienten Rückstand durch das Tor von Jan Rosenthal nach einer knappen Viertelstunde zeigt sich Stuttgart in der zweiten Hälfte stark formverbessert und kann durch Treffer von Hitzlsperger und Cacau das Spiel noch drehen. Dass die mitgereisten Fans bis zum Schluss um die Tabellenführung zittern müssen, liegt zum einen an der fast schon fahrlässigen Chancenverwertung bei gleich mehreren guten Kontermöglichkeiten und auch daran, dass Thomas Hitzlsperger mit einer gelbroten Karte vom Platz fliegt. Letztlich rettet der VfB aber die Führung über die Zeit, und seine Fans können bei der Heimfahrt ins Schwabenland von höheren Zielen träumen. Doch nun wartet auf den Klub das schwere Auswärtsspiel bei den Bayern.

VfB-Torhüter Timo Hildebrand:
„Wir haben heute zwei unterschiedliche Halbzeiten gesehen. In der ersten Hälfte sind wir nicht in Tritt gekommen. In der zweiten haben wir die Tore gemacht und auch gut verteidigt. Ich habe heute und auch schon in den letzten Wochen gut gehalten. Ich hatte wie alle Nationalspieler zu Beginn der Saison kleine Probleme."

VfB-Mittelfeldspieler Christian Gentner:
„Die erste Hälfte war schwer und sicher nicht das, was wir uns vorgestellt hatten. In der Pause haben wir uns dann vorgenommen, in den zweiten 45 Minuten anders aufzutreten. Das ist uns auch gelungen und am Ende haben wir nicht unverdient gewonnen."

Nach dem Spiel in Hannover gibt es einen neuen Spitzenreiter: den VfB.

Das Tor zum 2:1-Auswärtssieg schießt der Brasilianer Cacau in der 54. Minute.

Tabelle

Platz	Verein	Sp.	g.	u.	v.	Tore	Diff.	Pkte.
1	FC Schalke 04	13	8	2	3	23:15	8	26
2	Werder Bremen	13	7	3	3	33:18	15	24
3	**VfB Stuttgart**	13	7	3	3	26:19	7	24
4	Bayern München	13	7	2	4	21:16	5	23
5	Hertha BSC	13	5	6	2	23:18	5	21
6	Arminia Bielefeld	13	5	5	3	22:14	8	20
7	Borussia Dortmund	13	4	6	3	17:15	2	18
8	VfL Wolfsburg	13	4	6	3	9:10	-1	18
9	1. FC Nürnberg	13	3	8	2	17:14	3	17
10	Eintracht Frankfurt	13	3	7	3	16:18	-2	16
11	Energie Cottbus	13	4	4	5	16:18	-2	16
12	Bayer Leverkusen	13	4	3	6	21:21	0	15
13	Alemannia Aachen	13	4	3	6	20:24	-4	15
14	Bor. M'gladbach	13	4	1	8	11:18	-7	13
15	Hannover 96	13	3	4	6	12:22	-10	13
16	VfL Bochum	13	3	3	7	17:26	-9	12
17	Hamburger SV	13	1	8	4	11:15	-4	11
18	1. FSV Mainz 05	13	1	6	6	10:24	-14	9

Spielergebnisse

Freitag, 17.11.2006		
VfL Bochum	– Eintracht Frankfurt	4:3 (3:2)
Samstag, 18.11.2006		
Bayern München	**– VfB Stuttgart**	**2:1 (2:1)**
Borussia Dortmund	– Hertha BSC	1:2 (1:2)
1. FC Nürnberg	– Bayer Leverkusen	3:2 (1:1)
1. FSV Mainz 05	– Hamburger SV	0:0 (0:0)
Alemannia Aachen	– Werder Bremen	2:2 (1:0)
Energie Cottbus	– FC Schalke 04	2:4 (2:2)
Sonntag, 19.11.2006		
Borussia M'gladbach	– Hannover 96	0:1 (0:0)
Arminia Bielefeld	– VfL Wolfsburg	0:0 (0:0)

Bayern M. / Stuttgart

Bayern M.	Stuttgart
1 Oliver Kahn	1 Timo Hildebrand
2 Willy Sagnol	13 Pavel Pardo
5 Daniel van Buyten	15 Arthur Boka
6 Martin Demichelis	17 Matthieu Delpierre
10 Roy Makaay	18 Jeronimo Cacau
14 Claudio Pizarro	19 Roberto Hilbert
17 Mark van Bommel	22 Christian Gentner
20 Hasan Salihamidzic	25 Antonio da Silva
21 Philipp Lahm	28 Sami Khedira
31 Bastian Schweinsteiger	33 Mario Gomez
39 Andreas Ottl	35 Serdar Tasci
Tore	
27. Min. 1:1 R. Makaay	8. Min. 0:1 M. Gomez
36. Min. 2:1 C. Pizarro	
Auswechslungen	
72. Min. ▸ B. Schweinsteiger ◂ C. Lell	54. Min. ▸ C. Gentner ◂ F. Meira
89. Min. ▸ C. Pizarro ◂ R. Santa Cruz	62. Min. ▸ S. Khedira ◂ D. Bierofka
93. Min. ▸ R. Makaay ◂ S. Deisler	79. Min. ▸ A. da Silva ◂ M. Streller
Karten	
82. Min. M. van Bommel	58. Min. P. Pardo
	80. Min. J. Cacau

Schiedsrichter Michael Weiner
Zuschauer 69.000

Bayern zeigt dem VfB die Grenzen auf

Auf der Autobahn 8 ist an diesem 18. November 2006 die Hölle los. Eine weiß-rote Karawane setzt sich von Stuttgart aus in Richtung München in Bewegung – es kommt schließlich selten genug vor, dass der VfB als Tabellenführer zum Südgipfel anreist. Bereits nach acht Minuten jubelt der Stuttgarter Anhang, als Shootingstar Mario Gomez die Schwaben in Führung bringt. Doch nach dem schnellen 1:0 lässt sich der VfB von den Bayern weit in die eigene Hälfte drücken und kassiert Mitte des ersten Durchgangs folglich den Ausgleichstreffer durch Makaay. Dass die Münchner noch die routiniertere Mannschaft besitzen, wird beim zweiten Gegentor deutlich. Nach einer Unterbrechung wegen Pavel Pardos Kopfverletzung nutzten die Münchner die Unordnung im VfB-Team eiskalt zum 2:1 aus. Das Führungstor für die Bayern erzielt der Peruaner Pizarro. Dass dieses Tor schon entscheidend ist, liegt daran, dass der VfB seine optischen Vorteile nach der Pause kaum zu klaren Chancen umwandeln kann und auch die Bayern ihre Kontermöglichkeiten gegen Ende der Partie leichtfertig vergeben.

Bayern-München-Coach Felix Magath:
„Man hat gesehen, dass der VfB zu Recht da oben steht. Wir waren eigentlich von Beginn an gut in der Partie, doch dann kam das 0:1, das der VfB hervorragend herausgespielt hat. Meine Mannschaft hat aber Moral gezeigt und ist marschiert. Es war ein gutes Spiel für die Zuschauer, weil es bis zum Schluss spannend blieb."

VfB-Torschütze Mario Gomez:
„Vielleicht hatten wir zu viel Respekt. Wir haben uns nach der Führung hinten reindrängen und uns den Schneid abkaufen lassen. Die Bayern waren heute einfach cleverer."

Gomez trifft gegen die Bayern …

… und dennoch verliert der VfB.

Kein Schönheitspreis für Stuttgart

Zwei Neue bringt der VfB-Cheftrainer Armin Veh beim Heimspiel gegen Borussia Mönchengladbach im Vergleich zur 1:2-Niederlage in der Vorwoche beim FC Bayern in seiner Startformation. Der nach Wadenproblemen wieder genesene Kapitän Fernando Meira spielt in der Innenverteidigung an der Seite von Matthieu Delpierre. Deshalb rückt Serdar Tasci auf die rechte Seite der Viererkette und nimmt den Platz von Roberto Hilbert ein, der dort bisher Ricardo Osorio vertreten hat. Der VfB kann sich am 14. Spieltag der Fußballbundesliga beim knappen 1:0-Erfolg gegen Borussia Mönchengladbach lediglich über das Tor von Cacau und die drei gewonnenen Zähler freuen. Denn spielerisch geht gegen die im ersten Durchgang erschreckend harmlosen Gäste trotz des frühen Tores nicht viel bei den Stuttgartern zusammen. Da es der VfB versäumt, einen zweiten Treffer nachzulegen und zudem nach etwas mehr als einer Stunde durch mangelnde Aggressivität und einfache Fehler den Gegner aufbaut, müssen die Fans im Gottlieb-Daimler-Stadion am Ende sogar noch um den Sieg zittern.

VfB-Cheftrainer Armin Veh:
„Ich habe bereits zuvor gesagt, dass es ein ganz schweres Spiel werden wird. Trotz des frühen Tores war die Mannschaft nicht so frisch, um ihr gewohntes Spiel aufzuziehen. Wichtig war, dass wir das Ergebnis gemacht haben. Auch solche Spiele muss man gewinnen."

Borussen-Coach Jupp Heynckes:
„Heute konnten sich alle überzeugen, dass die Mannschaft verunsichert ist, was man vor allem in der ersten Halbzeit gesehen hat. In der Pause war es meine Aufgabe, der Mannschaft Mut zuzusprechen, und ich habe die Spieler daran erinnert, dass wir auch schon guten Fußball gezeigt haben."

Nach der frühen Führung von Cacau sehen die Zuschauer ein schwaches Spiel.

Tabelle

Platz	Verein	Sp.	g.	u.	v.	Tore	Diff.	Pkte.
1	FC Schalke 04	14	9	2	3	25:16	9	29
2	Werder Bremen	14	8	3	3	36:18	18	27
3	**VfB Stuttgart**	**14**	**8**	**3**	**3**	**27:19**	**8**	**27**
4	Bayern München	14	8	2	4	23:17	6	26
5	Hertha BSC	14	6	6	2	25:19	6	24
6	Arminia Bielefeld	14	5	5	4	22:17	5	20
7	Borussia Dortmund	14	4	7	3	18:16	2	19
8	VfL Wolfsburg	14	4	7	3	10:11	-1	19
9	1. FC Nürnberg	14	3	9	2	18:15	3	18
10	Bayer Leverkusen	14	5	3	6	24:22	2	18
11	Eintracht Frankfurt	14	3	8	3	17:19	-2	17
12	Energie Cottbus	14	4	4	6	17:21	-4	16
13	Hannover 96	14	4	4	6	13:22	-9	16
14	Alemannia Aachen	14	4	3	7	21:26	-5	15
15	Bor. M'gladbach	14	4	1	9	11:19	-8	13
16	VfL Bochum	14	3	3	8	18:28	-10	12
17	Hamburger SV	14	1	8	5	12:17	-5	11
18	1. FSV Mainz 05	14	1	6	7	10:25	-15	9

Spielergebnisse

Freitag, 24.11.2006		
FC Schalke 04	– VfL Bochum	2:1 (2:0)
Samstag, 25.11.2006		
Werder Bremen	– Arminia Bielefeld	3:0 (2:0)
Hamburger SV	– Bayern München	1:2 (1:0)
Hertha BSC	– Alemannia Aachen	2:1 (1:1)
Hannover 96	– 1. FSV Mainz 05	1:0 (0:0)
Eintracht Frankfurt	– Borussia Dortmund	1:1 (1:0)
VfL Wolfsburg	– 1. FC Nürnberg	1:1 (0:1)
Sonntag, 26.11.2006		
Bayer Leverkusen	– Energie Cottbus	3:1 (1:0)
VfB Stuttgart	**– Borussia M'gladbach**	**1:0 (1:0)**

Stuttgart / M'gladbach

Stuttgart	M'gladbach
1 Timo Hildebrand	19 Christofer Heimeroth
6 Fernando Meira	2 Bo Svensson
11 Thomas Hitzlsperger	4 Thomas Helveg
13 Pavel Pardo	6 Eugen Polanski
15 Arthur Boka	10 Federico Insua
17 Matthieu Delpierre	13 Zé António
18 Jeronimo Cacau	15 Kahé
19 Roberto Hilbert	22 Oliver Kirch
25 Antonio da Silva	24 Peer Kluge
33 Mario Gomez	33 Marvin Compper
35 Serdar Tasci	37 Tobias Levels

Tore
6. Min. 1:0 J. Cacau

Auswechslungen

Stuttgart		M'gladbach	
68. Min.	▶ A. da Silva	61. Min.	▶ E. Polanski
	◀ D. Bierofka		◀ M. Delura
76. Min.	▶ J. Cacau	71. Min.	▶ M. Compper
	◀ M. Streller		◀ B. Thijs
81. Min.	▶ T. Hitzlsperger		
	◀ R. Osorio		

Karten

Stuttgart		M'gladbach	
73. Min.	F. Meira	31. Min.	B. Svensson
		71. Min.	M. Delura
		91. Min.	O. Kirch

Schiedsrichter Dr. Helmut Fleischer
Zuschauer 53.000

Tabelle

Platz	Verein	Sp.	g.	u.	v.	Tore	Diff.	Pkte.
1	Werder Bremen	15	9	3	3	39:19	20	30
2	FC Schalke 04	15	9	3	3	25:16	9	30
3	**VfB Stuttgart**	**15**	**8**	**4**	**3**	**27:19**	**8**	**28**
4	Bayern München	15	8	3	4	24:18	6	27
5	Hertha BSC	15	6	6	3	26:22	4	24
6	Borussia Dortmund	15	5	7	3	19:16	3	22
7	Arminia Bielefeld	15	5	6	4	22:17	5	21
8	Eintracht Frankfurt	15	4	8	3	20:21	-1	20
9	1. FC Nürnberg	15	3	10	2	18:15	3	19
10	Bayer Leverkusen	15	5	4	6	24:22	2	19
11	VfL Wolfsburg	15	4	7	4	10:12	-2	19
12	Hannover 96	15	5	4	6	14:22	-8	19
13	Energie Cottbus	15	4	4	7	17:22	-5	16
14	Alemannia Aachen	15	4	3	8	23:29	-6	15
15	VfL Bochum	15	4	3	8	20:29	-9	15
16	Bor. M'gladbach	15	4	2	9	12:20	-8	14
17	Hamburger SV	15	1	8	6	13:19	-6	11
18	1. FSV Mainz 05	15	1	7	7	10:25	-15	10

Spielergebnisse

Freitag, 01.12.2006			
1. FSV Mainz 05	**– VfB Stuttgart**	**0:0**	**(0:0)**
Samstag, 02.12.2006			
Bayern München	– Borussia M'gladbach	1:1	(1:1)
Werder Bremen	– Hertha BSC	3:1	(3:1)
Borussia Dortmund	– VfL Wolfsburg	1:0	(0:0)
Arminia Bielefeld	– Bayer Leverkusen	0:0	(0:0)
VfL Bochum	– Hamburger SV	2:1	(1:1)
Energie Cottbus	– Hannover 96	0:1	(0:1)
Sonntag, 03.12.2006			
1. FC Nürnberg	– FC Schalke 04	0:0	(0:0)
Alemannia Aachen	– Eintracht Frankfurt	2:3	(1:2)

Mainz / Stuttgart

Mainz	Stuttgart
29 Christian Wetklo	1 Timo Hildebrand
4 Nikolce Noveski	3 Ricardo Osorio
5 Christian Demirtas	6 Fernando Meira
7 Markus Feulner	11 Thomas Hitzlsperger
9 Mimoun Azaouagh	13 Pavel Pardo
10 Manuel Friedrich	15 Arthur Boka
13 Milorad Pekovic	17 Matthieu Delpierre
14 Imre Szabics	18 Jeronimo Cacau
17 Marco Rose	19 Roberto Hilbert
19 Christof Babatz	25 Antonio da Silva
20 Ranisav Jovanovic	33 Mario Gomez

Tore
keine Tore

Auswechslungen

Mainz			Stuttgart		
69. Min.	▶	M. Feulner	78. Min.	▶	A. da Silva
	◀	C. Amri		◀	A. Farnerud
71. Min.	▶	R. Jovanovic			
	◀	P. Ruman			
81. Min.	▶	M. Azaouagh			
	◀	Edu			

Karten

Mainz		Stuttgart	
77. Min.	C. Demirtas	31. Min.	A. Boka
		56. Min.	P. Pardo
		83. Min.	A. Farnerud
		89. Min.	M. Gomez

Schiedsrichter Babak Rafati
Zuschauer 20.300

Ein Punktgewinn in Mainz

Der VfB und Mainz 05 trennen sich am 15. Spieltag torlos, da beiden Teams die letzte Entschlossenheit vor dem Tor fehlt. Die wenigen klaren Möglichkeiten werden entweder fahrlässig vergeben, wie gleich zu Beginn von Imre Szabics. Zudem verhindern auf beiden Seiten sichere Abwehrreihen und souveräne Torhüter einen Treffer, der dem Spiel zweifellos gutgetan hätte. Für ein wenig Würze in diesem Südwestderby sorgt der Umstand, dass bei beiden Mannschaften Spieler eingesetzt werden, die zuvor beim Gegner unter Vertrag standen. Doch weder dem einstigen VfB-Stürmer Szabics noch dem früheren Mainzer Spielmacher da Silva gelingt an diesem Tag ein Treffer gegen den jeweiligen Exklub.

Die Hausherren haben kurz vor dem Spielende dann noch das Glück auf ihrer Seite, als der Schiedsrichter Rafati nach einem Foul von Noveski an Gomez keinen Elfmeter für den VfB verhängt. Allerdings ist das Remis am Ende dieser mäßigen Bundesligapartie ein gerechtes Ergebnis. Für die Mainzer, die unter dem Trainer Jürgen Klopp mitten im Abstiegskampf stecken, ist ein Punkt jedoch zu wenig.

VfB-Kapitän Fernando Meira:
„Es war heute schwer für uns, weil die Mainzer sehr tief standen und auf Konter gelauert haben. Für uns wäre mehr drin gewesen, und wir können mit diesem Punkt nicht zufrieden sein. Leider hat der Schiedsrichter einen klaren Elfmeter für uns nicht gegeben. So steht am Ende nur ein Punkt auf dem Konto."

FSV-Coach Jürgen Klopp:
„Man kann aus diesem Spiel sehr viel mitnehmen. Wir haben gekämpft, wir haben gebissen. Wir waren am Rande eines Sieges. Und wir haben heute die Vollgasveranstaltung abgeliefert, die ich erwartet habe. Wir haben gezeigt, was wir leisten können."

Gegen Mainz fordert Timo mehr Einsatz von seinen Vorderleuten.

Der VfB erzwingt sein Glück

Dem VfB gelingt im letzten Heimspiel des Fußballjahres 2006 ein knapper, aber letztlich nicht unverdienter 1:0-Sieg gegen den VfL Bochum. Die Gäste spielen über eine Stunde gefälligen Fußball und verstecken sich keineswegs. Zu Beginn der Partie besitzt Bochum sogar die besseren Chancen, aber Mitte der zweiten Hälfte legt der VfB zu und erarbeitet sich seinerseits einige Möglichkeiten zur Führung. In der 79. Minute beweist Armin Veh mit der Einwechslung von Marco Streller für Roberto Hilbert ein gutes Händchen. Der Schweizer Nationalspieler steht erst acht Minuten auf dem Feld, als es zur entscheidenden Spielsituation kommt: Pavel Pardos Hereingabe verfehlt der Bochumer Keeper Skov-Jensen beim Versuch einer Faustabwehr.

Danach tanzt der Ball in Flippermanier durch den Strafraum, bis er schließlich vor den Füßen des freistehenden Streller landet. Der Schweizer nimmt dieses Geschenk gerne an und trifft in der 87. Minute zum 1:0. Mit dem wichtigen Arbeitssieg macht die Mannschaft dem Teammanager Horst Heldt ein spätes Geschenk zu dessen 37. Geburtstag.

VfB-Verteidiger Matthieu Delpierre:
„Wir haben phasenweise viel Druck entwickelt und am Ende glücklich, aber verdient gewonnen. Die Tabelle ist nur eine Momentaufnahme, und es gibt noch viele Spiele zu bestreiten. Wir werden uns nun voll auf Cottbus und das Pokalspiel in Bochum konzentrieren."

VfB-Schlussmann Timo Hildebrand:
„Es ist schön, dass wir gewonnen haben, denn wir haben bis zum Schluss Druck gemacht. Es ist auch gut, dass die Mannschaft immer drangeblieben ist und letztlich das entscheidende Tor erzielen konnte. Wir haben uns nun ein kleines Polster erarbeitet, aber es sind noch viele Spiele in dieser Saison."

Erst gewinnt der VfB die Zweikämpfe, ...

... dann dank Streller das Spiel.

Tabelle

Platz	Verein	Sp.	g.	u.	v.	Tore	Diff.	Pkte.
1	Werder Bremen	16	10	3	3	45:21	24	33
2	FC Schalke 04	16	10	3	3	28:17	11	33
3	**VfB Stuttgart**	**16**	**9**	**4**	**3**	**28:19**	**9**	**31**
4	Bayern München	16	9	3	4	26:19	7	30
5	Hertha BSC	16	6	6	4	27:24	3	24
6	Arminia Bielefeld	16	5	7	4	23:18	5	22
7	Bayer Leverkusen	16	6	4	6	26:23	3	22
8	Borussia Dortmund	16	5	7	4	20:19	1	22
9	1. FC Nürnberg	16	3	11	2	18:15	3	20
10	Eintracht Frankfurt	16	4	8	4	22:27	-5	20
11	Hannover 96	16	5	5	6	15:23	-8	20
12	VfL Wolfsburg	16	4	7	5	11:14	-3	19
13	Alemannia Aachen	16	5	3	8	25:30	-5	18
14	Energie Cottbus	16	4	4	8	18:24	-6	16
15	Bor. M'gladbach	16	4	3	9	13:21	-8	15
16	VfL Bochum	16	4	3	9	20:30	-10	15
17	Hamburger SV	16	1	9	6	13:19	-6	12
18	1. FSV Mainz 05	16	1	8	7	11:26	-15	11

Spielergebnisse

Freitag, 08.12.2006		
Bayer Leverkusen	– Hertha BSC	2:1 (1:1)
Samstag, 09.12.2006		
Bayern München	– Energie Cottbus	2:1 (1:0)
Hamburger SV	– 1. FC Nürnberg	0:0 (0:0)
VfB Stuttgart	**– VfL Bochum**	**1:0 (0:0)**
Borussia M'gladbach	– 1. FSV Mainz 05	1:1 (1:0)
Hannover 96	– Arminia Bielefeld	1:1 (0:0)
Eintracht Frankfurt	– Werder Bremen	2:6 (1:3)
Sonntag, 10.12.2006		
FC Schalke 04	– Borussia Dortmund	3:1 (2:0)
VfL Wolfsburg	– Alemannia Aachen	1:2 (0:0)

Stuttgart / Bochum

Stuttgart	Bochum
1 Timo Hildebrand	1 Peter Skov-Jensen
6 Fernando Meira	2 Benjamin Lense
11 Thomas Hitzlsperger	4 Marcel Maltritz
13 Pavel Pardo	5 Christoph Dabrowski
15 Arthur Boka	8 Tomasz Zdebel
17 Matthieu Delpierre	15 Pavel Drsek
18 Jeronimo Cacau	16 Zvjezdan Misimovic
19 Roberto Hilbert	18 Oliver Schröder
25 Antonio da Silva	21 Filip Trojan
33 Mario Gomez	22 Theofanis Gekas
35 Serdar Tasci	24 Philipp Bönig

Tore
87. Min. 1:0 M. Streller

Auswechslungen

Stuttgart		Bochum	
45. Min.	▶ A. da Silva	63. Min.	▶ F. Trojan
	◀ C. Gentner		◀ T. Bechmann
63. Min.	▶ T. Hitzlsperger	79. Min.	▶ O. Schröder
	◀ L. Magnin		◀ I. Ilicevic
79. Min.	▶ R. Hilbert	82. Min.	▶ T. Gekas
	◀ M. Streller		◀ J. van Hout

Karten

Stuttgart	Bochum
	72. Min. T. Bechmann
	76. Min. B. Lense

Schiedsrichter Dr. Markus Merk
Zuschauer 48.000

Tabelle

Platz	Verein	Sp.	g.	u.	v.	Tore	Diff.	Pkte.
1	Werder Bremen	17	11	3	3	47:22	25	36
2	FC Schalke 04	17	11	3	3	29:17	12	36
3	Bayern München	17	10	3	4	30:19	11	33
4	**VfB Stuttgart**	**17**	**9**	**5**	**3**	**28:19**	**9**	**32**
5	Hertha BSC	17	7	6	4	28:24	4	27
6	Bayer Leverkusen	17	7	4	6	28:24	4	25
7	1. FC Nürnberg	17	4	11	2	21:16	5	23
8	Arminia Bielefeld	17	5	7	5	23:19	4	22
9	Borussia Dortmund	17	5	7	5	21:21	0	22
10	Eintracht Frankfurt	17	4	8	5	22:28	-6	20
11	Hannover 96	17	5	5	7	16:26	-10	20
12	VfL Wolfsburg	17	4	7	6	12:16	-4	19
13	Alemannia Aachen	17	5	4	8	28:33	-5	19
14	VfL Bochum	17	5	3	9	22:30	-8	18
15	Energie Cottbus	17	4	5	8	18:24	-6	17
16	Bor. M'gladbach	17	4	3	10	13:23	-10	15
17	Hamburger SV	17	1	10	6	16:22	-6	13
18	1. FSV Mainz 05	17	1	8	8	11:30	-19	11

Spielergebnisse

Freitag, 15.12.2006			
VfL Bochum	– Borussia M'gladbach	2:0	(1:0)
Samstag, 16.12.2006			
Hertha BSC	– Eintracht Frankfurt	1:0	(0:0)
1. FC Nürnberg	– Hannover 96	3:1	(1:1)
1. FSV Mainz 05	– Bayern München	0:4	(0:2)
Arminia Bielefeld	– FC Schalke 04	0:1	(0:0)
Alemannia Aachen	– Hamburger SV	3:3	(0:1)
Energie Cottbus	**– VfB Stuttgart**	**0:0**	**(0:0)**
Sonntag, 17.12.2006			
Werder Bremen	– VfL Wolfsburg	2:1	(1:1)
Borussia Dortmund	– Bayer Leverkusen	1:2	(0:1)

Cottbus	Stuttgart
23 Tomislav Piplica	1 Timo Hildebrand
2 Steffen Baumgart	3 Ricardo Osorio
4 Kevin McKenna	6 Fernando Meira
5 Mariusz Kukielka	11 Thomas Hitzlsperger
6 Vragel da Silva	13 Pavel Pardo
14 Zoltan Szelesi	15 Arthur Boka
16 Vlad Munteanu	17 Matthieu Delpierre
17 Daniel Ziebig	18 Jeronimo Cacau
21 Tomasz Bandrowski	21 Ludovic Magnin
24 Igor Mitreski	33 Mario Gomez
29 Sergiu Radu	35 Serdar Tasci

Tore
keine Tore

Auswechslungen

70. Min.	▸ S. Baumgart	68. Min.	▸ A. Boka
	◂ J. Shao		◂ R. Hilbert
70. Min.	▸ V. Munteanu	79. Min.	▸ J. Cacau
	◂ F. Kioyo		◂ M. Streller
		90. Min.	▸ T. Hitzlsperger
			◂ S. Khedira

Karten

34. Min.	M. Kukielka	34. Min.	L. Magnin
		38. Min.	F. Meira
		65. Min.	J. Cacau
		75. Min.	M. Gomez

Schiedsrichter Dr. Felix Brych
Zuschauer 13.650

Mit einer Nullnummer in die Winterpause

Im letzten Spiel der Hinrunde dieser Bundesligasaison tritt der VfB bei der kampfstarken Mannschaft von Energie Cottbus an. Stuttgart beginnt engagiert und kommt bereits in der vierten Minute zu einer ersten guten Gelegenheit: Arthur Bokas Zuspiel im Strafraum landet in halblinker Position bei Cacau, dessen Schuss Piplica zur Ecke lenkt. Anschließend verflacht das Niveau der Partie zusehends, auch weil viele kleinere Fouls den Spielfluss hemmen. Kurz vor dem Abpfiff prüft Thomas Hitzlsperger noch einmal Piplica mit einem Distanzschuss, den die Nummer eins der Hausherren pariert. Am Ende muss sich der VfB wie schon am 15. Spieltag in Mainz auch in Cottbus mit einem torlosen Remis begnügen. Zwar gelingt es der Mannschaft von Trainer Armin Veh, die weitgehend harmlosen Gäste nahezu während der gesamten Spielzeit an Torchancen zu hindern, allerdings fehlt im Spiel nach vorne nach einer anstrengenden Hinrunde mit vielen guten Spielen die Spritzigkeit. Dazu kommt, dass dem VfB erneut ein klarer Elfmeter an Mario Gomez verweigert wird, so dass es am Ende bei einem 0:0 bleibt.

VfB-Stürmer Mario Gomez:
„Das war jetzt der vierte klare Elfmeter an mir, der nicht gegeben wurde. Ich weiß auch nicht, was diese Saison los ist. Es ist eine Tatsache. Es war der vierte Strafstoß. Ich bin kein Spieler, der sich fallen lässt. Ich darf ja auch nichts sagen, um die Schiedsrichter nicht gegen mich aufzubringen."

Energie-Verteidiger Vragel da Silva:
„Na klar bin ich zufrieden mit dem Punkt. Stuttgart spielt eine überragende Saison und ist die zweitbeste Auswärtsmannschaft. Die Situation mit Arthur Boka war ein Reflex. Ich wollte ihn blockieren und habe meinen Arm bewegt, gegen den er gelaufen ist."

Ratlose VfB-Stürmer: Weder Cacau noch Gomez treffen im letzten Spiel der Hinrunde.

Ein Fehlstart im dichten Schneetreiben

Bei dichtem Schneetreiben im Nürnberger Frankenstadion verpatzt der VfB auch den Rückrundenauftakt und unterliegt den Gastgebern nach der Pleite in der Hinrunde erneut, diesmal mit 1:4. In der Anfangsformation stehen im Vergleich zum letzten Pflichtspiel beim 4:1-Erfolg im DFB-Pokal-Achtelfinale in Bochum zwei neue Spieler: Ricardo Osorio und Arthur Boka nehmen die Außenverteidigerpositionen ein, Ludovic Magnin muss auf die Bank und der noch leicht angeschlagene Sami Khedira auf die Tribüne. Für den Youngster spielt Kapitän Fernando Meira im halbrechten Mittelfeld. Nach dem 1:0 durch Ivan Saenko und dem Ausgleich von Cacau hat der Brasilianer kurz nach der Pause die Chance, den VfB in Führung zu bringen, er schlenzt den Ball aber knapp am Tor vorbei. Stattdessen erzielen die Gastgeber im Gegenzug das 2:1. Nach einer roten Karte für Serdar Tasci kassiert der VfB in Unterzahl noch zwei weitere Treffer. Einen davon steuert Ludovic Magnin bei, der in der 76. Minute für Roberto da Silva eingewechselt wird und den Ball bei seiner ersten Aktion vor dem einschussbereiten Saenko unhaltbar für Timo Hildebrand zum 1:4 ins eigene Netz grätscht.

VfB-Keeper Timo Hildebrand:
„Wir haben heute zu viele individuelle Fehler gemacht, auch ich. Es waren schwierige Bedingungen für die Torhüter, beim 0:1 ist der Ball direkt vor mir aufgehüpft und nach links weggedreht. Pech, dass der Ball dann direkt einem Nürnberger vor die Füße springt."

VfB-Trainer Armin Veh:
„Ich kann mir im Moment noch gar nicht richtig erklären, wie diese Leistung zustande kam. Wir haben fast alles vermissen lassen, was uns in der Vorrunde ausgezeichnet hat."

Hildebrand verliert die Übersicht …

… und der VfB das Spiel.

Tabelle

Platz	Verein	Sp.	g.	u.	v.	Tore	Diff.	Pkte.
1	Werder Bremen	18	12	3	3	50:22	28	39
2	FC Schalke 04	18	12	3	3	32:18	14	39
3	Bayern München	18	10	3	5	32:22	10	33
4	**VfB Stuttgart**	**18**	**9**	**5**	**4**	**29:23**	**6**	**32**
5	Hertha BSC	18	8	6	4	30:25	5	30
6	Bayer Leverkusen	18	8	4	6	31:26	5	28
7	1. FC Nürnberg	18	5	11	2	25:17	8	26
8	Borussia Dortmund	18	6	7	5	24:23	1	25
9	Arminia Bielefeld	18	5	8	5	24:20	4	23
10	Energie Cottbus	18	5	5	8	21:25	-4	20
11	Eintracht Frankfurt	18	4	8	6	23:31	-8	20
12	Hannover 96	18	5	5	8	16:29	-13	20
13	VfL Wolfsburg	18	4	7	7	13:18	-5	19
14	Alemannia Aachen	18	5	4	9	30:36	-6	19
15	VfL Bochum	18	5	3	10	22:31	-9	18
16	Bor. M'gladbach	18	4	3	11	14:26	-12	15
17	Hamburger SV	18	1	11	6	17:23	-6	14
18	1. FSV Mainz 05	18	2	8	8	12:30	-18	14

Spielergebnisse

Freitag, 26.01.2007			
Borussia Dortmund	– Bayern München	3:2	(1:2)
Samstag, 27.01.2007			
Arminia Bielefeld	– Hamburger SV	1:1	(0:1)
Eintracht Frankfurt	– FC Schalke 04	1:3	(0:1)
1. FC Nürnberg	**– VfB Stuttgart**	**4:1**	**(1:1)**
Energie Cottbus	– Borussia M'gladbach	3:1	(2:0)
VfL Bochum	– 1. FSV Mainz 05	0:1	(0:1)
Hertha BSC	– VfL Wolfsburg	2:1	(1:1)
Sonntag, 28.01.2007			
Alemannia Aachen	– Bayer Leverkusen	2:3	(2:1)
Werder Bremen	– Hannover 96	3:0	(1:0)

Nürnberg	Stuttgart
1 Raphael Schäfer	1 Timo Hildebrand
5 Andreas Wolf	3 Ricardo Osorio
6 Tomas Galásek	6 Fernando Meira
7 Marek Mintal	11 Thomas Hitzlsperger
13 Ivan Saenko	13 Pavel Pardo
21 Markus Schroth	15 Arthur Boka
24 Vratislav Gresko	17 Matthieu Delpierre
25 Javier Horacio Pinola	18 Jeronimo Cacau
28 Dominik Reinhardt	25 Antonio da Silva
33 Robert Vittek	33 Mario Gomez
36 Jaouhar Mnari	35 Serdar Tasci
Tore	
25. Min. 1:0 I. Saenko	33. Min. 1:1 J. Cacau
50. Min. 2:1 V. Gresko	
69. Min. 3:1 M. Schroth	
76. Min. 4:1 L. Magnin	
Auswechslungen	
82. Min. ▸ J. H. Pinola	45. Min. ▸ R. Osorio
◂ J. Polak	◂ R. Hilbert
84. Min. ▸ M. Schroth	76. Min. ▸ A. da Silva
◂ G. Sibon	◂ L. Magnin
87. Min. ▸ J. Mnari	
◂ I. Banovic	
Karten	
39. Min. (gelb) R. Vittek	54. Min. (gelb) A. Boka
75. Min. (gelb) A. Wolf	58. Min. (rot) S. Tasci
	66. Min. (gelb) P. Pardo

Schiedsrichter Herbert Fandel
Zuschauer 36.000

Tabelle

Platz	Verein	Sp.	g.	u.	v.	Tore	Diff.	Pkte.
1	Werder Bremen	19	13	3	3	52:22	30	42
2	FC Schalke 04	19	13	3	3	34:19	15	42
3	**VfB Stuttgart**	**19**	**10**	**5**	**4**	**32:25**	**7**	**35**
4	Bayern München	19	10	4	5	32:22	10	34
5	Hertha BSC	19	8	6	5	30:30	0	30
6	Bayer Leverkusen	19	8	4	7	31:28	3	28
7	1. FC Nürnberg	19	5	12	2	25:17	8	27
8	Borussia Dortmund	19	6	7	6	24:24	0	25
9	Arminia Bielefeld	19	5	8	6	26:23	3	23
10	Hannover 96	19	6	5	8	21:29	-8	23
11	Energie Cottbus	19	5	6	8	22:26	-4	21
12	Eintracht Frankfurt	19	4	9	6	25:33	-8	21
13	VfL Wolfsburg	19	4	8	7	15:20	-5	20
14	Alemannia Aachen	19	5	4	10	31:38	-7	19
15	VfL Bochum	19	5	4	10	22:31	-9	19
16	1. FSV Mainz 05	19	3	8	8	13:30	-17	17
17	Bor. M'gladbach	19	4	4	11	14:26	-12	16
18	Hamburger SV	19	1	12	6	18:24	-6	15

Spielergebnisse

Dienstag, 30.01.2007			
Borussia M'gladbach	– 1. FC Nürnberg	0:0	(0:0)
VfB Stuttgart	**– Arminia Bielefeld**	**3:2**	**(1:1)**
VfL Wolfsburg	– Eintracht Frankfurt	2:2	(1:0)
Bayern München	– VfL Bochum	0:0	(0:0)
Mittwoch, 31.01.07			
Bayer Leverkusen	– Werder Bremen	0:2	(0:1)
Hannover 96	– Hertha BSC	5:0	(3:0)
1. FSV Mainz 05	– Borussia Dortmund	1:0	(0:0)
FC Schalke 04	– Alemannia Aachen	2:1	(1:1)
Hamburger SV	– Energie Cottbus	1:1	(1:1)

Stuttgart | Bielefeld

Stuttgart	Bielefeld
1 Timo Hildebrand	1 Mathias Hain
3 Ricardo Osorio	2 Markus Schuler
6 Fernando Meira	3 Marcio Borges
11 Thomas Hitzlsperger	5 Rüdiger Kauf
13 Pavel Pardo	7 Thorben Marx
17 Matthieu Delpierre	9 Christian Eigler
18 Jeronimo Cacau	16 Heiko Westermann
19 Roberto Hilbert	18 Artur Wichniarek
21 Ludovic Magnin	19 Bernd Korzynietz
25 Antonio da Silva	21 Ioannis Masmanidis
33 Mario Gomez	22 Sibusiso Zuma

Tore

Stuttgart	Bielefeld
9. Min. 1:0 M. Gomez	26. Min. 1:1 C. Eigler
52. Min. 2:1 J. Cacau	86. Min. 3:2 A. Ahanfouf
59. Min. 3:1 M. Gomez	

Auswechslungen

Stuttgart	Bielefeld
74. Min. ▸ A. da Silva	45. Min. ▸ A. Wichniarek
◂ C. Gentner	◂ J. Kamper
80. Min. ▸ M. Gomez	79. Min. ▸ T. Marx
◂ M. Streller	◂ A. Ahanfouf
80. Min. ▸ J. Cacau	83. Min. ▸ S. Zuma
◂ B. Lauth	◂ J. Böhme

Karten

Stuttgart	Bielefeld
60. Min. (Gelb) L. Magnin	35. Min. (Gelb) A. Wichniarek
76. Min. (Gelb) T. Hitzlsperger	78. Min. (Gelb) I. Masmanidis
	90. Min. (Gelb) C. Eigler
	92. Min. (Rot) M. Borges

Schiedsrichter Peter Gagelmann
Zuschauer 29.000

Wieder zurück in der Erfolgsspur

Der VfB ist nach der Pleite zum Auftakt gegen Arminia Bielefeld sichtlich um Wiedergutmachung bemüht und gewinnt letztlich verdient mit 3:2. Roberto Hilbert rückt für den rotgesperrten Serdar Tasci in die Elf und nimmt seine angestammte Position im rechten Mittelfeld ein, sodass Fernando Meira wieder in der Innenverteidigung an der Seite von Matthieu Delpierre agieren kann. Zudem ersetzt Ludovic Magnin den Rotsünder Arthur Boka auf der Linksverteidigerposition. Nach einer Gedenkminute für den verstorbenen Ligapräsidenten Werner Hackmann glückt der von Beginn an engagierten Veh-Elf ein frühes Tor durch Mario Gomez. Durch einen Sonntagsschuss von Christian Eigler kassieren die Schwaben aber eine Viertelstunde später überraschend den Ausgleich. Dank einem Doppelschlag von Cacau und Gomez geht der VfB zu Beginn der zweiten Hälfte wieder in Führung. Nach einem fragwürdigen Elfmeter – Abdelaziz Ahanfouf sinkt im Strafraum wie vom Blitz getroffen zu Boden – kommt Bielefeld noch einmal heran, kann das Spiel aber nicht mehr drehen.

VfB-Doppeltorschütze Mario Gomez:
„Ich bin glücklich darüber, dass wir gewonnen haben. Schließlich haben wir das erste Spiel der Rückrunde richtig vergeigt. Gerade auch deshalb wollten wir hier zu Hause unseren Fans zeigen, dass wir in der Rückrunde so spielen werden, wie wir es in der Hinserie getan haben."

VfB-Debütant Benjamin Lauth:
„Diese Woche ist etwas chaotisch für mich verlaufen. Aber die Mannschaft hat es mir leicht gemacht, mich hier einzuleben. Die Sprechchöre der VfB-Fans haben mich sehr gefreut. Immerhin hatte ich ja noch überhaupt keine Minute gespielt. Mehr Motivation geht einfach nicht!"

Kommt in meine Arme: Der zweifache Torschütze Gomez lässt sich feiern.

Kurs auf die Champions League

Der VfB gewinnt in Dortmund knapp, aber nicht unverdient. Taktisch gut eingestellt lässt die Mannschaft von Trainer Armin Veh die gesamten 90 Minuten über nur wenige Chancen zu und nutzt ihrerseits eine der wenigen Möglichkeiten in der Offensive zum Sieg. Das Tor des Tages erzielt Mario Gomez, der nach einer Flanke von Ludovic Magnin den Ball per Kopf ins lange Eck drückt. Die Chance auf ein zweites VfB-Tor hat nach etwas mehr als einer Stunde Thomas Hitzlsperger, dessen Rechtsschuss Torhüter Roman Weidenfeller aber parieren kann. Eine knappe Viertelstunde vor Schluss feiert der lange verletzte Andreas Beck sein Bundesliga-Comeback und ersetzt Roberto Hilbert. Zehn Minuten vor dem Spielende zieht BVB-Trainer Jürgen Röber seinen letzten Joker und bringt mit Matthew Amoah für Mittelfeldspieler Tinga einen weiteren Angreifer in die Partie. Armin Veh reagiert darauf mit der Einwechslung von Christian Gentner. Er ersetzt Antonio da Silva in der Schlussphase im Mittelfeld des VfB.

VfB-Torschütze Mario Gomez:
„Diese Woche war phänomenal für mich. Erst der Sieg im Bielefeld-Spiel, dann die Nominierung für die Nationalmannschaft und heute wieder ein Sieg mit einem Tor von mir. Außerdem freut uns alle total, dass Deutschland heute auch noch Handballweltmeister geworden ist!

BVB-Keeper Roman Weidenfeller:
„Eigentlich müssten wir hier in unserem Stadion mit diesen Fans im Rücken mit ganz breiter Brust auflaufen. Wir haben wohl nicht realisiert, was nach dem Verlauf der Bundesligapartien am Samstag für uns drin gewesen wäre. Wir werden trotzdem bis zum letzten Spieltag alles daransetzen, uns für den UEFA-Cup zu qualifizieren."

Trainer Veh gibt Kommandos ...

... und der VfB siegt in Dortmund.

Tabelle

Platz	Verein	Sp.	g.	u.	v.	Tore	Diff.	Pkte.
1	FC Schalke 04	20	14	3	3	36:19	17	45
2	Werder Bremen	20	13	3	4	52:24	28	42
3	**VfB Stuttgart**	**20**	**11**	**5**	**4**	**33:25**	**8**	**38**
4	Bayern München	20	10	4	6	32:25	7	34
5	Hertha BSC	20	9	6	5	32:31	1	33
6	1. FC Nürnberg	20	6	12	2	28:17	11	30
7	Bayer Leverkusen	20	8	4	8	33:31	2	28
8	Hannover 96	20	7	5	8	25:30	-5	26
9	Borussia Dortmund	20	6	7	7	24:25	-1	25
10	Arminia Bielefeld	20	5	8	7	26:25	1	23
11	VfL Wolfsburg	20	5	8	7	18:22	-4	23
12	Energie Cottbus	20	5	7	8	22:26	-4	22
13	Eintracht Frankfurt	20	4	10	6	25:33	-8	22
14	VfL Bochum	20	5	5	10	22:31	-9	20
15	Alemannia Aachen	20	5	4	11	32:42	-10	19
16	Bor. M'gladbach	20	5	4	11	16:26	-10	19
17	1. FSV Mainz 05	20	3	9	8	13:30	-17	18
18	Hamburger SV	20	1	12	7	19:26	-7	15

Spielergebnisse

Freitag, 02.02.2007		
1. FC Nürnberg	– Bayern München	3:0 (1:0)
Samstag, 03.02.2007		
Hertha BSC	– Hamburger SV	2:1 (0:1)
VfL Wolfsburg	– Bayer Leverkusen	3:2 (2:1)
Arminia Bielefeld	– Borussia M'gladbach	0:2 (0:1)
Eintracht Frankfurt	– 1. FSV Mainz 05	0:0 (0:0)
Alemannia Aachen	– Hannover 96	1:4 (1:3)
Energie Cottbus	– VfL Bochum	0:0 (0:0)
Sonntag, 04.02.2007		
Werder Bremen	– FC Schalke 04	0:2 (0:1)
Borussia Dortmund	**– VfB Stuttgart**	**0:1 (0:0)**

Dortmund / Stuttgart

Dortmund	Stuttgart
1 Roman Weidenfeller	1 Timo Hildebrand
3 Markus Brzenska	3 Ricardo Osorio
6 Florian Kringe	6 Fernando Meira
7 Tinga	11 Thomas Hitzlsperger
9 Nelson Haedo Valdez	13 Pavel Pardo
10 Steven Pienaar	17 Matthieu Delpierre
13 Alexander Frei	18 Jeronimo Cacau
17 Dede	19 Roberto Hilbert
21 Christoph Metzelder	21 Ludovic Magnin
22 Marc-André Kruska	25 Antonio da Silva
23 Philipp Degen	33 Mario Gomez

Tore

Dortmund	Stuttgart
	59. Min. 0:1 M. Gomez

Auswechslungen

Dortmund			Stuttgart		
58. Min.	▸	M.-A. Kruska	76. Min.	▸	R. Hilbert
	◂	S. Kehl		◂	A. Beck
67. Min.	▸	S. Pienaar	82. Min.	▸	A. da Silva
	◂	N. Sahin		◂	C. Gentner
80. Min.	▸	Tinga	87. Min.	▸	J. Cacau
	◂	M. Amoah		◂	M. Streller

Karten

Dortmund			Stuttgart		
38. Min.	▮	M. Brzenska	66. Min.	▮	F. Meira

Schiedsrichter Dr. Markus Merk
Zuschauer 64.000

Tabelle

Platz	Verein	Sp.	g.	u.	v.	Tore	Diff.	Pkte.
1	FC Schalke 04	21	15	3	3	38:19	19	48
2	Werder Bremen	21	13	3	5	53:28	25	42
3	**VfB Stuttgart**	21	12	5	4	37:26	11	41
4	Bayern München	21	11	4	6	33:25	8	37
5	1. FC Nürnberg	21	7	12	2	30:17	13	33
6	Hertha BSC	21	9	6	6	32:33	-1	33
7	Bayer Leverkusen	21	8	5	8	35:33	2	29
8	Hannover 96	21	7	6	8	27:32	-5	27
9	Borussia Dortmund	21	6	7	8	24:28	-4	25
10	VfL Wolfsburg	21	5	9	7	20:24	-4	24
11	Arminia Bielefeld	21	5	8	8	26:26	0	23
12	Eintracht Frankfurt	21	4	11	6	27:35	-8	23
13	Energie Cottbus	21	5	7	9	23:30	-7	22
14	1. FSV Mainz 05	21	4	9	8	17:31	-14	21
15	Alemannia Aachen	21	5	5	11	32:42	-10	20
16	Bor. M'gladbach	21	5	5	11	16:26	-10	20
17	VfL Bochum	21	5	5	11	22:33	-11	20
18	Hamburger SV	21	2	12	7	22:26	-4	18

Spielergebnisse

Freitag, 09.02.2007			
Hannover 96	– VfL Wolfsburg	2:2	(1:2)
Samstag, 10.02.2007			
VfB Stuttgart	**– Werder Bremen**	**4:1**	**(3:1)**
FC Schalke 04	– Hertha BSC	2:0	(0:0)
Hamburger SV	– Borussia Dortmund	3:0	(2:0)
Bayer Leverkusen	– Eintracht Frankfurt	2:2	(1:1)
Borussia M'gladbach	– Alemannia Aachen	0:0	(0:0)
1. FSV Mainz 05	– Energie Cottbus	4:1	(3:1)
Sonntag, 11.02.2007			
VfL Bochum	– 1. FC Nürnberg	0:2	(0:0)
Bayern München	– Arminia Bielefeld	1:0	(1:0)

Stuttgart / Bremen

Stuttgart	Bremen
1 Timo Hildebrand	18 Tim Wiese
6 Fernando Meira	4 Naldo
11 Thomas Hitzlsperger	5 Pierre Wome
13 Pavel Pardo	8 Clemens Fritz
17 Matthieu Delpierre	10 Diego
18 Jeronimo Cacau	11 Miroslav Klose
19 Roberto Hilbert	14 Aaron Hunt
21 Ludovic Magnin	20 Daniel Jensen
25 Antonio da Silva	22 Torsten Frings
33 Mario Gomez	24 Tim Borowski
35 Serdar Tasci	29 Per Mertesacker

Tore

Stuttgart			Bremen		
3. Min.	1:0	R. Hilbert	21. Min.	2:1	Diego
15. Min.	2:0	M. Gomez			
33. Min.	3:1	L. Magnin			
86. Min.	4:1	M. Streller			

Auswechslungen

Stuttgart			Bremen		
52. Min.	▶	F. Meira	30. Min.	▶	D. Jensen
	◀	S. Khedira		◀	J. Vranjes
74. Min.	▶	J. Cacau	62. Min.	▶	C. Fritz
	◀	M. Streller		◀	M. Rosenberg
80. Min.	▶	A. da Silva	77. Min.	▶	A. Hunt
	◀	C. Gentner		◀	H. Almeida

Karten

Stuttgart		Bremen	
25. Min.	J. Cacau	18. Min.	T. Frings
78. Min.	S. Tasci	65. Min.	Naldo
79. Min.	L. Magnin	67. Min.	P. Wome

Schiedsrichter Manuel Gräfe
Zuschauer 55.900

Im Stile einer Spitzenmannschaft

Dank eines Blitzstarts und einer über fast die gesamten 90 Minuten beeindruckenden Leistung gewinnt der VfB das Spitzenspiel der 21. Bundesligarunde auch in dieser Höhe verdient mit 4:1 gegen Werder Bremen. Nach der schnellen 2:0-Führung durch Roberto Hilbert und Mario Gomez schafft Bremen durch Diego den Anschluss, der Schweizer Nationalspieler Ludovic Magnin kann aber noch vor der Pause nach einem Doppelpass mit Thomas Hitzlsperger mit seinem schwächeren rechten Fuß auf 3:1 erhöhen. Im zweiten Durchgang verliert der VfB durch den verletzungsbedingten Ausfall von Fernando Meira kurzzeitig den Rhythmus, hat aber im guten Timo Hildebrand einen Garanten für den späteren Sieg. Der Nationalkeeper rettet in der Bremer Drangphase gleich mehrfach den Vorsprung und ebnet seinem Team so den Weg zum Sieg, den der für Cacau eingewechselte Marco Streller mit seinem späten Tor in der 86. Minute endgültig klarmacht. Der Schweizer scheitert nach einem Konter über Gomez und Hilbert bei seinem ersten Versuch zwar noch an Torhüter Wiese, trifft aber im Nachschuss.

VfB-Teammanager Horst Heldt:
„Das war heute ein sensationelles Spiel von uns. Der Sieg war wirklich verdient. Die Mannschaft hat hervorragend gekämpft. Auch die Bremer haben alles gegeben. Beide Teams haben ein hochklassiges Spiel abgeliefert."

VfB-Torschütze Roberto Hilbert:
„In der ersten Spielhälfte haben wir genau das umgesetzt, was uns der Trainer gesagt hat. Werder Bremen ist eine super Mannschaft, aber wir haben heute schlichtweg gut gespielt. Trotz des Schocks über die Verletzung von Fernando Meira waren wir bis zum Schluss hoch konzentriert."

Streller lässt sich nicht unterkriegen.

Roberto Hilbert trifft zur Führung.

Ein Mexikaner trifft in der Bundesliga

Die Frankfurter werden in der heimischen Commerzbank-Arena kalt erwischt. Roberto Hilberts frühes 1:0 nach nur zwei Minuten und der zweite VfB-Treffer von Mario Gomez nach etwas mehr als einer Viertelstunde lassen die Gastgeber lange Zeit nicht ins Spiel finden. Erst nach einer knappen halben Stunde können die Hausherren mehr Druck entwickeln und der VfB hat mehrfach Glück, dass er kein Gegentor kassiert. Da Frankfurt selbst klarste Chancen auslässt, folgt die Quittung durch Ricardo Osorios ersten Bundesligatreffer noch vor der Pause auf dem Fuß. Der Mexikaner, der für den verletzten Kapitän Fernando Meira (Muskelquetschung) spielt, trifft mit einem satten Schuss ins lange Eck.

In Durchgang zwei starten die Hessen mit einem Tor von Ioannis Amanatidis, der Treffer wird wegen einer Abseitsstellung des Griechen aber nicht gegeben. In der Folgezeit plätschert die Partie weitgehend vor sich hin. Einziger Höhepunkt ist ein Elfmeter von Thomas Hitzlsperger, der im Nachschuss zum 4:0-Endstand trifft. Der Mexikaner Pavel Pardo kassiert gegen Eintracht Frankfurt seine fünfte gelbe Karte und fehlt dadurch in der nächsten Partie.

Eintracht-Coach Friedhelm Funkel:
„Das war eine deprimierende Niederlage für uns. Trotz des deutlichen Ergebnisses darf man aber nicht vergessen, dass auch wir einige klare Chancen hatten. Leider ist es uns nicht gelungen, ähnlich kompakt wie in Leverkusen aufzutreten. Aber dafür war der VfB heute einfach zu stark."

VfB-Torschütze Ricardo Osorio:
„Natürlich freue ich mich über mein erstes Tor für den VfB Stuttgart. Es ist aber nicht wichtig, wer die Tore schießt, sondern dass wir als Team erfolgreich auftreten und unseren Fans attraktiven Fußball bieten."

Hitzlsperger setzt den Schlusspunkt.

Frankfurt kommt gegen den VfB unter die Räder.

Tabelle

Platz	Verein	Sp.	g.	u.	v.	Tore	Diff.	Pkte.
1	FC Schalke 04	22	15	4	3	40:21	19	49
2	**VfB Stuttgart**	**22**	**13**	**5**	**4**	**41:26**	**15**	**44**
3	Werder Bremen	22	13	3	6	53:30	23	42
4	Bayern München	22	11	4	7	33:26	7	37
5	1. FC Nürnberg	22	8	12	2	31:17	14	36
6	Hertha BSC	22	9	6	7	33:35	-2	33
7	Hannover 96	22	8	6	8	28:32	-4	30
8	Bayer Leverkusen	22	8	5	9	35:34	1	29
9	Borussia Dortmund	22	7	7	8	25:28	-3	28
10	VfL Wolfsburg	22	5	10	7	22:26	-4	25
11	1. FSV Mainz 05	22	5	9	8	19:32	-13	24
12	Arminia Bielefeld	22	5	8	9	27:29	-2	23
13	Alemannia Aachen	22	6	5	11	33:42	-9	23
14	VfL Bochum	22	6	5	11	25:34	-9	23
15	Eintracht Frankfurt	22	4	11	7	27:39	-12	23
16	Energie Cottbus	22	5	7	10	23:31	-8	22
17	Hamburger SV	22	3	12	7	24:26	-2	21
18	Bor. M'gladbach	22	5	5	12	16:27	-11	20

Spielergebnisse

Freitag, 16.02.2007		
Eintracht Frankfurt	**– VfB Stuttgart**	**0:4 (0:3)**
Samstag, 17.02.2007		
Alemannia Aachen	– Bayern München	1:0 (1:0)
Werder Bremen	– Hamburger SV	0:2 (0:1)
VfL Wolfsburg	– FC Schalke 04	2:2 (0:2)
Borussia Dortmund	– Borussia M'gladbach	1:0 (1:0)
Hertha BSC	– 1. FSV Mainz 05	1:2 (1:0)
Bayer Leverkusen	– Hannover 96	0:1 (0:1)
Sonntag, 18.02.2007		
Arminia Bielefeld	– VfL Bochum	1:3 (1:2)
1. FC Nürnberg	– Energie Cottbus	1:0 (0:0)

Frankfurt / Stuttgart

Frankfurt	Stuttgart
1 Oka Nikolov	1 Timo Hildebrand
2 Patrick Ochs	3 Ricardo Osorio
5 Aleksandar Vasoski	11 Thomas Hitzlsperger
8 Albert Streit	13 Pavel Pardo
11 Michael Thurk	17 Matthieu Delpierre
14 Alexander Meier	18 Jeronimo Cacau
19 Naohiro Takahara	19 Roberto Hilbert
27 Sotirios Kyrgiakos	21 Ludovic Magnin
29 Chris	25 Antonio da Silva
30 Benjamin Huggel	33 Mario Gomez
31 Mounir Chaftar	35 Serdar Tasci

Tore

Frankfurt	Stuttgart
	2. Min. 0:1 R. Hilbert
	16. Min. 0:2 M. Gomez
	44. Min. 0:3 R. Osorio
	78. Min. 0:4 T. Hitzlsperger

Auswechslungen

Frankfurt			Stuttgart		
45. Min.	▸	Chris	58. Min.	▸	A. da Silva
	◂	C. Preuß		◂	A. Farnerud
45. Min.	▸	N. Takahara	76. Min.	▸	J. Cacau
	◂	I. Amanatidis		◂	M. Streller
			80. Min.	▸	M. Gomez
				◂	B. Lauth

Karten

Frankfurt		Stuttgart	
67. Min.	C. Preuß	36. Min.	P. Pardo
68. Min.	A. Meier		

Schiedsrichter Wolfgang Stark
Zuschauer 41.000

Tabelle

Platz	Verein	Sp.	g.	u.	v.	Tore	Diff.	Pkte.
1	FC Schalke 04	23	15	4	4	40:22	18	49
2	**VfB Stuttgart**	**23**	**13**	**6**	**4**	**41:26**	**15**	**45**
3	Werder Bremen	23	13	4	6	55:32	23	43
4	Bayern München	23	12	4	7	35:27	8	40
5	1. FC Nürnberg	23	8	12	3	32:19	13	36
6	Hertha BSC	23	9	7	7	33:35	-2	34
7	Hannover 96	23	9	6	8	32:34	-2	33
8	Bayer Leverkusen	23	9	5	9	36:34	2	32
9	Borussia Dortmund	23	7	7	9	27:32	-5	28
10	1. FSV Mainz 05	23	6	9	8	21:33	-12	27
11	VfL Wolfsburg	23	5	10	8	23:28	-5	25
12	Energie Cottbus	23	6	7	10	25:32	-7	25
13	Hamburger SV	23	4	12	7	27:27	0	24
14	Alemannia Aachen	23	6	6	11	35:44	-9	24
15	VfL Bochum	23	6	6	11	27:36	-9	24
16	Arminia Bielefeld	23	5	8	10	28:31	-3	23
17	Eintracht Frankfurt	23	4	11	8	28:42	-14	23
18	Bor. M'gladbach	23	5	6	12	18:29	-11	21

Spielergebnisse

Freitag, 23.02.2007		
VfB Stuttgart	**– Hertha BSC**	**0:0 (0:0)**
Samstag, 24.02.2007		
Hannover 96	– Borussia Dortmund	4:2 (0:0)
1. FSV Mainz 05	– 1. FC Nürnberg	2:1 (2:0)
Energie Cottbus	– Arminia Bielefeld	2:1 (0:1)
Hamburger SV	– Eintracht Frankfurt	3:1 (1:0)
Bayern München	– VfL Wolfsburg	2:1 (1:0)
VfL Bochum	– Alemannia Aachen	2:2 (1:1)
Sonntag, 25.02.2007		
Borussia M'gladbach	– Werder Bremen	2:2 (1:1)
FC Schalke 04	– Bayer Leverkusen	0:1 (0:0)

Stuttgart / Berlin

Stuttgart	Berlin
1 Timo Hildebrand	12 Christian Fiedler
3 Ricardo Osorio	4 Dick van Burik
11 Thomas Hitzlsperger	6 Gilberto
17 Matthieu Delpierre	8 Pal Dardai
18 Jeronimo Cacau	9 Marko Pantelic
19 Roberto Hilbert	14 Josip Simunic
21 Ludovic Magnin	19 Andreas Schmidt
22 Christian Gentner	29 Malik Fathi
28 Sami Khedira	38 Patrick Ebert
33 Mario Gomez	39 Chinedu Ede
35 Serdar Tasci	41 Jerome Boateng

Tore
Keine Tore

Auswechslungen

Stuttgart			Berlin		
60. Min.	▶	C. Gentner	63. Min.	▶	C. Ede
	◀	M. Streller		◀	A. Dejagah
80. Min.	▶	J. Cacau	77. Min.	▶	J. Boateng
	◀	A. Boka		◀	C. Schorch
			86. Min.	▶	P. Ebert
				◀	A. Neuendorf

Karten

Stuttgart			Berlin		
59. Min.	gelb	S. Tasci	20. Min.	gelb	M. Pantelic
68. Min.	gelb	M. Streller	60. Min.	gelb	C. Ede
			68. Min.	gelb	J. Simunic
			70. Min.	gelb	A. Dejagah
			88. Min.	gelb-rot	A. Dejagah

Schiedsrichter Florian Meyer
Zuschauer 41.000

Kein Loch in der Berliner Mauer

Der VfB versucht im eigenen Stadion 90 Minuten lang, gegen ein von Beginn an nur auf Verteidigung eingestelltes Hertha-Team ein Tor zu erzielen. Dies gelingt Mario Gomez auch früh, allerdings gibt Schiedsrichter Florian Meyer den Treffer wegen eines vermeintlichen Handspiels nicht. Dem Torschützen Gomez war der Ball bei der Annahme an den Oberarm gesprungen. In der Folge ist das Team von Trainer Armin Veh optisch überlegen, schafft es aber zu selten, die elf Berliner Verteidiger wirklich in Gefahr zu bringen. Die beste Gelegenheit hat Ricardo Osorio, der in der ersten Halbzeit nach Zuspiel von Ludovic Magnin den Ball in Bedrängnis aber über das Hertha-Tor schießt. Bereits in der Nachspielzeit flankt Arthur Boka ins Zentrum und findet den Kopf von Roberto Hilbert, der auf Mario Gomez ablegt. Dessen Schuss kann Christian Fiedler mit Mühe parieren, der Nachschuss von Marco Streller landet am Außennetz. Die letzte Chance hat Thomas Hitzlsperger, dessen Schuss aber in der Berliner Abwehrwand hängen bleibt. Eine Berliner Offensive findet über die gesamten 90 Minuten nicht statt, VfB-Torhüter Timo Hildebrand muss sich gegen Hertha kein einziges Mal richtig beweisen.

VfB-Cheftrainer Armin Veh:
„Ich habe die Berliner defensiv erwartet, aber dass sie so tief stehen würden, hatte ich nicht geglaubt. Dennoch habe ich ein gutes Spiel meiner Mannschaft gesehen, auch wenn dies heute schwer war."

Hertha-Coach Falko Götz:
„Wir haben einen Punkt geholt bei einer Spitzenmannschaft, und das auswärts. Das haben wir uns redlich erkämpft. In der zweiten Halbzeit sind wir noch mehr unter Druck geraten, aber meine Mannschaft hat gut dagegengehalten."

Der VfB stürmt 90 Minuten, ...

... jedoch ohne zählbaren Erfolg.

Ein Spiel der vergebenen Möglichkeiten

In einem über weite Strecken kurzweiligen, weil von beiden Seiten offensiv geführten Spiel unterliegt der VfB am Ende Bayer Leverkusen vom Ergebnis her klar, da die Mannschaft von Armin Veh im Gegensatz zu den Hausherren ihre zum Teil klaren Torchancen nicht konsequent nutzt. Schon vor dem 0:1-Rückstand hat der VfB die Möglichkeit, in Führung zu gehen. Aber Marco Streller, der für den verletzten Torjäger Mario Gomez (Zerrung am linken Oberschenkel) in der Anfangsformation steht, vergibt zweimal in aussichtsreicher Position. Nach dem zweiten und dritten Gegentreffer scheint die Entscheidung gefallen zu sein, durch den Anschlusstreffer von Cacau wachen die Stuttgarter aber noch mal auf und drücken auf den Ausgleich. Die eingewechselten Alexander Farnerud und Stürmer Benny Lauth kommen in der Schlussphase noch jeweils zu Großchancen, beide vergeben aber in aussichtsreicher Position. Knackpunkt in diesem Spiel ist, dass der verletzte Torjäger Mario Gomez nicht ersetzt werden kann.

Bayer-Coach Michael Skibbe:
„Wir haben heute ein tolles Fußballspiel von zwei offensiv ausgerichteten Teams gesehen. Hervorzuheben ist sicherlich die Leistung von René Adler, der mit einigen Paraden weitere Gegentreffer verhindert hat und damit einen großen Anteil am Sieg hat."

VfB-Stürmer Marco Streller:
„Ich denke, dass jeder Stürmer bei meinen vergebenen Chancen mitfühlen kann. Die erste muss ich machen, bei der zweiten hält der Keeper sensationell. Das ist halt ein echter Teufelskerl. Trotzdem glaube ich, dass wir einen Punkt verdient gehabt hätten, denn wir hatten letztlich die besseren Chancen."

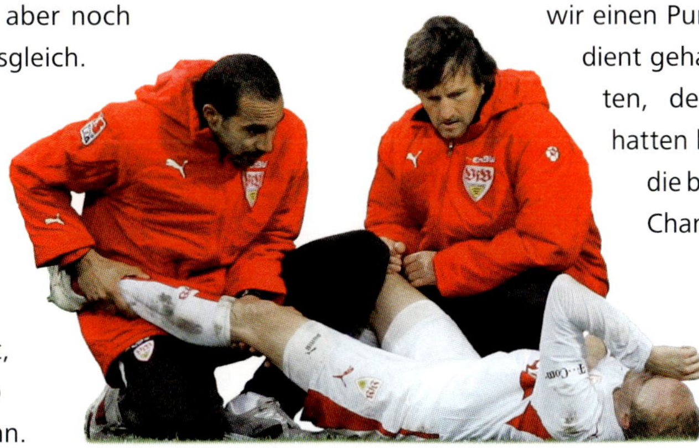

Im Auswärtsspiel gegen Leverkusen ...

... vergeben die Stuttgarter zu viele Chancen.

Tabelle

Platz	Verein	Sp.	g.	u.	v.	Tore	Diff.	Pkte.
1	FC Schalke 04	24	15	4	5	40:24	16	49
2	Werder Bremen	24	14	4	6	58:32	26	46
3	**VfB Stuttgart**	**24**	**13**	**6**	**5**	**42:29**	**13**	**45**
4	Bayern München	24	13	4	7	38:29	9	43
5	1. FC Nürnberg	24	8	12	4	34:22	12	36
6	Bayer Leverkusen	24	10	5	9	39:35	4	35
7	Hertha BSC	24	9	7	8	35:38	-3	34
8	Hannover 96	24	9	6	9	32:36	-4	33
9	VfL Wolfsburg	24	6	10	8	24:28	-4	28
10	Borussia Dortmund	24	7	7	10	29:35	-6	28
11	Energie Cottbus	24	7	7	10	28:34	-6	28
12	Hamburger SV	24	5	12	7	29:27	2	27
13	Alemannia Aachen	24	7	6	11	37:45	-8	27
14	1. FSV Mainz 05	24	6	9	9	22:35	-13	27
15	Arminia Bielefeld	24	6	8	10	31:33	-2	26
16	Eintracht Frankfurt	24	5	11	8	30:42	-12	26
17	VfL Bochum	24	6	6	12	27:39	-12	24
18	Bor. M'gladbach	24	5	6	13	18:30	-12	21

Spielergebnisse

Freitag, 02.03.2007		
FC Schalke 04	– Hamburger SV	0:2 (0:0)
Samstag, 03.03.2007		
Hertha BSC	– Bayern München	2:3 (0:2)
Arminia Bielefeld	– 1. FC Nürnberg	3:2 (1:1)
Bayer Leverkusen	**– VfB Stuttgart**	**3:1 (2:0)**
VfL Wolfsburg	– Borussia M'gladbach	1:0 (0:0)
Eintracht Frankfurt	– Hannover 96	2:0 (0:0)
Werder Bremen	– VfL Bochum	3:0 (1:0)
Sonntag 04.03.2007		
Alemannia Aachen	– 1. FSV Mainz 05	2:1 (0:1)
Borussia Dortmund	– Energie Cottbus	2:3 (1:1)

Leverkusen Stuttgart

Leverkusen	Stuttgart
22 René Adler	1 Timo Hildebrand
4 Juan	6 Fernando Meira
5 Karim Haggui	9 Marco Streller
6 Simon Rolfes	11 Thomas Hitzlsperger
7 Tranquillo Barnetta	13 Pavel Pardo
10 Paul Freier	17 Matthieu Delpierre
12 Andrej Voronin	18 Jeronimo Cacau
19 Marko Babic	19 Roberto Hilbert
25 Bernd Schneider	21 Ludovic Magnin
27 Gonzalo Castro	28 Sami Khedira
28 Carsten Ramelow	35 Serdar Tasci

Tore

19. Min. 1:0 A. Voronin	73. Min. 3:1 J. Cacau
22. Min. 2:0 P. Freier	
61. Min. 3:0 Juan	

Auswechslungen

75. Min. ▸ P. Freier	69. Min. ▸ T. Hitzlsperger
◂ S. Kießling	◂ A. Farnerud
88. Min. ▸ A. Voronin	71. Min ▸ M. Streller
◂ Callsen-Bracker	◂ B. Lauth
92. Min. ▸ B. Schneider	75. Min. ▸ L. Magnin
◂ P. Schwegler	◂ A. Boka

Karten

1. Min. K. Haggui	61. Min. M. Delpierre
23. Min. M. Babic	

Schiedsrichter Dr. Felix Brych
Zuschauer 22.500

Tabelle

Platz	Verein	Sp.	g.	u.	v.	Tore	Diff.	Pkte.
1	FC Schalke 04	25	15	5	5	41:25	16	50
2	Werder Bremen	25	14	5	6	59:33	26	47
3	**VfB Stuttgart**	**25**	**13**	**7**	**5**	**42:29**	**13**	**46**
4	Bayern München	25	13	5	7	39:30	9	44
5	1. FC Nürnberg	25	8	13	4	36:24	12	37
6	Bayer Leverkusen	25	10	6	9	39:35	4	36
7	Hannover 96	25	9	7	9	33:37	-4	34
8	Hertha BSC	25	9	7	9	36:41	-5	34
9	Alemannia Aachen	25	8	6	11	39:45	-6	30
10	1. FSV Mainz 05	25	7	9	9	23:35	-12	30
11	VfL Wolfsburg	25	6	11	8	24:28	-4	29
12	Hamburger SV	25	5	13	7	29:27	2	28
13	Borussia Dortmund	25	7	7	11	29:37	-8	28
14	Energie Cottbus	25	7	7	11	28:36	-8	28
15	VfL Bochum	25	7	6	12	29:39	-10	27
16	Eintracht Frankfurt	25	5	12	8	32:44	-12	27
17	Arminia Bielefeld	25	6	8	11	31:34	-3	26
18	Bor. M'gladbach	25	6	6	13	21:31	-10	24

Spielergebnisse

Freitag, 09.03.2007		
1. FC Nürnberg	– Eintracht Frankfurt	2:2 (0:1)
Samstag, 10.03.2007		
Hannover 96	– FC Schalke 04	1:1 (1:1)
Borussia M'gladbach	– Hertha BSC	3:1 (1:0)
VfL Bochum	– Borussia Dortmund	2:0 (0:0)
1. FSV Mainz 05	– Arminia Bielefeld	1:0 (0:0)
VfB Stuttgart	**– VfL Wolfsburg**	**0:0 (0:0)**
Energie Cottbus	– Alemannia Aachen	0:2 (0:1)
Sonntag, 11.03.2007		
Bayern München	– Werder Bremen	1:1 (1:0)
Hamburger SV	– Bayer Leverkusen	0:0 (0:0)

Stuttgart / Wolfsburg

Stuttgart	Wolfsburg
41 Michael Langer	1 Simon Jentzsch
3 Ricardo Osorio	2 Facundo Quiroga
11 Thomas Hitzlsperger	3 Peter van der Heyden
13 Pavel Pardo	4 Alexander Madlung
17 Matthieu Delpierre	5 Kevin Hofland
18 Jeronimo Cacau	6 Tom van der Leegte
19 Roberto Hilbert	9 D. Fernando Klimowicz
21 Ludovic Magnin	10 Jacek Krzynowek
28 Sami Khedira	14 Jonathan Santana
33 Mario Gomez	18 Cedric Makiadi
35 Serdar Tasci	32 Marcelinho

Tore
Keine Tore

Auswechslungen

Stuttgart			Wolfsburg		
45. Min.	▸	M. Gomez	57. Min.	▸	J. Santana
	◂	B. Lauth		◂	H. Sarpei
63. Min.	▸	S. Khedira	82. Min.	▸	C. Makiadi
	◂	D. Bierofka		◂	J. C. Menseguez
77. Min.	▸	S. Tasci	92. Min.	▸	Marcelinho
	◂	A. Boka		◂	I. Boakye

Karten

Stuttgart		Wolfsburg	
91. Min.	B. Lauth	41. Min.	D. F. Klimowicz
92. Min.	D. Bierofka		

Schiedsrichter Wolfgang Stark
Zuschauer 48.000

Ein schwarzer Tag für Torjäger Gomez

Der VfB muss sich gegen Wolfsburg mit einem torlosen Remis begnügen, weil die Ausfälle der routinierten Spieler Timo Hildebrand und Fernando Meira sowie das Ausscheiden von Mario Gomez kurz vor der Pause nicht zu kompensieren sind. Zwar müht sich das Team, in dem der österreichische U21-Nationalkeeper Michael Langer im VfB-Kasten zu seinem Bundesligadebüt kommt, über die gesamte Spielzeit, klare Chancen sind allerdings Mangelware. Richtig gefährlich wird es lediglich in der 27. Minute nach zwei aufeinanderfolgenden Eckstößen. Zunächst rettet Kevin Hofland einen Kopfballversuch des aufgerückten Matthieu Delpierre auf der Linie für seinen bereits geschlagenen Keeper Simon Jentzsch. Die zweite Hereingabe von der rechten Seite köpft der erstmals als Kapitän aufgebotene Franzose über das Tor der Niedersachsen. Am Ende hat der VfB Glück, dass er nicht noch verliert. Nach einer Flanke von Marcelinho setzt sich Diego Klimowicz geschickt im Zweikampf durch und zieht aus kurzer Distanz ab, Ersatztorhüter Michael Langer verhindert mit einem Reflex einen möglichen Rückstand. Noch härter als der Punktverlust trifft den VfB die Verletzung von Mario Gomez: Der Torjäger fehlt nach dieser Partie für fast zehn Wochen.

VfB-Debütant Michael Langer:
„Ich muss zugeben, dass es ein schönes Gefühl war, auf dem Platz stehen zu können. Es war mehr Freude als Nervosität. Ich denke, dass ich ganz ordentlich gespielt habe."

VfL-Keeper Simon Jentzsch:
„In der ersten Hälfte hatten wir drei bis vier hundertprozentige Chancen. Normalerweise rächt sich dann so was im weiteren Verlauf der Partie, aber wir haben Stuttgart nicht ins Spiel kommen lassen."

Der Torjäger Mario Gomez ist am Boden zerstört – er fällt nach einer Verletzung zehn Wochen aus.

Knappe Niederlage auf Schalke

Trotz der Ausfälle von Serdar Tasci (Muskelfaserriss) und Mario Gomez (Innenbandriss) setzt Trainer Armin Veh beim Spitzenspiel gegen den FC Schalke 04 auf eine 4-4-2-Formation, in der Timo Hildebrand nach auskurierter Grippe wieder anstelle von Michael Langer das Tor hütet. Auch Abwehrchef Fernando Meira ist wieder mit von der Partie und ersetzt nach seiner Erkrankung Tasci in der Innenverteidigung. Im Mittelfeld agiert Alexander Farnerud hinter den beiden Spitzen, die nach dem Ausfall von Mario Gomez Cacau und Marco Streller heißen. Beide Stürmer vergeben während der 90 Minuten zahlreiche gute Möglichkeiten, zudem hat der VfB auch Pech. So trifft Thomas Hitzlsperger in der 57. Minute aus gut 30 Metern nur den linken Pfosten des Schalker Gehäuses. Farnerud bedient wenig später Cacau, dessen Schuss aus 20 Metern knapp am Tor vorbeistreicht. Kurz vor Schluss prüft der eingewechselte Sami Khedira Torhüter Manuel Neuner noch mit einem Schlenzer, den der FC-Keeper mit viel Mühe über die Latte lenkt. Zuvor nutzen die Schalker den einzigen Fehler in der VfB-Abwehr: Nachdem Matthieu Delpierre der Ball nach einer Ecke von Mesut Özil an den Oberschenkel springt, stochert Mladen Krstajic das Spielgerät vor Torhüter Hildebrand über die Linie.

VfB-Spielgestalter Alexander Farnerud:
„Wir haben gut angefangen und in den ersten dreißig Minuten sehr druckvoll gespielt. Wir hätten nur ein Tor gebraucht, dann hätten wir bestimmt auch hier gewonnen."

Schalke-Stürmer Kevin Kuranyi:
„Der Sieg fühlt sich sehr gut an, vor allem in der ersten Halbzeit haben wir uns das Glück erarbeitet. Das war ein wichtiger Sieg und für uns ein großer Schritt nach vorne."

Die Schalker jubeln im Spitzenspiel.

Delpierre ist nach seinem Fehler fassungslos.

Tabelle

Platz	Verein	Sp.	g.	u.	v.	Tore	Diff.	Pkte.
1	FC Schalke 04	26	16	5	5	42:25	17	53
2	Werder Bremen	26	15	5	6	61:33	28	50
3	**VfB Stuttgart**	**26**	**13**	**7**	**6**	**42:30**	**12**	**46**
4	Bayern München	26	13	5	8	39:31	8	44
5	Bayer Leverkusen	26	11	6	9	40:35	5	39
6	1. FC Nürnberg	26	8	14	4	36:24	12	38
7	Hannover 96	26	9	8	9	33:37	-4	35
8	Hertha BSC	26	9	7	10	36:42	-6	34
9	Alemannia Aachen	26	9	6	11	41:45	-4	33
10	VfL Wolfsburg	26	7	11	8	27:29	-2	32
11	Energie Cottbus	26	8	7	11	29:36	-7	31
12	Eintracht Frankfurt	26	6	12	8	33:44	-11	30
13	1. FSV Mainz 05	26	7	9	10	23:37	-14	30
14	Hamburger SV	26	5	14	7	29:27	2	29
15	Borussia Dortmund	26	7	8	11	29:37	-8	29
16	VfL Bochum	26	7	6	13	30:42	-12	27
17	Arminia Bielefeld	26	6	8	12	31:36	-5	26
18	Bor. M'gladbach	26	6	6	14	21:32	-11	24

Spielergebnisse

Freitag, 16.03.2007		
Hertha BSC	– Energie Cottbus	0:1 (0:0)
Samstag, 17.03.2007		
Eintracht Frankfurt	– Bayern München	1:0 (0:0)
Hannover 96	– Hamburger SV	0:0 (0:0)
Borussia Dortmund	– 1. FC Nürnberg	0:0 (0:0)
FC Schalke 04	**– VfB Stuttgart**	**1:0 (0:0)**
Alemannia Aachen	– Arminia Bielefeld	2:0 (0:0)
VfL Wolfsburg	– VfL Bochum	3:1 (2:0)
Sonntag, 18.03.2007		
Bayer Leverkusen	– Bor. M'gladbach	1:0 (0:0)
Werder Bremen	– 1. FSV Mainz 05	2:0 (0:0)

Schalke 04 – Stuttgart

Schalke 04	Stuttgart
12 Manuel Neuer	1 Timo Hildebrand
3 Levan Kobiashvili	3 Ricardo Osorio
5 Marcelo Jose Bordon	6 Fernando Meira
8 Fabian Ernst	9 Marco Streller
17 Mesut Özil	11 Thomas Hitzlsperger
18 Rafinha	13 Pavel Pardo
19 Halil Altintop	14 Alexander Farnerud
20 Mladen Krstajic	17 Matthieu Delpierre
22 Kevin Kuranyi	18 Jeronimo Cacau
24 Christian Pander	19 Roberto Hilbert
25 Zlatan Bajramovic	21 Ludovic Magnin

Tore

76. Min. 1:0 M. Krstajic

Auswechslungen

71. Min.	▸ L. Kobiashvili ◂ S. Larsen	68. Min.	▸ A. Farnerud ◂ A. da Silva
76. Min.	▸ H. Altintop ◂ G. Asamoah	81. Min.	▸ R. Osorio ◂ B. Lauth
92. Min.	▸ K. Kuranyi ◂ D. Rodriguez	83. Min.	▸ T. Hitzlsperger ◂ S. Khedira

Karten

54. Min.	L. Kobiashvili	23. Min.	T. Hitzlsperger
		55. Min.	P. Pardo

Schiedsrichter Dr. Helmut Fleischer
Zuschauer 61.482

Tabelle

Platz	Verein	Sp.	g.	u.	v.	Tore	Diff.	Pkte.
1	FC Schalke 04	27	16	5	6	42:27	15	53
2	Werder Bremen	27	15	6	6	61:33	28	51
3	VfB Stuttgart	27	14	7	6	45:31	14	49
4	Bayern München	27	14	5	8	41:31	10	47
5	Bayer Leverkusen	27	12	6	9	43:36	7	42
6	1. FC Nürnberg	27	9	14	4	38:25	13	41
7	Hannover 96	27	9	8	10	33:39	-6	35
8	Hertha BSC	27	9	7	11	37:44	-7	34
9	Alemannia Aachen	27	9	6	12	42:48	-6	33
10	Hamburger SV	27	6	14	7	30:27	3	32
11	VfL Wolfsburg	27	7	11	9	27:30	-3	32
12	Energie Cottbus	27	8	8	11	29:36	-7	32
13	Eintracht Frankfurt	27	6	13	8	34:45	-11	31
14	VfL Bochum	27	8	6	13	32:42	-10	30
15	1. FSV Mainz 05	27	7	9	11	24:40	-16	30
16	Arminia Bielefeld	27	7	8	12	32:36	-4	29
17	Borussia Dortmund	27	7	8	12	29:38	-9	29
18	Bor. M'gladbach	27	6	7	14	22:33	-11	25

Spielergebnisse

Freitag, 30.03.2007		
Arminia Bielefeld	– Borussia Dortmund	1:0 (0:0)
Samstag, 31.03.2007		
Energie Cottbus	– Werder Bremen	0:0 0:0)
Bayern München	– FC Schalke 04	2:0 (1:0)
1. FSV Mainz 05	– Bayer Leverkusen	1:3 (0:2)
1. FC Nürnberg	– Hertha BSC	2:1 (1:0)
Bor. M'gladbach	– Eintracht Frankfurt	1:1 (0:1)
VfB Stuttgart	– Alemannia Aachen	3:1 (1:0)
Sonntag, 01.04.2007		
VfL Bochum	– Hannover 96	2:0 (2:0)
Hamburger SV	– VfL Wolfsburg	1:0 (0:0)

Stuttgart	Aachen
1 Timo Hildebrand	1 Stephan Straub
3 Ricardo Osorio	3 Alexander Klitzpera
6 Fernando Meira	9 Vedad Ibisevic
9 Marco Streller	12 Moses Sichone
11 Thomas Hitzlsperger	17 Thomas Stehle
13 Pavel Pardo	18 Sergio Pinto
15 Arthur Boka	19 Jan Schlaudraff
18 Jeronimo Cacau	20 Matthias Lehmann
19 Roberto Hilbert	22 Jeffrey Leiwakabessy
21 Ludovic Magnin	23 L.-Aurelian Reghecampf
28 Sami Khedira	30 Sascha Rösler
Tore	
29. Min. 1:0 M. Streller	59. Min. 1:1 M. Sichone
75. Min. 2:1 B. Lauth	
84. Min. 3:1 J. Cacau	
Auswechslungen	
70. Min. ► M. Streller	75. Min. ► S. Pinto
◄ B. Lauth	◄ S. Dum
70. Min. ► R. Hilbert	88. Min. ► M. Lehmann
◄ A. Farnerud	◄ M. Heidrich
86. Min. ► A. Boka	89. Min. ► L.-A. Reghecampf
◄ A. Beck	◄ A. Özgen
Karten	
74. Min. ▮ A. Boka	79. Min. ▮ V. Ibisevic

Schiedsrichter Dr. Markus Merk
Zuschauer 40.000

Alle Stürmer treffen gegen Aachen

Zwei Wechsel nimmt VfB-Trainer Armin Veh beim Heimspiel gegen Alemannia Aachen im Vergleich zur 0:1-Niederlage beim FC Schalke 04 vor. Sami Khedira spielt im zentralen offensiven Mittelfeld anstelle von Alexander Farnerud. Da zudem Matthieu Delpierre kurzfristig wegen Knieproblemen passen und Serdar Tasci sein angedachtes Comeback aufgrund muskulärer Beschwerden noch aufschieben muss, rückt Arthur Boka ins Team und übernimmt die Linksverteidigerposition von Ludovic Magnin, der an der Seite von Kapitän Fernando Meira seine Premiere im Deckungszentrum feiert. Der VfB ist zu Beginn das aktivere Team, ohne dabei aber zunächst zu nachhaltigen Chancen zu kommen. Besonders im ersten Durchgang tut sich das Team bis zur Führung durch Marco Streller schwer gegen kompakte Gäste, die ihrerseits bei Kontern gefährlich sind. Nach dem Ausgleich nach einer knappen Stunde wechselt Veh mit Farnerud und Benny Lauth die zwei entscheidenden Spieler ein, die für die Wende sorgen. Joker Lauth gelingt mit seinem ersten Treffer im VfB-Trikot das 2:1, mit dem Brasilianer Cacau trifft kurz vor Schluss auch noch der dritte VfB-Angreifer.

VfB-Torschütze Benjamin Lauth:
„Es war heute ein ganz wichtiger Sieg für uns nach dieser kleinen Negativserie. Ich freue mich natürlich total darüber, dass ich endlich wieder getroffen habe."

Alemannia-Coach Michael Frontzeck:
„Glückwunsch an den VfB zu den drei Punkten. Im Gegensatz zum Hinspiel, als uns der VfB stellenweise vorgeführt hat, haben wir heute eine gute Abwehrleistung gebracht. Nach dem 1:1 hatten wir unsere beste Phase im Spiel. Das 1:2 war dann aber die Entscheidung."

Lauth erzielt sein erstes Tor für den VfB.

Stuttgart startet eine Siegesserie.

Ein Auswärtssieg mit Köpfchen

Bei seinem Ex-Verein aus Hamburg feiert der von den Hanseaten an den VfB ausgeliehene Angreifer Benjamin Lauth seine Premiere in der Startformation der Mannschaft von Trainer Armin Veh, der in der Innenverteidigung zudem auch auf Matthieu Delpierre nach ausgestandener Knieverletzung zurückgreifen kann. In der Anfangsphase passiert nicht viel vor beiden Toren, dann erhöht der VfB kontinuierlich den Druck. Dem frühen 1:0 durch Cacau lässt Sami Khedira in der 13. Minute das zweite Tor folgen, ehe Roberto Hilbert die Schwächen der Hamburger Hintermannschaft mit dem 3:0 nach nicht einmal einer halben Stunde vollends offenlegt. Nach dem Platzverweis für den Hamburger Ben-Hatira scheint die Partie endgültig entschieden, doch als auch Thomas Hitzlsperger nach grobem Foulspiel frühzeitig vom Platz muss, fängt sich der HSV kurz vor der Pause noch einmal. Nach dem 4:0 durch einen Kopfball von Fernando Meira kurz nach dem Seitenwechsel schaltet der VfB zwei Gänge zurück, in der Folge ermöglichen Unkonzentriertheiten und mangelnde Aggressivität im Defensivverhalten dem Gastgeber noch zwei Treffer.

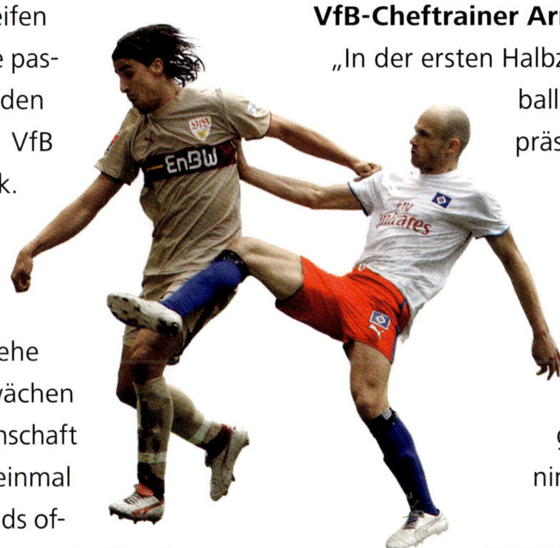

VfB-Cheftrainer Armin Veh:

„In der ersten Halbzeit war es ein klasse Fußballspiel. Wir waren immer präsent auf dem Platz, haben uns Chancen herausgespielt und auch die Tore gemacht. Leider hat uns die rote Karte für Thomas Hitzlsperger etwas durcheinandergebracht. Das war nie und nimmer ein Platzverweis."

HSV-Trainer Huub Stevens:

„Wir haben heute gegen eine Klassemannschaft verloren und sind nicht ins Spiel gekommen, weil wir mit dem Kopf nicht bei der Sache waren. Mir ist es trotzdem lieber, vier Tore in einem Spiel zu bekommen, als über mehrere Spiele verteilt."

Kapitän Meira köpft zum 4:0 ein – Hamburg erlebt ein Debakel.

Tabelle

Platz	Verein	Sp.	g.	u.	v.	Tore	Diff.	Pkte.
1	FC Schalke 04	28	17	5	6	44:27	17	56
2	Werder Bremen	28	16	6	6	62:33	29	54
3	**VfB Stuttgart**	**28**	**15**	**7**	**6**	**49:33**	**16**	**52**
4	Bayern München	28	15	5	8	43:32	11	50
5	Bayer Leverkusen	28	12	6	10	44:40	4	42
6	1. FC Nürnberg	28	9	14	5	38:26	12	41
7	VfL Wolfsburg	28	8	11	9	30:32	-2	35
8	Energie Cottbus	28	9	8	11	32:37	-5	35
9	Hertha BSC	28	9	8	11	38:45	-7	35
10	Hannover 96	28	9	8	11	34:41	-7	35
11	VfL Bochum	28	9	6	13	36:43	-7	33
12	Alemannia Aachen	28	9	6	13	43:52	-9	33
13	Hamburger SV	28	6	14	8	32:31	1	32
14	Borussia Dortmund	28	8	8	12	33:39	-6	32
15	Eintracht Frankfurt	28	6	13	9	35:48	-13	31
16	Arminia Bielefeld	28	7	9	12	33:37	-4	30
17	1. FSV Mainz 05	28	7	9	12	26:43	-17	30
18	Bor. M'gladbach	28	6	7	15	22:35	-13	25

Spielergebnisse

Samstag, 07.04.2007			
Hannover 96	–	Bayern München	1:2 (1:0)
Alemannia Aachen	–	Borussia Dortmund	1:4 (0:1)
Hamburger SV	**–**	**VfB Stuttgart**	**2:4 (0:3)**
FC Schalke 04	–	Borussia M'gladbach	2:0 (0:0)
VfL Wolfsburg	–	1. FSV Mainz 05	3:2 (1:1)
Hertha BSC	–	Arminia Bielefeld	1:1 (0:1)
Eintracht Frankfurt	–	Energie Cottbus	1:3 (0:0)
Sonntag, 08.04.2007			
Werder Bremen	–	1. FC Nürnberg	1:0 (0:0)
Bayer Leverkusen	–	VfL Bochum	1:4 (0:3)

Hamburg – Stuttgart

Hamburg	Stuttgart
35 Frank Rost	1 Timo Hildebrand
3 Thimothee Atouba	3 Ricardo Osorio
4 Bastian Reinhardt	6 Fernando Meira
5 Joris Mathijsen	11 Thomas Hitzlsperger
7 Mehdi Mahdavikia	13 Pavel Pardo
14 David Jarolim	16 Benjamin Lauth
17 Boubacar Sanogo	17 Matthieu Delpierre
23 Rafael van der Vaart	18 Jeronimo Cacau
28 Nigel de Jong	19 Roberto Hilbert
30 Collin Benjamin	21 Ludovic Magnin
32 Änis Ben-Hatira	28 Sami Khedira

Tore

66. Min.	1:4	D. Jarolim	10. Min.	0:1	J. Cacau
75. Min.	2:4	I. Olic	13. Min.	0:2	S. Khedira
			27. Min.	0:3	R. Hilbert
			50. Min.	0:4	F. Meira

Auswechslungen

45. Min.	▶	N. de Jong	67. Min.	▶	J. Cacau
	◀	P. Trochowski		◀	A. da Silva
45. Min.	▶	M. Mahdavikia	75. Min.	▶	B. Lauth
	◀	A. Laas		◀	M. Streller
63. Min.	▶	B. Sanogo	91. Min.	▶	R. Hilbert
	◀	I. Olic		◀	A. Farnerud

Karten

20. Min.	gelb	R. v. d. Vaart	40. Min.	gelb	L. Magnin
34. Min.	rot	Ä. Ben-Hatira	43. Min.	rot	T. Hitzlsperger

Schiedsrichter Lutz Wagner
Zuschauer 57.000

Tabelle

Platz	Verein	Sp.	g.	u.	v.	Tore	Diff.	Pkte.
1	FC Schalke 04	29	18	5	6	47:27	20	59
2	Werder Bremen	29	17	6	6	64:33	31	57
3	**VfB Stuttgart**	**29**	**16**	**7**	**6**	**51:34**	**17**	**55**
4	Bayern München	29	16	5	8	45:33	12	53
5	1. FC Nürnberg	29	10	14	5	39:26	13	44
6	Bayer Leverkusen	29	12	6	11	45:42	3	42
7	Energie Cottbus	29	10	8	11	35:39	-4	38
8	Hertha BSC	29	10	8	11	41:46	-5	38
9	Hamburger SV	29	7	14	8	33:31	2	35
10	VfL Wolfsburg	29	8	11	10	32:35	-3	35
11	Hannover 96	29	9	8	12	35:43	-8	35
12	Eintracht Frankfurt	29	7	13	9	39:50	-11	34
13	VfL Bochum	29	9	6	14	37:46	-9	33
14	Alemannia Aachen	29	9	6	14	43:53	-10	33
15	Borussia Dortmund	29	8	8	13	33:41	-8	32
16	Arminia Bielefeld	29	7	9	13	35:41	-6	30
17	1. FSV Mainz 05	29	7	9	13	26:46	-20	30
18	Bor. M'gladbach	29	6	7	16	22:36	-14	25

Spielergebnisse

Freitag, 13.04.2007			
Borussia M'gladbach	– Hamburger SV	0:1	(0:0)
Samstag, 14.04.2007			
1. FSV Mainz 05	– FC Schalke 04	0:3	(0:2)
VfL Bochum	– Hertha BSC	1:3	(1:0)
VfB Stuttgart	**– Hannover 96**	**2:1**	**(1:0)**
Arminia Bielefeld	– Eintracht Frankfurt	2:4	(1:2)
Energie Cottbus	– VfL Wolfsburg	3:2	(1:0)
1. FC Nürnberg	– Alemannia Aachen	1:0	(1:0)
Sonntag, 15.04.2007			
Borussia Dortmund	– Werder Bremen	0:2	(0:2)
Bayern München	– Bayer Leverkusen	2:1	(1:0)

Stuttgart	Hannover
1 Timo Hildebrand	1 Robert Enke
3 Ricardo Osorio	2 Vinicius
6 Fernando Meira	3 Dariusz Zuraw
13 Pavel Pardo	6 Steven Cherundolo
14 Alexander Farnerud	10 Arnold Bruggink
15 Arthur Boka	11 Szabolcs Huszti
17 Matthieu Delpierre	14 Hanno Balitsch
18 Jeronimo Cacau	16 Vahid Hashemian
19 Roberto Hilbert	18 Michael Tarnat
25 Antonio da Silva	23 Chavdar Yankov
28 Sami Khedira	26 Jan Rosenthal

Tore

2. Min. 1:0 R. Hilbert	61. Min. 1:1 S. Cherundolo
74. Min. 2:1 D. Zuraw	

Auswechslungen

45. Min.	▸	A. Farnerud	45. Min.	▸	J. Rosenthal
	◂	M. Streller		◂	J. Stajner
48. Min.	▸	M. Delpierre	79. Min.	▸	H. Balitsch
	◂	S. Tasci		◂	S. Schröter
63. Min.	▸	A. da Silva	86. Min.	▸	S. Huszti
	◂	D. Bierofka		◂	F. Montabell

Karten

84. Min. Rot: A. Boka	80. Min. Gelb: C. Yankov	
	84. Min. Gelb: M. Tarnat	

Schiedsrichter Marc Seemann
Zuschauer 50.000

Kurioses Eigentor und Rot gegen Boka

Mit viel Glück landet der VfB am 29. Spieltag einen 2:1-Arbeitssieg gegen Hannover 96. Nach der Führung durch Roberto Hilbert, der nach einer Flanke von Alexander Farnerud schneller als sein Bewacher Michael Tarnat reagiert, versäumt es die Veh-Elf bei sommerlichen Temperaturen, frühzeitig nachzulegen. Stattdessen lässt sich das Team vom zunächst passiven Spiel der Hannoveraner immer mehr aus dem Rhythmus bringen und kassiert nach einer Stunde den zu dieser Zeit verdienten Ausgleich durch einen Fernschuss von Steven Cherundolo. Armin Veh reagiert und bringt mit Daniel Bierofka eine frische Offensivkraft in die Partie, die besseren Chancen erspielt sich aber dennoch Hannover. Im Anschluss an eine Tarnat-Ecke kommt Vinicius aus spitzem Winkel völlig frei zum Schuss, verfehlt das Tor aber knapp. Entschieden wird die Partie durch ein kurioses Eigentor: Cacau bedient in zentraler Position Marco Streller, der den Ball über Robert Enke hebt. Bei dem Versuch, den Ball von der Linie zu schlagen, behindern sich Hanno Balitsch und Dariusz Zuraw gegenseitig und befördern das Spielgerät dabei ins eigene Tor. Für den negativen Höhepunkt aus VfB-Sicht sorgt Arthur Boka, der sechs Minuten vor Ende im Mittelfeld Arnold Bruggink von den Beinen holt und dafür von Schiedsrichter Marc Seemann Rot sieht.

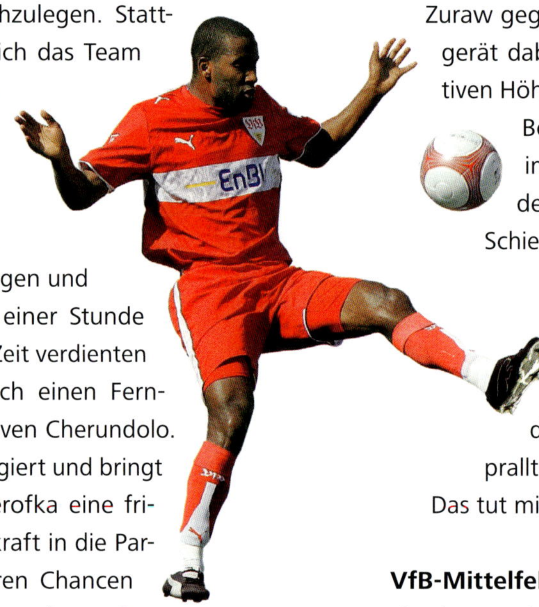

Hannovers Unglücksrabe Hanno Balitsch:
„Der Ball fällt zwischen uns beide, Dariusz schreit ‚Leo' und dann prallte der Ball von der Schulter rein. Das tut mir leid für die Mannschaft."

VfB-Mittelfeldspieler Daniel Bierofka:
„Im letzten Jahr hätten wir solche Spiele wie heute noch verloren. Dieser Sieg beweist, wie gut die Moral in unserer Mannschaft ist."

Flugeinlage: Roberto Hilbert und ...

... Arthur Boka segeln zum Sieg.

Marco Streller lässt sich feiern: Er hat die Vorlage zum Eigentor eines Hannoveraners gegeben.

Tabelle

Platz	Verein	Sp.	g.	u.	v.	Tore	Diff.	Pkte.
1	FC Schalke 04	30	19	5	6	49:27	22	62
2	Werder Bremen	30	18	6	6	67:34	33	60
3	**VfB Stuttgart**	30	17	7	6	53:34	19	58
4	Bayern München	30	16	5	9	45:35	10	53
5	Bayer Leverkusen	30	13	6	11	47:42	5	45
6	1. FC Nürnberg	30	10	14	6	39:28	11	44
7	Hertha BSC	30	10	8	12	41:47	-6	38
8	Energie Cottbus	30	10	8	12	35:41	-6	38
9	Hannover 96	30	10	8	12	36:43	-7	38
10	Hamburger SV	30	7	15	8	35:33	2	36
11	VfL Bochum	30	10	6	14	40:46	-6	36
12	VfL Wolfsburg	30	8	11	11	34:38	-4	35
13	Borussia Dortmund	30	9	8	13	34:41	-7	35
14	Eintracht Frankfurt	30	7	13	10	39:53	-14	34
15	Arminia Bielefeld	30	8	9	13	38:43	-5	33
16	Alemannia Aachen	30	9	6	15	44:56	-12	33
17	1. FSV Mainz 05	30	7	10	13	28:48	-20	31
18	Bor. M'gladbach	30	6	7	17	22:37	-15	25

Spielergebnisse

Freitag, 20.04.2007		
Werder Bremen	– Alemannia Aachen	3:1 (0:1)
Samstag, 21.04.2007		
VfB Stuttgart	**– Bayern München**	**2:0 (2:0)**
Hertha BSC	– Borussia Dortmund	0:1 (0:0)
Bayer Leverkusen	– 1. FC Nürnberg	2:0 (1:0)
VfL Wolfsburg	– Arminia Bielefeld	2:3 (1:1)
Eintracht Frankfurt	– VfL Bochum	0:3 (0:1)
FC Schalke 04	– Energie Cottbus	2:0 (0:0)
Sonntag, 22.04.2007		
Hannover 96	– Borussia M'gladbach	1:0 (1:0)
Hamburger SV	– 1. FSV Mainz 05	2:2 (1:1)

Stuttgart	Bayern M.
1 Timo Hildebrand	1 Oliver Kahn
3 Ricardo Osorio	3 Lucio
6 Fernando Meira	5 Daniel van Buyten
11 Thomas Hitzlsperger	10 Roy Makaay
13 Pavel Pardo	11 Lukas Podolski
16 Benjamin Lauth	17 Mark van Bommel
17 Matthieu Delpierre	20 Hasan Salihamidzic
18 Jeronimo Cacau	21 Philipp Lahm
19 Roberto Hilbert	23 Owen Hargreaves
21 Ludovic Magnin	24 Roque Santa Cruz
28 Sami Khedira	30 Christian Lell
Tore	
23. Min. 1:0 J. Cacau	
25. Min. 2:0 J. Cacau	
Auswechslungen	
61. Min. ▸ B. Lauth	45. Min. ▸ L. Podolski
◂ A. da Silva	◂ C. Pizarro
78. Min. ▸ R. Hilbert	73. Min. ▸ R. Santa Cruz
◂ A. Beck	◂ A. Görlitz
87. Min. ▸ J. Cacau	84. Min. ▸ H. Salihamidzic
◂ M. Streller	◂ A. Karimi
Karten	
	33. Min. ▮ O. Kahn
	44. Min. ▮ L. Podolski
	72. Min. ▮ M. van Bommel

Schiedsrichter Dr. Markus Merk
Zuschauer 57.400

Cacaus Doppelpack gegen die Bayern

In einem einseitigen Südgipfel gegen eine desolate Münchner Mannschaft diktiert der auf allen Positionen überlegene VfB von Beginn an das Geschehen und entscheidet die Partie bereits Mitte der ersten Hälfte: Nach einer Flanke von Ricardo Osorio und einem Abwehrversuch von Christian Lell prallt der Ball an den Oberkörper von Cacau und von dort am verdutzten Oliver Kahn vorbei zum 1:0 ins Bayern-Tor. Zwei Minuten später reagiert Cacau nach Zuspiel von Sami Khedira erneut schneller als alle Bayern-Verteidiger und verwandelt zum 2:0 ins rechte untere Eck. Wenig später fehlen dem Brasilianer nur Zentimeter zum Hattrick: Nach einem Steilpass umspielt er den letzten Abwehrspieler der Bayern, zielt aber mit links hauchdünn am Tor vorbei. Mit dem 0:2-Pausenrückstand sind die Münchner gut bedient, nach der Halbzeit tritt der FC Bayern zumindest in den ersten Minuten etwas engagierter auf. Am Ende gewinnt der VfB hochverdient das direkte Duell um einen Champions-League-Platz.

FCB-Coach Ottmar Hitzfeld:
„Zunächst möchte ich Armin Veh und dem Team zum Einzug ins DFB-Pokalfinale und zum heutigen Sieg gratulieren. Natürlich war das heute eine große Enttäuschung für uns. Vor allem in den ersten 45 Minuten war es eine indiskutable Leistung. Der VfB ist mit breiter Brust und großer Euphorie angetreten. Uns ist es nicht gelungen, ihn unter Druck zu setzen. Deshalb haben die Stuttgarter verdient drei Punkte gewonnen."

VfB-Doppeltorschütze Cacau:
„Es macht immer Spaß, Tore zu schießen. Heute sogar noch mehr, weil es meine ersten gegen Bayern waren. Beim ersten Treffer dachte ich, dass ich den Ball verpasst hätte. Erst als er im Tor war, habe ich mein Glück bemerkt."

Dem Brasilianer Cacau gelingt gegen den früheren Nationaltorhüter Oliver Kahn ein Doppelpack.

Tabelle

Platz	Verein	Sp.	g.	u.	v.	Tore	Diff.	Pkte.
1	FC Schalke 04	31	19	5	7	50:29	21	62
2	**VfB Stuttgart**	**31**	**18**	**7**	**6**	**54:34**	**20**	**61**
3	Werder Bremen	31	18	6	7	69:37	32	60
4	Bayern München	31	16	5	10	46:37	9	53
5	1. FC Nürnberg	31	10	15	6	40:29	11	45
6	Bayer Leverkusen	31	13	6	12	48:44	4	45
7	Hertha BSC	31	11	8	12	45:47	-2	41
8	Energie Cottbus	31	11	8	12	37:42	-5	41
9	Hannover 96	31	11	8	12	38:44	-6	41
10	Hamburger SV	31	8	15	8	37:34	3	39
11	VfL Bochum	31	11	6	14	42:47	-5	39
12	Borussia Dortmund	31	10	8	13	36:41	-5	38
13	Arminia Bielefeld	31	9	9	13	41:45	-4	36
14	VfL Wolfsburg	31	8	12	11	35:39	-4	36
15	Eintracht Frankfurt	31	7	13	11	39:55	-16	34
16	Alemannia Aachen	31	9	6	16	44:60	-16	33
17	1. FSV Mainz 05	31	7	10	14	29:50	-21	31
18	Bor. M'gladbach	31	6	7	18	22:38	-16	25

Spielergebnisse

Freitag, 27.04.2007			
VfL Bochum	– FC Schalke 04	2:1	(2:1)
Samstag, 28.04.2007			
Bayern München	– Hamburger SV	1:2	(1:0)
Alemannia Aachen	– Hertha BSC	0:4	(0:1)
Borussia M'gladbach	**– VfB Stuttgart**	**0:1**	**(0:0)**
1. FSV Mainz 05	– Hannover 96	1:2	(0:1)
Borussia Dortmund	– Eintracht Frankfurt	2:0	(1:0)
1. FC Nürnberg	– VfL Wolfsburg	1:1	(1:1)
Sonntag, 29.04.2007			
Arminia Bielefeld	– Werder Bremen	3:2	(1:0)
Energie Cottbus	– Bayer Leverkusen	2:1	(1:1)

M'gladbach Stuttgart

M'gladbach	Stuttgart
19 Christofer Heimeroth	1 Timo Hildebrand
2 Bo Svensson	3 Ricardo Osorio
5 Marcell Jansen	11 Thomas Hitzlsperger
8 Sebastian Svärd	13 Pavel Pardo
10 Federico Insua	16 Benjamin Lauth
14 Hassan El Fakiri	17 Matthieu Delpierre
20 Kasper Bögelund	18 Jeronimo Cacau
23 Nando Rafael	19 Roberto Hilbert
24 Peer Kluge	21 Ludovic Magnin
28 Steve Gohouri	28 Sami Khedira
33 Marvin Compper	35 Serdar Tasci
Tore	
	53. Min. 0:1 R. Hilbert
Auswechslungen	
78. Min. ▶ H. El Fakiri ◀ Kahé	45. Min. ▶ B. Lauth ◀ A. da Silva
	85. Min. ▶ J. Cacau ◀ M. Streller
	89. Min. ▶ R. Hilbert ◀ A. Beck
Karten	
56. Min. Gelb N. Rafael	21. Min. Gelb R. Hilbert
67. Min. Gelb P. Kluge	
88. Min. Gelb S. Gohouri	
90. Min. Gelb-Rot S. Gohouri	

Schiedsrichter Herbert Fandel
Zuschauer 52.000

Auf leisen Sohlen Richtung Meistertitel

Lediglich eine Veränderung nimmt Trainer Armin Veh in seiner Startformation im Vergleich zum 2:0-Erfolg in der Vorwoche gegen den FC Bayern München vor. Der wieder genesene Serdar Tasci rückt in die Innenverteidigung und nimmt den Platz von Kapitän Fernando Meira ein, der aufgrund einer Mandelentzündung nicht auflaufen kann. Nach einer allenfalls durchschnittlichen ersten Hälfte, in der Stuttgart erst kurz vor der Pause ins Spiel findet und gleich mehrere Chancen der zunächst engagierten Hausherren zulassen muss, kommt die Veh-Elf nach der Pause besser ins Spiel und erzielt durch Roberto Hilbert das Tor des Tages. Der schnelle Neuzugang vom Zweitligisten Greuther Fürth erläuft einen Pass in halblinker Position und vollendet mit einem präzisen Schuss ins lange Eck. Nach dem Anstoß haben die Stuttgarter Glück, dass im direkten Gegenzug nicht der Ausgleich fällt. Der Gladbacher Federico Insua kommt nach einem Zuspiel von links zum Schuss, spitzelt den Ball mit der Fußspitze aber um Zentimeter am rechten Pfosten des VfB-Tores vorbei. In der Folge bemüht sich Mönchengladbach weiter um den Ausgleich, allerdings fehlt der Borussia in ihren Aktionen die letzte Konsequenz.

VfB-Siegtorschütze Roberto Hilbert:
„Wir haben uns am Anfang etwas schwer getan und sind nicht richtig ins Spiel gekommen. Das lag daran, dass Gladbach kompakt gestanden ist und aggressiv in die Zweikämpfe ging. Jetzt wollen wir unseren Lauf weiter fortsetzen."

VfB-Teammanager Horst Heldt:
„Dass es heute ein zähes Ringen werden würde, wussten wir. Die Mannschaft ist intakt. Jetzt haben wir acht Punkte Vorsprung auf Bayern München. Einen brauchen wir noch, dann haben wir Platz drei sicher."

Auch Glück gehört dazu: In Gladbach muss der VfB bange Momente überstehen.

Ein ungefährdeter Sieg auf der Zielgeraden

Der VfB meistert auch seine vorletzte Heimaufgabe konzentriert und letztlich ohne große Anstrengungen. Beide Teams beginnen mit viel Engagement und sind bemüht, offensiv zu agieren. Die Gäste aus Mainz halten zunächst entschlossen dagegen, um ihre letzte Chance auf den Klassenverbleib zu wahren. Nach dem 1:0 durch Fernando Meira Mitte des ersten Durchgangs hat der VfB die Partie im Griff. Der VfB-Kapitän trifft in der 26. Minute nach einer Ecke und einem gewonnenen Kopfballduell von Matthieu Delpierre von der Strafraumgrenze, Torhüter Christian Wetklo hat gegen den verdeckten Schuss keine Chance. Auch im zweiten Durchgang bleiben die Gäste in der Offensive zu harmlos und fangen sich nach etwas mehr als einer Stunde das zweite Gegentor durch Roberto Hilbert ein. Bei weiteren Großchancen scheitern Hilbert, Cacau und Streller in der Folge an Torhüter Wetklo. Den Schlusspunkt der Partie setzt Timo Hildebrand, der einen Schuss von Mohamed Zidan Sekunden vor dem Abpfiff pariert. Zuvor sieht Kapitän Fernando Meira noch die fünfte gelbe Karte und muss im Spiel gegen Bochum pausieren.

FSV-Coach Jürgen Klopp:
„Glückwunsch an den VfB. In einer wichtigen Phase der Saison war das ein wichtiger Sieg für ihn. Wir haben es dem VfB nicht leicht gemacht."

VfB-Kapitän Fernando Meira:
„Wir haben immer gesagt, dass wir den maximalen Erfolg wollen. Jetzt haben wir die große Chance, etwas zu erreichen. Wir müssen alles geben, um das schwere Spiel in Bochum zu gewinnen. Leider bin ich nicht dabei, aber Serdar wird mich gut vertreten. Das 1:0 war sehr wichtig für uns. Dieses Tor widme ich meinem Sohn."

Hitzlsperger kurbelt das Spiel an.

Meira bejubelt seinen Führungstreffer.

Tabelle

Platz	Verein	Sp.	g.	u.	v.	Tore	Diff.	Pkte.
1	FC Schalke 04	32	20	5	7	51:29	22	65
2	**VfB Stuttgart**	**32**	**19**	**7**	**6**	**56:34**	**22**	**64**
3	Werder Bremen	32	19	6	7	73:38	35	63
4	Bayern München	32	16	6	10	47:38	9	54
5	1. FC Nürnberg	32	10	15	7	40:30	10	45
6	Bayer Leverkusen	32	13	6	13	49:46	3	45
7	Hannover 96	32	12	8	12	40:44	-4	44
8	VfL Bochum	32	12	6	14	45:47	-2	42
9	Borussia Dortmund	32	11	8	13	38:41	-3	41
10	Hertha BSC	32	11	8	13	46:51	-5	41
11	Energie Cottbus	32	11	8	13	37:44	-7	41
12	Hamburger SV	32	8	15	9	37:37	0	39
13	Arminia Bielefeld	32	10	9	13	43:46	-3	39
14	Eintracht Frankfurt	32	8	13	11	43:55	-12	37
15	VfL Wolfsburg	32	8	12	12	35:41	-6	36
16	Alemannia Aachen	32	9	6	17	44:64	-20	33
17	1. FSV Mainz 05	32	7	10	15	29:52	-23	31
18	Bor. M'gladbach	32	6	8	18	23:39	-16	26

Spielergebnisse

Freitag, 04.05.2007		
Hannover 96	– Energie Cottbus	2:0 (1:0)
Samstag, 05.05.2007		
Borussia M'gladbach	– Bayern München	1:1 (0:1)
VfL Wolfsburg	– Borussia Dortmund	0:2 (0:1)
FC Schalke 04	– 1. FC Nürnberg	1:0 (0:0)
VfB Stuttgart	**– 1. FSV Mainz 05**	**2:0 (1:0)**
Hamburger SV	– VfL Bochum	0:3 (0:0)
Eintracht Frankfurt	– Alemannia Aachen	4:0 (2:0)
Sonntag, 06.05.2007		
Hertha BSC	– Werder Bremen	1:4 (0:1)
Bayer Leverkusen	– Arminia Bielefeld	1:2 (1:1)

Stuttgart / Mainz

Stuttgart	Mainz
1 Timo Hildebrand	29 Christian Wetklo
3 Ricardo Osorio	2 Du-Ri Cha
6 Fernando Meira	4 Nikolce Noveski
11 Thomas Hitzlsperger	8 Fabian Gerber
13 Pavel Pardo	9 Mimoun Azaouagh
16 Benjamin Lauth	10 Manuel Friedrich
17 Matthieu Delpierre	13 Milorad Pekovic
18 Jeronimo Cacau	15 Leon Andreasen
19 Roberto Hilbert	19 Elkin Soto
21 Ludovic Magnin	24 Benjamin Weigelt
28 Sami Khedira	25 Mohamed Zidan

Tore

26. Min. 1:0 F. Meira
64. Min. 2:0 R. Hilbert

Auswechslungen

Stuttgart			Mainz		
58. Min.	▶	B. Lauth	34. Min.	▶	B. Weigelt
	◀	A. da Silva		◀	M. Rose
83. Min.	▶	J. Cacau	55. Min.	▶	M. Azaouagh
	◀	M. Streller		◀	P. Ruman
86. Min.	▶	M. Delpierre	70. Min.	▶	E. Soto
	◀	S. Tasci		◀	R. Jovanovic

Karten

Stuttgart			Mainz		
32. Min.	▮	F. Meira	37. Min.	▮	M. Pekovic
35. Min.	▮	L. Magnin	37. Min.	▮	L. Andreasen
			77. Min.	▮	C. Wetklo

Schiedsrichter Manuel Gräfe
Zuschauer 56.000

Tabelle

Platz	Verein	Sp.	g.	u.	v.	Tore	Diff.	Pkte.
1	VfB Stuttgart	33	20	7	6	59:36	23	67
2	FC Schalke 04	33	20	5	8	51:31	20	65
3	Werder Bremen	33	19	6	8	74:40	34	63
4	Bayern München	33	17	6	10	50:38	12	57
5	Bayer Leverkusen	33	14	6	13	52:48	4	48
6	1. FC Nürnberg	33	10	15	8	40:32	8	45
7	Borussia Dortmund	33	12	8	13	40:41	-1	44
8	Hannover 96	33	12	8	13	41:47	-6	44
9	Hamburger SV	33	9	15	9	39:37	2	42
10	Arminia Bielefeld	33	11	9	13	46:47	-1	42
11	VfL Bochum	33	12	6	15	47:50	-3	42
12	Hertha BSC	33	11	8	14	48:54	-6	41
13	Energie Cottbus	33	11	8	14	37:47	-10	41
14	Eintracht Frankfurt	33	9	13	11	45:56	-11	40
15	VfL Wolfsburg	33	8	13	12	37:43	-6	37
16	Alemannia Aachen	33	9	7	17	46:66	-20	34
17	1. FSV Mainz 05	33	8	10	15	32:52	-20	34
18	Bor. M'gladbach	33	6	8	19	23:42	-19	26

Spielergebnisse

Samstag, 12.05.2007

Energie Cottbus	– Bayern München	0:3	(0:2)
1. FC Nürnberg	– Hamburger SV	0:2	(0:2)
Borussia Dortmund	– FC Schalke 04	2:0	(1:0)
Hertha BSC	– Bayer Leverkusen	2:3	(1:2)
VfL Bochum	**– VfB Stuttgart**	**2:3**	**(2:1)**
1. FSV Mainz 05	– Borussia M'gladbach	3:0	(2:0)
Arminia Bielefeld	– Hannover 96	3:1	(2:1)
Werder Bremen	– Eintracht Frankfurt	1:2	(1:1)
Alemannia Aachen	– VfL Wolfsburg	2:2	(0:0)

Bochum / Stuttgart

Bochum	Stuttgart
45 Jaroslav Drobny	1 Timo Hildebrand
4 Marcel Maltritz	3 Ricardo Osorio
5 Christoph Dabrowski	11 Thomas Hitzlsperger
8 Tomasz Zdebel	13 Pavel Pardo
16 Zvjezdan Misimovic	16 Benjamin Lauth
17 Heiko Butscher	17 Matthieu Delpierre
18 Oliver Schröder	18 Jeronimo Cacau
19 Dennis Grote	19 Roberto Hilbert
20 Joel Epalle	21 Ludovic Magnin
22 Theofanis Gekas	28 Sami Khedira
25 Antar Yahia	35 Serdar Tasci

Tore

Bochum	Stuttgart
4. Min. 1:0 O. Schröder	24. Min. 1:1 T. Hitzlsperger
42. Min. 2:1 M. Maltritz	61. Min. 2:2 M. Gomez
	72. Min. 2:3 J. Cacau

Auswechslungen

Bochum	Stuttgart
45. Min. ▸ A. Yahia	55. Min. ▸ R. Osorio
◂ P. Drsek	◂ A. da Silva
65. Min. ▸ D. Grote	55. Min. ▸ B. Lauth
◂ P. Bönig	◂ M. Gomez
78. Min. ▸ H. Butscher	88. Min. ▸ J. Cacau
◂ I. Ilicevic	◂ M. Streller

Karten
Keine Karten

Schiedsrichter Florian Meye
Zuschauer 31.328

Hildebrands Sprung an die Spitze

Die Partie beginnt mit einer kalten Dusche für den VfB: Bereits nach vier Minuten endet Bochums erster richtiger Angriff mit der 1:0-Führung. Theofanis Gekas legt im Strafraum eine Flanke von Zvjezdan Misimovic mit der Hacke auf Oliver Schröder zurück, der freistehend keine Mühe hat, den Ball an Hildebrand vorbei ins lange Eck zu schießen. Trotz des frühen Rückstands findet der VfB in der Folge besser ins Spiel, hat aber Glück, dass Gekas wenig später aus kurzer Distanz nicht das 2:0 erzielt. Thomas Hitzlsperger bringt den VfB mit einem strammen Schuss zurück ins Spiel, noch vor der Pause geht Bochum durch ein Tor von Marcel Maltritz aber erneut in Führung. Angetrieben von den mitgereisten VfB-Fans und den angezeigten Zwischenständen aus dem Dortmunder Westfalenstadion, wo Titelkonkurrent Schalke mit 0:1 hinten liegt, sorgen Mario Gomez und Cacau für die Wende. Der erst fünf Minuten zuvor eingewechselte Gomez trifft nach zehnwöchiger Verletzungspause mit seinem ersten Ballkontakt. Torhüter Timo Hildebrand rettet kurz vor Schluss mit einem Reflex gegen Christoph Dabrowski.

VfB-Keeper Timo Hildebrand:
„Nach dem Spiel bricht viel über einen rein. Da braucht man dann einen Moment, um das zu verarbeiten. Sicherlich werden das Spiel nächste Woche und danach das Pokal-Finale für mich die emotionalsten Momente meiner Karriere werden. Da kann auch eine WM, an der man teilgenommen hat, nicht mithalten."

VfB-Teammanager Horst Heldt:
„Wenn ich Hüte hätte, dann würde ich alle ziehen. Bochum hat super gespielt und uns das Leben heute sehr schwer gemacht. Aber es war unglaublich, wie die Mannschaft zweimal einen Rückstand gedreht und das Spiel noch gewonnen hat."

Nach dem frühen Rückstand erzielt Hitzlsperger den Ausgleich.

Am Ende hält Timo Hildebrand mit einer Großtat den Sieg für den VfB fest.

Tabelle

Platz	Verein	Sp.	g.	u.	v.	Tore	Diff.	Pkte.
1	**VfB Stuttgart**	**34**	**21**	**7**	**6**	**61:37**	**24**	**70**
2	FC Schalke 04	34	21	5	8	53:32	21	68
3	Werder Bremen	34	20	6	8	76:40	36	66
4	Bayern München	34	18	6	10	55:40	15	60
5	Bayer Leverkusen	34	15	6	13	54:49	5	51
6	1. FC Nürnberg	34	11	15	8	43:32	11	48
7	Hamburger SV	34	10	15	9	43:37	6	45
8	VfL Bochum	34	13	6	15	49:50	-1	45
9	Borussia Dortmund	34	12	8	14	41:43	-2	44
10	Hertha BSC	34	12	8	14	50:55	-5	44
11	Hannover 96	34	12	8	14	41:50	-9	44
12	Arminia Bielefeld	34	11	9	14	47:49	-2	42
13	Energie Cottbus	34	11	8	15	38:49	-11	41
14	Eintracht Frankfurt	34	9	13	12	46:58	-12	40
15	VfL Wolfsburg	34	8	13	13	37:45	-8	37
16	1. FSV Mainz 05	34	8	10	16	34:57	-23	34
17	Alemannia Aachen	34	9	7	18	46:70	-24	34
18	Bor. M'gladbach	34	6	8	20	23:44	-21	26

Spielergebnisse

Samstag, 19.05.2007

VfL Wolfsburg	– Werder Bremen	0:2 (0:0)
Eintracht Frankfurt	– Hertha BSC	1:2 (0:0)
Bayer Leverkusen	– Borussia Dortmund	2:1 (1:0)
Hannover 96	– 1. FC Nürnberg	0:3 (0:0)
Bayern München	– 1. FSV Mainz 05	5:2 (3:0)
FC Schalke 04	– Arminia Bielefeld	2:1 (2:0)
Borussia M'gladbach	– VfL Bochum	0:2 (0:1)
Hamburger SV	– Alemannia Aachen	4:0 (2:0)
VfB Stuttgart	**– Energie Cottbus**	**2:1 (1:1)**

Stuttgart	Cottbus
1 Timo Hildebrand	23 Tomislav Piplica
3 Ricardo Osorio	5 Mariusz Kukielka
6 Fernando Meira	11 Ervin Skela
9 Marco Streller	14 Zoltan Szelesi
11 Thomas Hitzlsperger	16 Vlad Munteanu
13 Pavel Pardo	17 Daniel Ziebig
17 Matthieu Delpierre	20 Jiayi Shao
18 Jeronimo Cacau	24 Igor Mitreski
19 Roberto Hilbert	29 Sergiu Radu
21 Ludovic Magnin	30 Marco Küntzel
28 Sami Khedira	33 Mario Cvitanovic
Tore	
27. Min. 1:1 T. Hitzlsperger	19. Min. 0:1 S. Radu
63. Min. 2:1 S. Khedira	
Auswechslungen	
45. Min. ▸ R. Osorio	66. Min. ▸ E. Skela
◂ A. da Silva	◂ D. Gunkel
53. Min. ▸ M. Streller	66. Min. ▸ M. Küntzel
◂ M. Gomez	◂ S. Rivic
88. Min. ▸ T. Hitzlsperger	72. Min. ▸ J. Shao
◂ S. Tasci	◂ F. Kioyo
Karten	
Keine Karten	

Schiedsrichter Wolfgang Stark
Zuschauer 56.000

Khediras Kopfball ins weiß-rote Glück

Nervöse Stuttgarter haben mit Cottbus lange Zeit mehr Mühe, als viele erwartet haben: Entgegen so mancher Prognosen kämpfen die Lausitzer bis zum Schlusspfiff verbissen um jeden Ball. Nach dem Rückstand durch den Treffer von Sergiu Radu wankt der VfB, Roberto Hilbert und Cacau vergeben direkt im Anschluss die große Chance zum Ausgleich: Torhüter Tomislav Piplica pariert beide Schüsse aus kurzer Distanz.

Auch wenig später zeigt sich der Energie-Keeper auf dem Posten und wehrt einen Distanzschuss von Cacau ab, den Abpraller schießt Thomas Hitzlsperger weit über die Latte. Sekunden später zielt Hitzlsperger dann genauer: Nach einer Ecke von Pavel Pardo erzielt er mit einer sehenswerten Direktabnahme aus knapp 20 Metern den Ausgleich. Zum zweiten Durchgang bringt Veh Antonio da Silva für Ricardo Osorio. Roberto Hilbert wechselt auf die Position des Rechtsverteidigers, Sami Khedira rückt auf die rechte Mittelfeldseite und der Brasilianer da Silva agiert hinter den beiden Spitzen. Er ist es dann auch, der in der 63. Minute die entscheidende Flanke auf Sami Khedira schlägt. Dieser köpft den Ball zum 2:1-Endstand ins Cottbusser Tor.

VfB-Siegtorschütze Sami Khedira:
„Ich bin sprachlos. Das ist ein Traum. Es ist sensationell. Meine erste Bundesligasaison. Wahnsinn! Die jungen Spieler sind hungrig, wir kämpfen für den Verein und geben immer alles. Das ist der Schlüssel zum Erfolg gewesen."

VfB-Cheftrainer Armin Veh:
„Ich bin überglücklich. Wir wollten das Jahr über Leidenschaft zeigen, was wir zweifellos gemacht haben. Im Moment habe ich keine Lust auf eine Spielanalyse. Heute dürfen meine Spieler richtig feiern. Zum Ende der Saison regeneriert man ja bekanntlich schneller."

Hitzlspergers Hammer: Gleich schlägt der Ball im Cottbusser Tor ein.

Achtung, fertig, los: Nach dem Schlusspfiff brechen alle Dämme beim neuen deutschen Meister.

Die 44. Bundesliga-Saison in Zahlen

Torjäger

Platz	Spieler	Verein	Tore
1	Theofanis Gekas	Vfl Bochum	20
2	Alexander Frei	Borussia Dortmund	16
	Roy Makaay	FC Bayern München	16
4	Kevin Kuranyi	FC Schalke 04	15
5	**Mario Gomez**	**VfB Stuttgart**	**14**
	Marko Pantelic	Hertha BSC	14
	Sergiu Radu	FC Energie Cottbus	14
	Mohamed Zidan	1. FSV Mainz 05	14
9	**Jeronimo Cacau**	**VfB Stuttgart**	**13**
	Miroslav Klose	Werder Bremen	13
	Diego	Werder Bremen	13
12	Christian Giménez	Hertha BSC	12
13	Vlad Munteanu	FC Energie Cottbus	11
	Naohiro Takahara	Eintracht Frankfurt	11
15	Andrej Voronin	Bayer 04 Leverkusen	10
	Artur Wichniarek	DSC Arminia Bielefeld	10
17	Aaron Hunt	Werder Bremen	9
	Ivan Saenko	1. FC Nürnberg	9
	Ebi Smolarek	Borussia Dortmund	9
20	Ioannis Amanatidis	Eintracht Frankfurt	8
	Mike Hanke	VfL Wolfsburg	8
	Stefan Kießling	Bayer 04 Leverkusen	8
	Claudio Pizarro	FC Bayern München	8
	Markus Rosenberg	Werder Bremen	8
	Jan Schlaudraff	TSV Alemannia Aachen	8
	Rafael van der Vaart	Hamburger SV	8
27	Sergej Barbarez	Bayer 04 Leverkusen	7
	Roberto Hilbert	**VfB Stuttgart**	**7**
	Thomas Hitzlsperger	**VfB Stuttgart**	**7**
	Zvjezdan Misimovic	VfB Bochum	7

Spielerstatistik

Name	Sp.	Aus	Ein	Min.	Tore	Gelb	Gelb-Rot	Rot
Timo Hildebrand	33	0	0	2970	0	0	0	0
Daniel Bierofka	12	4	7	492	0	2	0	0
Heiko Gerber	0	0	0	0	0	0	0	0
José-Alex Ikeng	0	0	0	0	0	0	0	0
Dirk Heinen	0	0	0	0	0	0	0	0
Markus Babbel	2	0	1	97	0	0	0	0
Sami Khedira	22	6	6	1354	4	1	0	0
Christian Gentner	15	3	12	494	0	0	0	0
Roberto Hilbert	34	9	3	2802	7	2	0	0
Jeronimo Cacau	32	19	1	2636	13	4	0	0
Jon Dahl Tomasson	4	1	2	184	0	0	0	0
Pavel Pardo	33	0	0	2970	1	6	0	0
Andreas Beck	4	0	4	31	0	0	0	0
Silvio Meißner	1	0	1	4	0	0	0	0
Timo Hammel	0	0	0	0	0	0	0	0
Tobias Feisthammel	0	0	0	0	0	0	0	0
Alexander Stolz	0	0	0	0	0	0	0	0
Antonio da Silva	28	13	8	1827	0	2	1	0
Arthur Boka	19	3	3	1436	1	4	0	1
Alexander Farnerud	9	3	5	334	0	1	0	0
Ricardo Osorio	27	6	1	2133	1	1	0	1
Serdar Tasci	26	1	4	2005	2	3	0	1
Tobias Weis	0	0	0	0	0	0	0	0
Fernando Meira	20	2	1	1653	3	5	0	0
Matthieu Delpierre	33	2	0	2924	0	4	0	0
Michael Langer	1	0	0	90	0	0	0	0
Mario Gomez	25	5	3	1982	14	2	0	0
Ludovic Magnin	22	2	3	1735	1	6	0	0
Thomas Hitzlsperger	30	8	5	2231	7	4	1	1
Marco Streller	27	5	20	737	5	3	0	0
Benjamin Lauth	11	5	6	407	1	1	0	0
Bernd Nehrig	1	0	1	11	0	0	0	0

Tabelle

Platz	Verein	Sp.	g.	u.	v.	Tore	Diff.	Pkte.
1	**VfB Stuttgart**	**34**	**21**	**7**	**6**	**61:37**	**24**	**70**
2	FC Schalke 04	34	21	5	8	53:32	21	68
3	Werder Bremen	34	20	6	8	76:40	36	66
4	Bayern München	34	18	6	10	55:40	15	60
5	Bayer Leverkusen	34	15	6	13	54:49	5	51
6	1. FC Nürnberg	34	11	15	8	43:32	11	48
7	Hamburger SV	34	10	15	9	43:37	6	45
8	VfL Bochum	34	13	6	15	49:50	-1	45
9	Borussia Dortmund	34	12	8	14	41:43	-2	44
10	Hertha BSC	34	12	8	14	50:55	-5	44
11	Hannover 96	34	12	8	14	41:50	-9	44
12	Arminia Bielefeld	34	11	9	14	47:49	-2	42
13	Energie Cottbus	34	11	8	15	38:49	-11	41
14	Eintracht Frankfurt	34	9	13	12	46:58	-12	40
15	VfL Wolfsburg	34	8	13	13	37:45	-8	37
16	1. FSV Mainz 05	34	8	10	16	34:57	-23	34
17	Alemannia Aachen	34	9	7	18	46:70	-24	34
18	Bor. M'gladbach	34	6	8	20	23:44	-21	26

Zuschauerstatistik

Platz	Verein	Gesamt	Schnitt	Kalkuliert
1	Borussia Dortmund	1194956	70291	65000
2	Bayern München	1147150	67479	60000
3	FC Schalke 04	1035527	60913	61000
4	Hamburger SV	939462	55262	48000
5	Eintracht Frankfurt	795912	46818	42000
6	Hertha BSC	788436	46378	47000
7	Bor. Mönchengladbach	787316	46312	40000
8	**VfB Stuttgart**	**772478**	**45439**	**37000**
9	1. FC Nürnberg	697168	41009	30000
10	Werder Bremen	675159	39715	37000
11	Hannover 96	628355	36962	35000
12	VfL Bochum	393691	23158	22000
13	Arminia Bielefeld	383020	22530	22000
14	Bayer Leverkusen	359905	21170	22500
15	VfL Wolfsburg	348043	20473	22000
16	Alemannia Aachen	345274	20310	19500
17	FSV Mainz 05	331693	19511	20000
18	Energie Cottbus	263752	15514	15000
	Gesamt:	11887297		645000
	Durchschnitt:	38847		35833

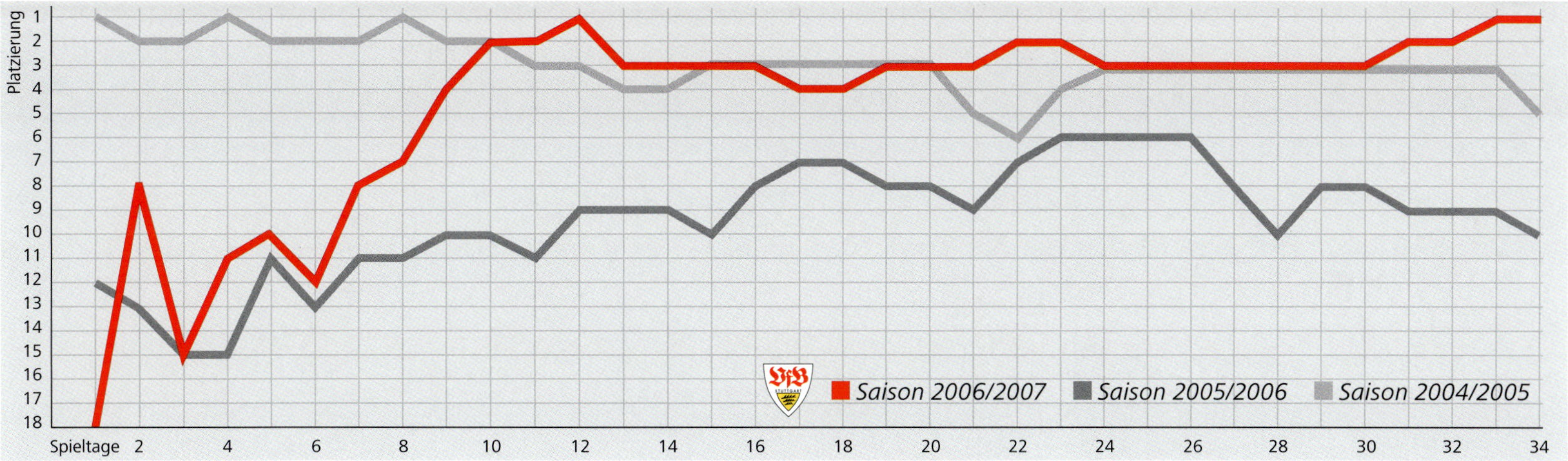

VfB zum Fünften

Mit dem 2:1 zum Saisonabschluss gegen Energie Cottbus hat sich der VfB Stuttgart zum fünften Mal zum deutschen Meister gekrönt. Damit zogen die Schwaben in der Meisterliste mit Borussia Mönchengladbach gleich. Angeführt wird die Rangfolge der erfolgreichsten Mannschaften vom FC Bayern München (20 Titel) vor dem 1. FC Nürnberg (9) und dem FC Schalke 04 (7), der in der Bundesliga nun schon zum fünften Mal Vizemeister wurde und Bayer Leverkusen als „ewiger Zweiter" den Rang ablief.

Bester Schütze

20 Treffer genügten Theofanis Gekas, um als erster Grieche Torschützenkönig der Bundesliga zu werden. Der Bochumer, der künftig in Leverkusen spielt, setzte sich vor Roy Makaay (Bayern München) und Alexander Frei (Borussia Dortmund) durch, die jeweils 16-mal trafen. Weniger Tore reichten zuletzt vor fünf Jahren für die Torjägerkrone: 2002 teilten sich Martin Max und Marcio Amoroso mit je 18 Treffern Platz eins. Gekas traf als bester Schütze der Saison übrigens nur halb so oft wie Rekordhalter Gerd Müller, der in der Spielzeit 1971/72 für den FC Bayern München 40 Tore markierte.

24 Tore weniger

837 Tore und damit 2,73 pro Spiel fielen in den 306 Begegnungen der 44. Bundesliga-Spielzeit. Das sind 24 weniger als in der zurückliegenden Saison. Insgesamt war die Zahl der erzielten Treffer zum dritten Mal nacheinander rückläufig. Die meisten Tore waren in der Saison 1983/84 verzeichnet worden, als der Ball 1097-mal im Gehäuse des Gegners landete. Der Minusrekord datiert aus der Spielzeit 1989/90. Damals konnten die Fans nur 790 Tore bejubeln.

Zwölf Trainerwechsel

Zwölf Trainer nahmen in der Spielzeit 2006/2007 vorzeitig ihren Hut – oder mussten ihn nehmen. Nach dem Saisonfinale endete die Amtszeit von Klaus Augenthaler beim VfL Wolfsburg vorzeitig, Michael Frontzeck warf bei Alemannia Aachen selbst das Handtuch. Zuvor waren auch Bert van Marwijk (Borussia Dortmund), Jupp Heynckes (Borussia Mönchengladbach), Felix Magath (Bayern München), Thomas Doll (Hamburger SV), Thomas von Heesen (Arminia Bielefeld), Jürgen Röber (Borussia Dortmund), Frank Geideck (Arminia Bielefeld) und Falko Götz (Hertha BSC) vorzeitig aus dem Amt geschieden. Damit wurde die Marke des Vorjahres (11) übertroffen.

Karten

35 Rote und 28 Gelbrote Karten verhängten die Schiedsrichter in der 44. Bundesliga-Saison. Damit wurden vier Platzverweise mehr ausgesprochenen als im Vorjahr, allerdings bedeutend weniger als in der Rekord-Saison 1994/95. Damals mussten gleich 98 Spieler nach Rot oder Gelbrot vorzeitig in die Kabine. Die Zahl der Gelben Karten lag mit 1130 erheblich unter der Marke des Vorjahres (1226). Rekordhalter war der Berliner Josip Simunic mit drei Platzverweisen in zwei Monaten.

Siegesserie

Mit acht Siegen in Folge machte der VfB Stuttgart im Saisonendspurt das Meisterstück perfekt. Damit gelang den Schwaben eine Serie mit Seltenheitswert, doch auch hier bleibt der FC Bayern München das Maß aller Dinge: Vom 19. März bis 17. September 2005 gingen die Münchner sogar 15-mal nacheinander als Sieger vom Platz.

Vor- und Rückrunde

Der VfB Stuttgart sicherte sich den Titel vor allem durch eine hervorragende Rückrunde, in der die Schwaben 38 von 51 möglichen Punkten sammelten. Dagegen zeigte Herbstmeister Werder Bremen nach der Winterpause Schwächen und kam in der Tabelle der zweiten Saisonhälfte nur noch auf den vierten Rang. Den größten Sprung nach oben machte der Hamburger SV: Aus dem zweitschlechtesten Team der Vorrunde wurde unter Trainer Huub Stevens die zweitbeste Mannschaft der zweiten Halbserie. Platz sieben und die Teilnahme am UI-Cup sind der Lohn.

Das Saisonziel: Berlin

Der Weg ins Pokalfinale

Ein Saisonziel hatte Trainer Armin Veh bei aller Zurückhaltung frühzeitig ausgegeben: das DFB-Pokalfinale. Das Endspiel in Berlin will der Verein in der Saison 2006/2007 von Beginn an unbedingt erreichen. „In Berlin zu spielen, ist für eine Mannschaft etwas ganz Besonderes und ein enormer Motivationsschub", sagt Veh schon zu einem Zeitpunkt der Saison, als ein UEFA-Cup-Platz noch in weiter Ferne liegt, die Champions League unerreichbar scheint und die Meisterschaft ein Hirngespinst und keinen Gedanken wert ist.

Seit Jahren hat Veh kein einziges Endspiel in Berlin verpasst, auch am 15. Juni 1997, als der VfB gegen den damaligen Drittligisten Energie Cottbus durch zwei Tore von Giovane Elber zum dritten Mal Pokalsieger wird, sitzt er auf der Haupttribüne des Berliner Olympiastadions und saugt die besondere Atmosphäre in sich auf. Zehn Jahre später will Veh den VfB unbedingt wieder ins Finale führen, und die Hauptrunde beginnt vielversprechend. Während sich andere Bundesligisten schwer tun, der FC Bayern etwa kommt beim Regionalligisten St. Pauli erst in der Verlängerung weiter, startet der VfB im September 2006 mit einem souveränen 4:0 beim Oberligisten Alemannia Aachen II in den Pokalwettbewerb. Die erste Hürde ist genommen.

Doch schon in der nächsten Runde machen es die VfB-Profis spannend. Gegner ist erneut ein Team aus der vierten Liga: der SV Babelsberg. Nach Toren von Roberto Hilbert und Matthieu Delpierre geht das von Trainer Veh offensiv eingestellte Team zwar schnell in Führung, doch die Babelsberger wehren sich auf eigenem Platz nach Kräften und schaffen zweimal den Anschlusstreffer zum 1:2 und 2:3. Cacau korrigiert schließlich die Fehler in der Hintermannschaft und schießt den VfB endgültig ins Achtelfinale. Auch dieser Pokalfight auf fremdem Terrain ist überstanden, für andere Bundesligateams wie Dortmund, Schalke oder auch Leverkusen ist der Wettbewerb nach dieser zweiten Runde dagegen bereits beendet.

Am 29. Oktober 2006 werden in der ARD-Sportschau die Partien der letzten 16 Teams ausgelost, Trainer Veh und seine Spieler verfolgen gespannt die Lotterie vor dem Fernseher. Mit dem VfL Bochum bekommt der VfB erstmals einen Bundesligisten zugelost. Kurz vor Heiligabend, am 19. Dezember, muss der VfB dann erneut auf fremdem Platz antreten, doch diesmal löst die Mannschaft die Aufgabe souverän. 4:1 heißt es am Ende, Thomas Hitzlsperger steuert zum Sieg zwei Treffer bei, außerdem treffen Cacau und Mario Gomez. Das Viertelfinale ist erreicht, das Berliner Olympiastadion bereits in Sichtweite.

Auf dem Weg dorthin muss sich die Veh-Elf als Nächstes gegen Hertha BSC beweisen, kein leichtes Unterfangen, wie das ganze Team zu diesem Zeitpunkt aus eigener Erfahrung weiß. Fünf Tage vor der Begegnung im Daimlerstadion hatte sich das Hauptstadtteam an gleicher Stätte im Ligaspiel bereits ein 0:0 ermauert. Bei der Neuauflage der Begegnung, Ende Februar 2007, regnet es zunächst in Strömen und die VfB-Spieler rennen erneut lange Zeit gegen ein Berliner Bollwerk an.

Sie finden kein Loch in der Berliner Mauer, bis schließlich Ludovic Magnin seinen Pokalauftritt hat. 38 Minuten sind im Daimlerstadion gespielt, als der Schweizer Nationalspieler den deutschen Nationalspieler Arne Friedrich austanzt und mit seinem schwächeren rechten Fuß nach innen flankt. Der Ball landet auf dem Kopf von Cacau, der zum 1:0 eindrückt. Der Bann ist gebrochen, Berlin muss seine Defensivhaltung aufgeben und kassiert Mitte der zweiten Halbzeit das zweite Tor durch Hitzlsperger. Der VfB steht im Halbfinale.

Das Los fällt auf den VfL Wolfsburg, der am 18. April in der Volkswagen-Arena vor heimischer Kulisse antreten darf. Die Hausherren präsentieren sich kampfstark und torgefährlich, dennoch ist es der VfB, der durch ein Tor von Antonio da Silva in Führung geht. Der Brasilianer trifft in der 16. Minute mit einem unhaltbaren Freistoß aus 23 Metern. Doch Wolfsburg bleibt auch nach dem Rückstand gefährlich, und der VfB hat kurz nach der Halbzeit Glück, dass ein Tor des Brasilianers Marcelinho wegen einer vermeintlichen Abseitsstellung nicht gegeben wird. Sechs Minuten vor dem Abpfiff zirkelt der beste Wolfsburger einen Freistoß auf das Tor von Timo Hildebrand, bei dem die Fans im Stadion schon den Torschrei auf den Lippen haben. Doch der Ball klatscht an die hintere Torstange. Als Schiedsrichter Wolfgang Stark das Spiel schließlich abpfeift, tollen die Stuttgarter Spieler wie Kinder über den Rasen der Volkswagen-Arena. Das Endspiel kann ihnen keiner mehr nehmen.

Nicht nur für Armin Veh, der erstmals nicht nur als Zuschauer, sondern als Trainer nach Berlin darf, geht damit ein lang gehegter Traum in Erfüllung. „Wir haben unser Ziel erreicht und sind heute überglücklich", sagt Manager Horst Heldt nach der Partie. Was er zu diesem Zeitpunkt noch nicht wissen kann und kaum jemand für möglich hält: Zehn Jahre nach seinem letzten Pokalsieg fährt der VfB als amtierender deutscher Meister zum Endspiel nach Berlin.

Fünf Tore und ein Platzverweis

Was für eine dramatische Inszenierung für ein ebensolches Pokalfinale: Wenige Stunden, bevor der VfB im Berliner Olympiastadion nach dem Cup greifen will, geht unweit von der Arena beim Brandenburger Tor ein gewaltiger Wolkenbruch nieder. Es schüttet, es donnert, und auch in Stuttgart tobt kurz vor dem Spielbeginn ein Unwetter über dem Cannstatter Wasen. Dort haben sich 20.000 Fans versammelt, um vor einer Großleinwand ein letztes Mal in dieser Spielzeit mit ihrem Verein mitzufiebern. Kurzfristig muss der Platz vor der Bühne sogar geräumt werden – dutzende von Anhängern bibbern unter einer Plastikplane, auf die Hagelkörner eintrommeln. Einige Verwegene tanzen im T-Shirt im Regen. Währenddessen saugt sich der Rasen im Olympiastadion mit Wasser voll. Keine einfachen Voraussetzungen für eine Mannschaft, die technisch stark ist und von schnellen, sauberen Pässen lebt.

Doch der VfB tritt mit breitem Brustring in Berlin an. Eine Woche zuvor ist der Verein nach einer 15-jährigen Durststrecke wieder deutscher Meister geworden. Bei der Vorbereitung auf das Endspiel bestimmt ein Mix aus Lockerheit und konzentrierter Arbeit das Training. Zudem kann der VfB auf seine Bestbesetzung vertrauen – bis auf Mario Gomez, der wegen seiner eben auskurierten Verletzung zunächst auf der Bank sitzt, spielt die erste Elf gegen die Clubberer, deren letzter Titelgewinn 39 Jahre zurückliegt. Auch Armin Veh, der sich sonst sehr bedeckt hält mit Prognosen vor einer Partie, räumt ein: „Als Meister sind wir wohl Favorit." Geschätzte 30.000 Fans begleiten ihren Verein in die Hauptstadt – sie feiern bereits einen Tag vor dem Endspiel in den Kneipen auf dem Ku'damm, in Kreuzberg und in den Klubs von Mitte. Später kommt es in der Berliner Landesvertretung zum Schaulaufen der Prominenten: Oberbürgermeister Wolfgang Schuster ist genauso da wie Schwimmstar Franziska van Almsick und die einstigen VfB-Größen Hansi Müller und Guido Buchwald. „Der VfB hat die Herzen der Menschen erreicht", sagt der Ministerpräsident Günther Oettinger. Und diesmal gibt es ausnahmsweise keine Opposition, die ihm widersprechen mag.

Im Stadion herrscht schon vor dem Spielbeginn eine Atmosphäre, die an prickelnden Champagner erinnert. Zur Einstimmung singt Herbert Grönemeyer, beim Einmarsch der Mannschaft laufen die Spieler durch einen Funkenregen aufs Feld. Immer mehr hat sich das Finale in den vergangenen Jahren in ein Event mit Gänsehautatmosphäre verwandelt, das dem Ambiente des amerikanischen Super-Bowl-Finales ähnelt. Einer der größten Fans dieses Spiels ist der VfB-Trainer Armin Veh, der vor mehr als 20 Jahren erstmals ein Pokalfinale im Olympiastadion sah und nun an diesem 26. Mai 2007 seine Premiere als Trainer bei einem Endspiel erlebt.

Wer könnte ihm diesen Festtag verderben? Die Nürnberger Mannschaft beispielsweise, der es während der Spielzeit 2006/2007 als einzigem Team in der Bundesliga gelungen ist, den VfB sowohl in der Hin- als auch in der Rückrunde zu schlagen. Aber sollte ihr das ausgerechnet in Berlin ein drittes Mal glücken? In den ersten zehn Minuten der Begegnung spielt der Club so aggressiv, dass bald jedem der 74.000 Zuschauer klar ist, wie ausgeglichen die Begegnung verlaufen wird. Doch nach einer Viertelstunde kommt die Meistermannschaft vom Neckar besser ins Spiel: Erst fällt Sami Khedira im Strafraum nach einem Foul, bei dem manche Schiedsrichter auf den Elfmeterpunkt gezeigt hätten. Doch Michael Weiner greift nicht zur Pfeife. Wenige Minuten später springt dennoch eine ganze Kurve im Stadion auf: jene, in der die Stuttgarter Fans sitzen. Cacau zündet den Turbo, überläuft die Abwehr der Franken und schiebt den Ball am Torhüter Raphael Schäfer vorbei. Der VfB scheint unaufhaltsam in Richtung Double zu stürmen, doch dann überschlagen sich die Ereignisse.

In der 27. Spielminute nutzt Marek Mintal, der lange verletzte Torjäger des Clubs, eine Unaufmerksamkeit in der Hintermannschaft des VfB aus und erzielt das 1:1.

Noch glauben die mitgereisten Anhänger aus Stuttgart trotz des Rückschlags an den Sieg, noch sind die Fans auf dem Cannstatter Wasen, in den Kneipen und Biergärten zuversichtlich. Diese Zuversicht hält genau bis zur 31. Spielminute an, als Cacau nach einigen vorausgegangenen Provokationen in einem Laufduell mit seinem Gegenspieler Andreas Wolf für einen Augenblick jene Beherrschung und Ruhe verliert, die den gläubigen Christen die gesamte Saison über ausgezeichnet hat. Der Brasilianer schlägt mit der Faust gegen den Oberkörper des Nürnbergers und fliegt vom Platz.

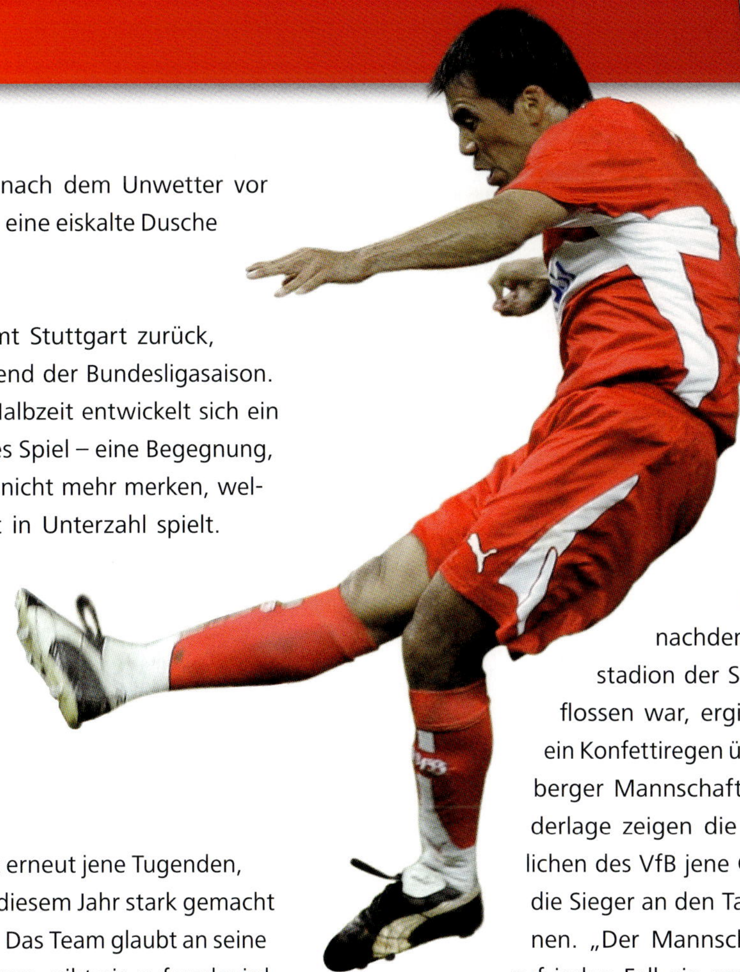

Cacau ist genauso fassungslos wie der gesamte VfB-Anhang, er wird zur tragischen Figur des Finales, weil der VfB nach seinem Platzverweis bis zur Halbzeit völlig aus dem Tritt gerät. Unmittelbar danach hat Fernando Meira bei seinem harten Einsteigen gegen den Torschützen Marek Mintal Glück, dass er von Michael Weiner nicht auch noch die Rote Karte sieht. Bis zur Pause kochen auf dem Platz die Emotionen hoch, und nur zwei Minuten nach dem Wiederanpfiff köpft Marco Engelhardt den 1. FCN nach einer Ecke von Javier Pinola in Führung. Es ist nach dem Unwetter vor dem Spielbeginn eine eiskalte Dusche für den VfB.

Doch nun kommt Stuttgart zurück, wie so oft während der Bundesligasaison. In der zweiten Halbzeit entwickelt sich ein leidenschaftliches Spiel – eine Begegnung, bei der die Fans nicht mehr merken, welche Mannschaft in Unterzahl spielt.

Der VfB zeigt erneut jene Tugenden, die ihn in diesem Jahr stark gemacht haben. Das Team glaubt an seine Chance, gibt nie auf und wird zehn Minuten vor Schluss belohnt. Ausgerechnet der Clubtorwart Raphael Schäfer, der nach dem Pokalendspiel zum VfB wechseln wird, foult Mario Gomez im Strafraum. Den fälligen Elfmeter verwandelt der Mexikaner Pavel Pardo eiskalt. Er gehört zu jenen Spielern, die immer wieder in kritischen Situationen Verantwortung übernehmen.

Längst sind sich die Kommentatoren zu diesem Zeitpunkt einig, dass dieses Endspiel zweier Traditionsmannschaften zu den dramatischsten Begegnungen der vergangenen Jahre gehört. In der Verlängerung wirken manche VfB-Spieler wie angeschlagene Boxer: Sie sind nach der Aufholjagd ausgepumpt, aber immer noch gefährlich. Doch in der 109. Spielminute entscheidet ein Sonntagsschuss das Endspiel: Der Däne Jan Kristiansen zieht aus rund 25 Metern ab, und der Ball landet, unhaltbar für Timo Hildebrand, im rechten oberen Torwinkel. Der Kracher besiegelt die Stuttgarter Niederlage.

Eine Woche nachdem im Daimlerstadion der Schampus geflossen war, ergießt sich nun ein Konfettiregen über der Nürnberger Mannschaft. In der Niederlage zeigen die Verantwortlichen des VfB jene Gelassenheit, die Sieger an den Tag legen können. „Der Mannschaft gebührt auf jeden Fall ein großes Kompliment, wie sie sich auch in der Unterzahl gegen die Niederlage gestemmt hat", sagt der Manager Horst Heldt. Und beim abschließenden Bankett zeigt sich der Präsident Erwin Staudt humorvoll: „Seien Sie froh, dass wir verloren haben. Das Double wäre nicht zu toppen gewesen." So verabschiedet sich der VfB nach einem denkwürdigen Finale aus Berlin. Er hat noch Ziele – er will wiederkommen und den Pokal mitnehmen.

Erst jubelt der VfB nach Cacaus Tor – am Ende siegt der Club durch einen Sonntagsschuss des Dänen Kristiansen.

Die Spieler mit dem Brustring müssen eine Niederlage verdauen – Team und Trainer verabschieden sich von den Fans.

Heiter bis wolkig: So ist die Stimmung unter den Anhängern auf dem Wasen, der kurzfristig wegen eines Unwetters geräumt wird.

Diesmal kein Happy End: die Fans hoffen 120 Minuten lang vergeblich auf den nächsten Triumph.

Der Empfang vor dem Rathaus

Zeigt her eure Schalen: der VfB hat den Cup verpasst – und die Herzen der Fans trotzdem erreicht.

Wie gerne würden Stuttgarts Kommunalpolitiker einmal so viel Applaus vom Volk erhalten.

Über den Wolken: wie ein Zitronenfalter in einem weiß-roten Blumenmeer wirkt Dieter Thomas Kuhn bei seinem Auftritt auf dem Cannstatter Wasen.

Stimmen zum Endspiel

Pavel Pardo
(Abwehrspieler VfB Stuttgart):
„Ich bin sehr enttäuscht, das Finale verloren zu haben. Denn bekanntlich muss man Endspiele für sich entscheiden. Wir haben erhobenen Hauptes verloren, denn wir haben gekämpft und alles gegeben. Aber mit zehn Mann war es einfach schwer. Jetzt wollen wir im nächsten Jahr zurück nach Berlin und dann den Cup auch gewinnen."

Raphael Schäfer
(Torwart 1. FC Nürnberg):
„Ich bin überglücklich. Es ist unbeschreiblich. Es ist ein perfekter Abschied. Ich bin einfach wunschlos glücklich. Jetzt werde ich erstmal mit meinen Eltern und meiner Frau feiern."

Michael A. Roth
(Präsident 1. FC Nürnberg):
„Wir haben von dem, was wir uns vorgenommen hatten, gar nichts erreicht. Wir hatten uns Platz neun bis zwölf vorgenommen." *(über die ursprünglichen Ziele des Bundesliga-Sechsten und Pokalsiegers 1. FC Nürnberg)*

Mario Gomez
(Stürmer VfB Stuttgart):
„Es war ein heißes Spiel und ein super Finale für die Fans. Wir haben bis zum Ende Vollgas gegeben, aber leider sollte es nicht sein. Ich gratuliere Nürnberg zum Titel. Sie haben es mit ihrem wunderschönen Tor zum 3:2 verdient."

Timo Hildebrand
(Torwart VfB Stuttgart):
„Ich bin stolz auf die ganze Mannschaft. Was sie in Unterzahl geleistet hat, war sensationell. Wir haben mit zehn Mann alles in die Waagschale geworfen, da kann man sich nicht viel vorwerfen. Wir haben alles versucht. Aber auch der Schiedsrichter hat nicht seinen besten Tag gehabt."

Hans Meyer
(Trainer 1. FC Nürnberg):
„Wenn ich hinten stehe und keinen im Rücken habe, kann das nicht geschehen." *(über seine Methoden, den eigentlich obligatorischen Bierduschen zu entgehen)*

Cacau
(Stürmer VfB Stuttgart):
„Zu meiner Aktion vor dem Platzverweis möchte ich nicht viel sagen. Es tut mir aber sehr leid für die Mannschaft, wir hätten zu elft sicher gute Chancen gehabt zu gewinnen. Ich habe mich bei ihr entschuldigt. Die Mannschaft hat super gekämpft, leider hat es am Ende mit dem Pokalsieg nicht geklappt."

Armin Veh
(Trainer VfB Stuttgart):
„Ich gratuliere dem 1. FC Nürnberg zum Pokalsieg und meiner Mannschaft zu einer wirklich tollen kämpferischen Leistung. Wir haben 90 Minuten in Unterzahl bis zum Umfallen gekämpft, sind aber nicht dafür belohnt worden. Ich bin nach dieser Saison aber sehr stolz auf meine Mannschaft, weil sie wieder mit Leidenschaft gespielt hat. Dann kannst du auch mit einer Niederlage leben."

Horst Heldt
(VfB-Teammanager):
„Wir brauchen ja noch ein wenig Luft nach oben." *(über das verpasste Stuttgarter Double)*

Roberto Hilbert
(Mittelfeldspieler VfB Stuttgart):
„Das war ein bitteres Finale, denn wir waren trotz der frühen Unterzahl ganz nah dran. Letztlich hat es aber nicht gereicht, da Nürnberg in der Verlängerung durch ein Traumtor das Spiel entschieden hat. Es war trotzdem ein tolles Erlebnis. Die Atmosphäre war großartig und die Unterstützung unserer Fans sensationell."

Erwin Staudt
(Präsident VfB Stuttgart):
„Ich habe zu Timo gesagt: Du bleibst einer von uns, wir sind immer für dich da." *(über den Abschied von VfB-Torhüter Timo Hildebrand)*

Hüftsteife Tänzer

Qualitäten auf glattem Parkett bewies der VfB-Teammanager Horst Heldt. Beim nächtlichen Tanz zeigte sich der 37-Jährige während des Stuttgarter Abschlussbanketts sehr gelenkig und gab bei Standard- und Lateintänzen eine gute Figur ab. Etwas hüftsteifer präsentierten sich hingegen die meisten Profis, die sich auf die Tanzfläche wagten.

Ohne Pokal ins Bett

Der „Club"-Kapitän Raphael Schäfer wollte nach seinem ersten Titel den Pokal gar nicht mehr aus der Hand geben. Sogar beim Gala-Bankett der Franken fand der Pott zunächst auf Schäfers Tisch Platz, dann überreichte Coach Hans Meyer dem „Club"-Präsidenten Michael A. Roth die Trophäe. Schäfer war über den „Verlust" aber nicht traurig. „Ins Bett kann ich ihn nicht mitnehmen, meine Frau ist ja da."

Ein einmaliges Andenken

Nach dem verlorenen Pokalfinale hatte aus Stuttgarter Sicht zumindest Antonio da Silva gewonnen – an Gewicht. Der Mittelfeldspieler griff sich den Spielball und „versteckte" ihn unter seinem Trikot. „Ich habe meinem Sohn versprochen, ihm den Ball mitzubringen", sagte er grinsend.

Bis an die Grenzen gegangen

Der ohnehin als Dauer-Läufer bekannte Linksverteidiger Javier Pinola war nach dem kräftezehrenden Pokalfinale im Olympiastadion völlig geschafft. „Ich bin noch nie in meinem Leben in einem Spiel so viel gerannt", sagte Nürnbergs Argentinier, der von Wadenkrämpfen geschüttelt kurz vor Ablauf der 120 Minuten ausgewechselt wurde.

Mehr als neun Millionen vor den Fernsehern

Das Finale um den DFB-Pokal hat sich erneut als Zuschauermagnet erwiesen. Im Schnitt verfolgten 9,12 Millionen Fernsehzuschauer in der ARD den 3:2 (2:2, 1:1)-Sieg nach Verlängerung des 1. FC Nürnberg gegen Meister VfB Stuttgart im Berliner Olympiastadion. Diese Quote entspricht einem durchschnittlichen Marktanteil von 34,3 Prozent. Das Frauenfinale zwischen dem neuen Pokalsieger 1. FFC Frankfurt und dem FCR Duisburg, das der Favorit aus Hessen erst im Elfmeterschießen mit 4:1 für sich entschied, lockte durchschnittlich 3,03 Millionen Fans vor die TV-Geräte. Dies entspricht einem Marktanteil von 23,5 Prozent.

Raus aus dem Anzug, rein ins Trikot

Es kommt selten vor, dass Politiker im Lichte der Öffentlichkeit den Anzug ausziehen und sich bodenständig in T-Shirt oder Pullover sehen lassen. Höchstens in der politischen Sommerpause signalisiert man dem Volk bewusst Entspannung, ansonsten zeigt man sich staatstragend in gedeckten Farben. Anders beim Pokalfinale in Berlin: Da wurde unter anderem der Ministerpräsident Günther Oettinger bei einer Feier in der baden-württembergischen Landesvertretung im Trikot des VfB gesichtet. Bei Ochsenschwanzragout, Maultaschen und Wurstsalat plauderte die schwäbische Prominenz über die dramatische Bundesligasaison. Politik und Wirtschaft spielten an diesem Tag als Themen ausnahmsweise einmal nur die Nebenrolle, auch beim Stuttgarter Oberbürgermeister Wolfgang Schuster. In der Vertretung hatten sich unter anderem Hansi Müller, Guido Buchwald, Dieter Hundt und Erwin Staudt eingefunden. Die Stimmung? So locker wie die Kleiderordnung.

Feine Häppchen und Frisuren

Selten zuvor ist es der großen schwäbischen Kolonie in der Bundeshauptstadt leichter gefallen, sich mit Stolz zu ihrer Herkunft zu bekennen. Vom Stuttgarter Hochgefühl beflügelt war auch der Möhringer Wirt Jörg Mink, der in Berlin ein Restaurant in der Uhlandstraße betreibt. Dort ließ er die Bedienungen schon im Vorfeld des Pokalfinales mit roten VfB-Trikots antreten – allesamt mit der Rückennummer 10 und dem Aufdruck Mink's. Am Finalwochenende war der Küchenmeister beim Auftritt des deutschen Meisters schwer im Stress: Mink sorgte unter anderem für den Brunch, zu dem sich die Spielerfrauen des VfB bei ihm trafen, und er belieferte den Empfang in der baden-württembergischen Landesvertretung. Bei der Damenrunde bedienten sich unter anderem Silke Babbel und die beiden Freundinnen von Mario Gomez und Sami Khedira am Buffet. Anschließend begaben sich einige Spielerfrauen in die Hände des Berliner Starfriseurs Udo Walz. Was konnte dabei schon schiefgehen? Schließlich ist Walz der Mann, dem sogar die Bundeskanzlerin in haarigen Fragen vertraut.

Der DFB-Pokal 2006/2007

35 Serdar Tasci

Tore
38. Min. 1:0 J. Cacau
77. Min. 2:0 T. Hitzlsperger

Auswechslungen			
46. Min.	R. Osorio / F. Meira	61. Min.	A. Schmidt / A. Neuendo
46. Min.	M. Gomez / M. Streller	61. Min.	A. Dejagah / C. Gimenez
85. Min.	J. Cacau / B. Lauth	76. Min.	M. Fathi / J. Boateng
Karten		63. Min.	P. Ebert

Alle Spiele, alle Tore

Spielergebnisse

Freitag, 08.09.2006			
SV Sandhausen	– SpVgg Greuther Fürth	0:2	(0:1)
VfL Osnabrück	– Eintracht Braunschweig	3:1	(0:0)
Samstag, 09.09.2006			
SC Westfalia Herne	– Erzgebirge Aue	1:2	(0:0)
1. FC Magdeburg	– SC Paderborn 07	7:8	(0:0)
SpVgg Bayreuth	– Kickers Offenbach	0:2	(0:2)
Tennis Borussia Berlin	– Karlsruher SC	1:3	(0:2)
Dynamo Dresden	– Hannover 96	2:3	(0:2)
Delbrücker SC	– SC Freiburg	2:4	(0:1)
Hansa Rostock II	– FC Schalke 04	1:9	(0:5)
TSG Thannhausen	– Borussia Dortmund	0:3	(0:3)
FK Pirmasens	– Werder Bremen	5:3	(0:0)
BV Cloppenburg	– 1. FC Nürnberg	0:1	(0:0)
1. FC Gera 03	– 1. FC Kaiserslautern	0:2	(0:1)
Rot-Weiss Essen	– Energie Cottbus	1:0	(0:0)
Stuttgarter Kickers	– Hamburger SV	4:3	(2:3)
TuS Koblenz	– Bayer Leverkusen	3:5	(0:0)
FC Augsburg	– Wacker Burghausen	3:4	(0:1)
Alemannia Aachen II	**– VfB Stuttgart**	**0:4**	**(0:1)**
Spfr. Siegen	– Eintracht Frankfurt	0:2	(0:1)
FC 08 Homburg	– VfL Bochum	1:2	(0:1)
FC St. Pauli	– Bayern München	1:2	(1:0)
Sonntag, 10.09.2006			
SSVg. Velbert	– SpVgg Unterhaching	0:3	(0:1)
SV Rossbach	– Bor. Mönchengladbach	1:4	(0:3)
Rot-Weiß Ahlen	– MSV Duisburg	1:2	(1:1)
SV Babelsberg 03	– Hansa Rostock	2:1	(1:0)
Carl Zeiss Jena	– 1. FC Köln	1:2	(0:2)
VfB Lübeck	– TSV 1860 München	1:0	(1:0)
FC Bremerhaven	– VfL Wolfsburg	1:3	(1:1)
1. FC Saarbrücken	– FSV Mainz 05	1:0	(1:0)
Chemnitzer FC	– Alemannia Aachen	0:2	(0:2)
SV Darmstadt 98	– Hertha BSC Berlin	0:1	(0:0)
SC Pfullendorf	– Arminia Bielefeld	2:1	(0:0)

Aachen II	Stuttgart
1 Marcus Hesse	1 Timo Hildebrand
2 Kamil Niewiadomski	3 Ricardo Osorio
3 Mario Mutsch	8 Daniel Bierofka
4 Sören Prüter	10 Jon Dahl Tomasson
5 Florian Schacken	13 Pavel Pardo
6 Gordon Addai	15 Arthur Boka
7 Thomas Tennagels	17 Matthieu Delpierre
8 Tom Moosmayer	18 Jeronimo Cacau
9 Abdul Özgen	19 Roberto Hilbert
10 Faton Popova	25 Antonio da Silva
11 Yunus Balaban	35 Serdar Tasci
Tore	
	11. Min. 0:1 D. Bierofka
	49. Min. 0:2 J.D. Tomasson
	70. Min. 0:3 R. Hilbert
	73. Min. 0:4 J. Cacau
Auswechslungen	
52. Min. ▸ M. Mutsch	60. Min. ▸ J.D. Tomasson
◂ T. Sabacinski	◂ M. Gomez
60. Min. ▸ A. Özgen	67. Min. ▸ P. Pardo
◂ L. Domgörgen	◂ T. Hitzlsperger
75. Min. ▸ T. Tennagels	75. Min. ▸ D. Bierofka
◂ D. Pawolka	◂ L. Magnin
Karten	
	35. Min. J. Cacau

Schiedsrichter Marc Seeman
Zuschauer 4.897

Souveräner Favoritensieg zum Auftakt

Der VfB Stuttgart wird auf dem Aachener Tivoli vor rund 5.000 Zuschauern seiner Favoritenrolle gerecht und erreicht durch ein ungefährdetes 4:0 gegen den anfangs hoch motivierten Oberligisten Alemannia Aachen II die 2. Runde des DFB-Pokals. Schlüssel zum Erfolg ist die sichere Abwehr des VfB, aus der heraus er sein Offensivspiel aufzieht. Das 1:0 fällt bereits in der elften Spielminute nach einem Pass von Cacau auf Daniel Bierofka, der dem Alemannia-Torhüter Marcus Hesse bei seinem platzierten Schuss keine Chance lässt. In Halbzeit zwei hat dann zunächst Aachen die Chance zum Ausgleich, Gordon Addai verpasst aber eine Hereingabe in guter Position knapp. Im Gegenzug wird Roberto Hilbert im Strafraum gelegt, den fälligen Elfmeter verwandelt der dänische Nationalspieler Jon Dahl Tomasson zum vorentscheidenden 2:0 für den VfB. In der Folge erlahmt der Widerstand der Gastgeber spürbar und der VfB dominiert die Pokalpartie. Der Favorit verschärft das Tempo und nach weiteren Toren von Roberto Hilbert und Cacau zieht der VfB am Ende hochverdient in die zweite Runde des DfB-Pokals ein.

VfB-Trainer Armin Veh:
„Wir waren bereits gewarnt von den bisherigen Pokalergebnissen des Tages. Dementsprechend sind wir engagiert ins Spiel gegangen. Der Knackpunkt war das 2:0, danach haben wir die Sache souverän ins Ziel geschaukelt."

Teammanager Horst Heldt:
„Es war sehr wichtig, dass wir rechtzeitig das erste Tor geschossen haben. Ebenso wichtig war für uns, dass wir viele Torerfolge hatten und schließlich zu null gespielt haben. Der Sieg ist eminent wichtig für unser Selbstvertrauen."

Gegen Aachens zweite Mannschaft ...

... dominiert der VfB nach Belieben.

2. Hauptrunde Babelsberg 03 – VfB 2:4

Die Gastgeber kämpfen mit Leidenschaft

Im Vergleich zum zurückliegenden 1:1-Unentschieden in der Bundesliga gegen den VfL Wolfsburg setzt Trainer Armin Veh in der zweiten Pokalrunde beim Viertligisten Babelsberg auf drei neue Spieler. Im Mittelfeld ersetzt Daniel Bierofka auf der linken Seite Sami Khedira, anstelle des angeschlagenen Antonio da Silva (Knieprellung) nimmt Thomas Hitzlsperger die Rolle des Spielgestalters hinter den Spitzen ein, die Mario Gomez und Jon Dahl Tomasson heißen. Der dänische Nationalspieler läuft für Cacau auf, der aufgrund eines leichten Blutergusses im Oberschenkel zunächst nur auf der Bank sitzt. Nach einem Eckball geht der VfB durch ein Tor von Roberto Hilbert früh in Führung, nach dem 2:0 von Matthieu Delpierre Anfang der zweiten Hälfte schleichen sich im Spiel des VfB aber zahlreiche Fehler im Defensivverhalten ein. Die leidenschaftlich kämpfenden Gastgeber schaffen zweimal den Anschluss zum 1:2 und 2:3, erst nach einem Kopfballtor des eingewechselten Cacau zehn Minuten vor dem Spielende ist die Partie endgültig für den VfB entschieden.

VfB-Mittelfeldspieler Thomas Hitzlsperger:
„Das war ein Spiel mit allem, was ein DFB-Pokal-Spiel ausmacht. Es ging hin und her. Die Zuschauer standen wie eine Eins hinter ihrer Mannschaft. Unser Ziel war der Einzug in die nächste Runde. Das haben wir letztlich auch geschafft. Jetzt hoffen wir natürlich auf ein Heimspiel im Achtelfinale."

VfB-Cheftrainer Armin Veh:
„Ich muss zunächst den Babelsbergern ein Kompliment machen. Sie haben aufopferungsvoll gekämpft und bis zum Schluss des Spiels auch physisch sehr gut dagegengehalten. Aber mit dem 4:2 war das Spiel dann endgültig entschieden."

Die Amateure aus Brandenburg ...

... halten die Partie lange offen.

Spielergebnisse

Samstag, 24.10.2006			
SV Babelsberg 03	–	**VfB Stuttgart**	**2:4 (0:1)**
1. FC Saarbrücken	–	SpVgg Greuther Fürth	0:2 (0:1)
FK Pirmasens	–	SpVgg Unterhaching	0:3 (0:2)
VfB Lübeck	–	Wacker Burghausen	4:5 (0:0)
VfL Bochum	–	Karlsruher SC	3:2 (2:1)
VfL Wolfsburg	–	SC Freiburg	1:0 (0:0)
Borussia Dortmund	–	Hannover 96	0:1 (0:0)
1. FC Köln	–	FC Schalke 04	4:2 (2:0)
Sonntag, 25.10.2006			
Alemannia Aachen	–	Erzgebirge Aue	4:2 (2:1)
SC Pfullendorf	–	Kickers Offenbach	0:2 (0:1)
VfL Osnabrück	–	Bor. Mönchengladbach	2:1 (1:1)
SC Paderborn 07	–	1. FC Nürnberg	1:2 (0:0)
Rot-Weiss Essen	–	Eintracht Frankfurt	1:2 (0:2)
MSV Duisburg	–	Bayer Leverkusen	3:2 (2:1)
Stuttgarter Kickers	–	Hertha BSC Berlin	0:2 (0:0)
Bayern München	–	1. FC Kaiserslautern	1:0 (0:0)

Babelsberg	Stuttgart
27 Carsten Busch	1 Timo Hildebrand
3 Martin Neubert	3 Ricardo Osorio
5 Maik Neumann	8 Daniel Bierofka
7 Matthias Rudolph	10 Jon Dahl Tomasson
8 Patrick Moritz	11 Thomas Hitzlsperger
10 Sven Hartwig	13 Pavel Pardo
11 Aymen Ben-Hatira	15 Arthur Boka
18 Jan Mutschler	17 Matthieu Delpierre
23 René Tretschok	19 Roberto Hilbert
31 Bastian Zenk	33 Mario Gomez
33 Björn Laars	35 Serdar Tasci

Tore

57. Min.	1:2	A. Ben-Hatira	14. Min.	0:1	R. Hilbert
73. Min.	2:3	A. Ben-Hatira	53. Min.	0:2	M. Delpierre
			60. Min.	1:3	M. Gomez
			80. Min.	2:4	J. Cacau

Auswechslungen

58. Min.	▶	B. Zenk	70. Min.	▶	D. Bierofka
	◀	S. Lukac		◀	S. Meißner
67. Min.	▶	M. Rudolph	76. Min.	▶	J.D. Tomasson
	◀	Donkor-Oppong		◀	J. Cacau
86. Min.	▶	S. Hartwig	85. Min.	▶	M. Gomez
	◀	R. Littmann		◀	M. Streller

Karten

23. Min.	▮	B. Zenk	75. Min.	▮	P. Pardo
62. Min.	▮	P. Moritz			
79. Min.	▮	S. Hartwig			

Schiedsrichter Thorsten Schriever
Zuschauer 7.120

Spielergebnisse

Samstag, 19.12.2006		
VfL Osnabrück	– Hertha BSC Berlin	0:3 (0:2)
VfL Bochum	**– VfB Stuttgart**	**1:4 (0:1)**
Eintracht Frankfurt	– 1. FC Köln	3:1 (1:1)
1. FC Nürnberg	– SpVgg Unterhaching	2:1 (0:0)
Sonntag, 20.12.2006		
Kickers Offenbach	– Wacker Burghausen	2:1 (0:0)
SpVgg Greuther Fürth	– VfL Wolfsburg	1:3 (0:1)
Hannover 96	– MSV Duisburg	1:0 (1:0)
Alemannia Aachen	– Bayern München	4:2 (3:0)

Bochum / Stuttgart

Bochum	Stuttgart
1 Peter Skov-Jensen	1 Timo Hildebrand
2 Benjamin Lense	6 Fernando Meira
4 Marcel Maltritz	11 Thomas Hitzlsperger
5 Christoph Dabrowski	13 Pavel Pardo
8 Thomes Zdebel	17 Matthieu Delpierre
15 Pavel Drsek	18 Jeronimo Cacau
16 Zvjezdan Misimovic	21 Ludovic Magnin
18 Oliver Schröder	25 Antonio da Silva
21 Filip Trojan	28 Sami Khedira
22 Theofanis Gekas	33 Mario Gomez
24 Philip Bönig	35 Serdar Tasci

Tore

Bochum	Stuttgart
85. Min. 1:3 T. Bechmann	34. Min. 0:1 M. Gomez
	49. Min. 0:2 T. Hitzlsperger
	58. Min. 0:3 T. Hitzlsperger
	90. Min. 1:4 J. Cacau

Auswechslungen

Bochum	Stuttgart
53. Min. ▸ P. Bönig	46. Min. ▸ S. Tasci
◂ M. Meichelbeck	◂ R. Osorio
53. Min. ▸ O. Schröder	69. Min. ▸ A. da Silva
◂ T. Bechmann	◂ S. Meißner
67. Min. ▸ C. Dabrowski	81. Min. ▸ S. Khedira
◂ B. Auer	◂ C. Gentner

Karten

Bochum	Stuttgart
38. Min. T. Zdebel	53. Min. R. Osorio
57. Min. F. Trojan	

Schiedsrichter Peter Sippel
Zuschauer 18.650

Gekas hat den Ausgleich auf dem Fuß

Die Partie gegen den VfL Bochum steht lange Zeit auf der Kippe und der VfB hat nach der 1:0-Führung durch einen Linksschuss von Mario Gomez gleich zweimal Glück, dass der griechische Torjäger Theofanis Gekas Großchancen zum Ausgleich vergibt. Kurz vor der Halbzeit schießt der Bochumer Stürmer den Ball freistehend über das leere Tor. Gleich nach dem Wiederanpfiff pariert Torhüter Timo Hildebrand einen Schuss von Gekas aus kurzer Distanz mit einem Reflex. Im Gegenzug erzielt Thomas Hitzlsperger per Flachschuss das 2:0 für den VfB, Mitte der zweiten Halbzeit sorgt Hitzlsperger mit seinem zweiten Treffer für die Vorentscheidung. Bochum steckt zwar auch nach dem dritten VfB-Tor nicht auf und kommt durch einen Distanzschuss von Tommy Bechmann noch zum Anschluss. In der Schlussoffensive trifft aber nur noch der VfB, für den Cacau kurz vor dem Abpfiff das letztlich verdiente 4:1 erzielt.

VfB-Doppeltorschütze Thomas Hitzlsperger:
„Wir wollten unbedingt gewinnen und für einen positiven Abschluss der Vorrunde sorgen. Deshalb sind wir auch von Anfang an entschlossen aufgetreten. Meine beiden Tore freuen mich natürlich sehr. Viel wichtiger ist aber, dass der VfB seit langer Zeit mal wieder im DFB-Pokal überwintern kann."

VfL-Trainer Marcel Koller:
„Wir haben gut begonnen und die Stuttgarter anfangs nicht zur Entfaltung kommen lassen. Nach dem 0:1 haben wir dann alte Schwächen gezeigt und waren in den entscheidenden Situationen nicht aggressiv genug. Der VfB hat eine starke Mannschaft und hat unsere Schwächen ausgenutzt, so dass der Sieg der Stuttgarter am Ende auch in dieser Höhe in Ordnung geht. Allerdings hatten wir beim Stande von 0:1 eine Riesenchance zum Ausgleich."

In Bochum siegt der VfB.

Ludovic Magnins Formkurve steigt an.

VfB überwindet die Berliner Mauer

Fünf Tage nach dem torlosen Remis in der Liga tut sich der VfB auch bei der Neuauflage im Pokal-Viertelfinale schwer, das Berliner Abwehrbollwerk zu überwinden. Zu Anfang der Partie im Daimlerstadion regnet es in Strömen und die Gäste aus der Hauptstadt sind erneut sehr defensiv eingestellt. Der vorentscheidende Angriff läuft in der 38. Minute über den Schweizer Nationalspieler Ludovic Magnin, der sich auf der linken Seite durchsetzt, den Nationalspieler Arne Friedrich ausspielt und in die Mitte auf Cacau flankt, der zum 1:0 für den VfB einköpft. In der Folge gibt Berlin die Defensivhaltung auf und spielt mehr nach vorne, was dem VfB weitere Chancen ermöglicht. Eine davon nutzt schließlich Thomas Hitzlsperger, gegen dessen Schuss aus gut 25 Meter der Hertha-Torhüter Christian Fiedler keine Chance hat. Berlin setzt in der Schlussphase alles auf eine Karte und kommt durch Marko Pantelic zu einer Möglichkeit zum Anschlusstreffer. Der Kopfball des Stürmers geht allerdings am Tor vorbei.

VfB-Außenverteidiger Ludovic Magnin: „Ich war bereits einmal mit Werder Bremen im Pokalfinale in Berlin. Allerdings war ich damals verletzt und konnte nur zuschauen. Jetzt möchte ich unbedingt wieder dorthin und auch selbst im Finale spielen. Für unser Halbfinalspiel wünsche ich mir für unsere Fans ein Heimspiel, egal gegen welchen Gegner."

Hertha-Kapitän Arne Friedrich: „Wir haben in der ersten Halbzeit guten Fußball gespielt. Dass der VfB drücken würde, war klar, schließlich hatten sie ein Heimspiel. Das erste Gegentor mussten wir erst mal verdauen und nach dem 2:0 haben wir dann aufgemacht. Aber die Flanke zum 1:0 darf so überhaupt nicht passieren. Das Pokal-Aus ist sehr enttäuschend für uns!"

Die Hertha spielt äußerst defensiv.

Das Führungstor von Cacau erlöst den VfB.

Spielergebnisse

Samstag, 27.02.2007		
1. FC Nürnberg	– Hannover 96	4:2 (0:0)
VfL Wolfsburg	– Alemannia Aachen	2:0 (2:0)
Kickers Offenbach	– Eintracht Frankfurt	0:3 (0:1)
Sonntag, 28.02.2007		
VfB Stuttgart	**– Hertha BSC Berlin**	**2:0 (1:0)**

Stuttgart	Berlin
1 Timo Hildebrand	12 Christian Fiedler
3 Ricardo Osorio	3 Arne Friedrich
11 Thomas Hitzlsperger	4 Dick van Burik
13 Pavel Pardo	6 Gilberto
17 Matthieu Delpierre	8 Pal Dardai
18 Jeronimo Cacau	9 Marko Pantelic
19 Roberto Hilbert	14 Josip Simunic
21 Ludovic Magnin	16 Ashkan Dejagah
28 Sami Khedira	19 Andreas Schmidt
33 Mario Gomez	29 Malik Fathi
35 Serdar Tasci	38 Patrick Ebert

Tore

38. Min. 1:0 J. Cacau
77. Min. 2:0 T. Hitzlsperger

Auswechslungen

Stuttgart			Berlin		
46. Min.	▸	R. Osorio	61. Min.	▸	A. Schmidt
	◂	F. Meira		◂	A. Neuendorf
46. Min.	▸	M. Gomez	61. Min.	▸	A. Dejagah
	◂	M. Streller		◂	C. Gimenez
85. Min.	▸	J. Cacau	76. Min.	▸	M. Fathi
	◂	B. Lauth		◂	J. Boateng

Karten

63. Min. (Gelb) P. Ebert

Schiedsrichter Dr. Markus Merk
Zuschauer 32.000

Spielergebnisse

Samstag, 17.04.2007

1. FC Nürnberg	– Eintracht Frankfurt	4:0 (2:0)

Sonntag, 18.04.2007

VfL Wolfsburg	**– VfB Stuttgart**	**0:1 (0:1)**

Wolfsburg / Stuttgart

Wolfsburg	Stuttgart
1 Simon Jentzsch	1 Timo Hildebrand
2 Facundo Quiroga	3 Ricardo Osorio
3 Peter van der Heyden	6 Fernando Meira
4 Alexander Madlung	9 Marco Streller
5 Kevin Hofland	13 Pavel Pardo
6 Tom van der Leegte	17 Matthieu Delpierre
10 Jacek Krzynowek	18 Jeronimo Cacau
13 Issac Boakye	19 Roberto Hilbert
14 Jonathan Santana	21 Ludovic Magnin
18 Cedrick Makiadi	25 Antonio da Silva
32 Marcelinho	28 Sami Khedira

Tore

Wolfsburg	Stuttgart
	16. Min. 0:1 A. da Silva

Auswechslungen

Wolfsburg		Stuttgart	
78. Min.	▶ C. Makiadi	52. Min.	▶ M. Streller
	◀ U. Möhrle		◀ B. Lauth
88. Min.	▶ J. Santana	73. Min.	▶ A. da Silva
	◀ K. Hill		◀ D. Bierofka
90. Min.	▶ Marcelinho	90. Min.	▶ R. Hilbert
	◀ M. Karhan		◀ A. Beck

Karten

Wolfsburg		Stuttgart	
19. Min.	K. Hofland	31. Min.	M. Streller
		66. Min.	L. Magnin
		84. Min.	F. Meira

Schiedsrichter Wolfgang Stark
Zuschauer 28.000

Ein Freistoß entscheidet das Halbfinale

Das Halbfinale, in dem der VfB erneut auf fremdem Platz auflaufen muss, ist vor allem zu Beginn von vielen, teils ruppigen Zweikämpfen im Mittelfeld geprägt. Torchancen sind zunächst Mangelware. Für Gefahr sorgt in der Anfangsphase lediglich der Brasilianer Marcelinho, der in der dritten Minute einen Freistoß von der Strafraumgrenze aus knapp über das VfB-Tor schießt. Besser macht es auf der Gegenseite sein Landsmann Antonio da Silva, der in der 16. Minute ebenfalls zu einem Freistoß anläuft und den Ball aus etwa 23 Metern vorbei an Torhüter Simon Jentzsch ins rechte untere Toreck setzt. Nach der Führung dominiert der VfB die Partie bis zum Halbzeitpfiff, im zweiten Durchgang kommt dann aber Wolfsburg immer besser ins Spiel und erhöht den Druck. In der 52. Minute hat der VfB Glück, dass ein regulärer Treffer von Marcelinho nicht zählt. Der Schiedsrichter gibt den Ausgleich wegen einer vermeintlichen Abseitsstellung des Brasilianers nicht. Kurz vor dem Schlusspfiff hat Wolfsburg durch Marcelinho eine weitere Chance zum Ausgleich, der Freistoß des besten Wolfsburger Angreifers streicht aber knapp über die Latte und landet an der hinteren Torstange.

VfB-Teammanager Horst Heldt:
„Es ist ein Traum, der heute für uns in Erfüllung geht. Das war keine einfache Partie, aber wir haben es geschafft. Die Mannschaft hat es sich verdient. Wir alle, Verein, Mannschaft und Fans, freuen uns und werden jetzt einfach feiern!"

VfB-Siegtorschütze Antonio da Silva:
„Ich übe diese Freistöße schon lange und habe sie im Training perfektioniert. Heute habe ich den Ball gut getroffen. Das Finale in Berlin zu erreichen, ist der Traum von jedem Fußballspieler."

In einem spannenden Halbfinale …

… siegt letztlich der Glücklichere.

Finale VfB – 1. FC Nürnberg 2:3

Das Drama im Olympiastadion

Der VfB fährt nach dem Gewinn der Deutschen Meisterschaft als Favorit zum Pokalendspiel nach Berlin, wo er auf eine der Überraschungsmannschaften der Saison trifft: den 1. FC Nürnberg. Nach der frühen Führung durch Cacau kommt es zu einem dramatischen Pokalfight. Nur sieben Minuten später gelingt dem Club-Angreifer Marek Mintal vor 74.000 Zuschauern der Ausgleich. Danach überschlagen sich die Ereignisse im Minutentakt, und nach einer Roten Karte gegen Cacau steht der VfB plötzlich nur noch zu zehnt auf dem Platz. In Unterzahl bietet der VfB eine erstklassige kämpferische Leistung, obwohl er durch einen Kopfballtreffer von Marco Engelhardt kurz nach der Halbzeitpause in Rückstand gerät. Zehn Minuten vor dem Abpfiff rettet Pavel Pardo den VfB durch ein Elfmetertor in die Verlängerung.

Auf der Tribüne des Olympiastadions bangt ein sichtlich bewegter Cacau mit seinem Verein und hofft, dass der VfB doch noch das erste Double in seiner Geschichte gewinnt. In der 109. Spielminute erzielt schließlich der Däne Jan Kristiansen mit einem Sonntagsschuss das entscheidende Tor für den Club.

VfB-Trainer Armin Veh:
„Ich gratuliere dem 1. FC Nürnberg zum Pokalsieg und meiner Mannschaft zu ihrem Spiel. Das Team hat phantastisch gefightet, und ich bin stolz auf die Mannschaft."

VfB-Elfmeterschütze Pavel Pardo:
„Ich bin sehr enttäuscht, das Finale verloren zu haben. Denn bekanntlich muss man Endspiele für sich entscheiden. Aber wir haben erhobenen Hauptes verloren, denn wir haben gekämpft und alles gegeben. Aber mit zehn Mann war es einfach schwer. Jetzt wollen wir im nächsten Jahr zurück nach Berlin und dann den Cup auch gewinnen."

Pavel Pardo gleicht per Elfmeter aus.

Doch letztlich hat der VfB das Nachsehen.

Spielergebnisse

Samstag, 26.05.2007
VfB Stuttgart – 1. FC Nürnberg 2:3 (1:1)

Stuttgart	Nürnberg
1 Timo Hildebrand	1 Raphael Schäfer
3 Ricardo Osorio	5 Andreas Wolf
6 Fernando Meira	6 Tomas Galasek
11 Thomas Hitzlsperger	7 Marek Nikl
13 Pavel Pardo	11 Marek Mintal
17 Matthieu Delpierre	13 Ivan Saenko
18 Jeronimo Cacau	19 Jan Kristiansen
19 Roberto Hilbert	21 Markus Schroth
21 Ludovic Magnin	22 Marco Engelhardt
25 Antonio da Silva	25 Javier Horacio Pinola
28 Sami Khedira	28 Dominik Reinhardt

Tore

20. Min. 1:0 J. Cacau	27. Min. 1:1 M. Mintal
80. Min. 2:2 P. Pardo	47. Min. 1:2 M. Engelhardt
	109. Min. 2:3 J. Kristiansen

Auswechslungen

46. Min.	▸ A. da Silva	35. Min.	▸ M. Mintal
	◂ M. Gomez		◂ J. Polak
68. Min.	▸ R. Osorio	73. Min.	▸ M. Nikl
	◂ A. Boka		◂ M. Spiranovic
100. Min.	▸ S. Khedira	115. Min.	▸ J. Horacio Pinola
	◂ S. Tasci		◂ I. Banovic

Karten

30. Min. (rot)	J. Cacau	15. Min. (gelb)	M. Nikl
32. Min. (gelb)	F. Meira	57. Min. (gelb)	M. Schroth
55. Min. (gelb)	R. Osorio	84. Min. (gelb)	M. Spiranovic
67. Min. (gelb)	S. Khedira	92. Min. (gelb)	T. Galasek
117. Min. (gelb)	M. Gomez		

Schiedsrichter Michael Weiner
Zuschauer 74.220

Der VfB im Porträt

Der Kader aus der Meistersaison

Die Vereinsführung

Der Verein und seine Erfolgsmomente

Gesammelte Emotionen

Der Kader aus der Meistersaison

Oben von links nach rechts: *F. Meira, M. Delpierre, M. Babbel, M. Gomez, S. Khedira, S. Tasci, L. Magnin, T. Hitzlsperger, J. D. Tomasson (ausgeliehen an*
Mitte von links nach rechts: *Chef-Trainer A. Veh, Co-Trainer A. Higl, Torwarttrainer E. Trautner, Konditions- und Reha-Trainer Ch. Kolodziej, Teambetreuer*
Unten von links nach rechts: *R. Osorio, S. Meißner (ausgeliehen an 1. FC Kaiserslautern), A. Farnerud, P. Pardo, D. Heinen, T. Hildebrand, M. Langer,*

FC Villarreal), J.-A. Ikeng, Ch. Gentner, M. Streller
J. Rücker, H. Gerber, R. Hilbert, A. Beck, J. Cacau, Physiotherapeut G. Wörn, Physiotherapeut D. Müller, Physiotherapeut H. Stroh, Zeugwart K. Papandrafillis
A. da Silva, D. Bierofka, A. Boka, B. Nehrig (ausgeliehen an SpVgg Unterhaching), VfB-Maskottchen Fritzle **Es fehlt:** Benjamin Lauth (kam nach Winterpause)

Steckbrief

Geburtsdatum	05.04.1979
Geburtsort	Worms
Nationalität	deutsch
Sternzeichen	Widder
Größe	1,85 m
Familienstand	ledig
Beim VfB seit	07.1995
Bundesligaspiele/-tore	221/0
Für den VfB	221/0

Hobbys

Lesen, chillen, Musik hören, sich mit Freunden treffen, im Internet surfen, ins Theater gehen

Internationale Spiele

4 A-Länderspiele, 15 U21-Länderspiele, 35 Junioren-Länderspiele

Größte Erfolge

Deutscher Vizemeister 2003 und Teilnahme an der UEFA Champions League mit dem VfB, Teilnahme an der EM 2004 und an der WM 2006, deutscher Meister 2007

Frühere Vereine

FV 1911 Hofheim/Ried

Timo Hildebrand (1)

Timo Hildebrand hat sich in seinen Jahren beim VfB zum unumstrittenen Führungsspieler entwickelt und ist als Mitglied des Mannschaftsrates auch abseits des Platzes ein wichtiger Ansprechpartner für die Kollegen. Er fand nach der WM nur schleppend in die Saison, avancierte dann aber zum Leistungsträger und Titelgaranten. In Bochum machte er in der 87. Minute sein Meisterstück mit einer großartigen Parade gegen Dabrowski. Nach zwölf Jahren verlässt er den Verein mit dem Meistertitel.

Steckbrief

Geburtsdatum	03.12.1970
Geburtsort	Köln
Nationalität	deutsch
Sternzeichen	Schütze
Größe	1,88 m
Familienstand	verheiratet
Beim VfB seit	07.2003
Bundesligaspiele/-tore	157/0
Für den VfB	3/0

Hobbys
Schlagzeug spielen, Musik

Internationale Spiele
5 U21-Länderspiele und diverse Jugendländerspiele

Größte Erfolge
DFB-Pokal-Sieger 1993 mit Bayer 04 Leverkusen, deutscher Vizemeister 1997 und 2000 mit Bayer 04 Leverkusen, deutscher Meister 2007

Frühere Vereine
Denizlispor, Eintracht Frankfurt, Bayer 04 Leverkusen, Rot-Weiß Zollstock

Dirk Heinen (23)

Dirk Heinen kam im Sommer 2003 vom türkischen Erstligisten Denizlispor. Der Routinier verkörpert auf dem Spielfeld den ruhigen und sachlichen Torhütertyp, dem spektakuläre Flugeinlagen zur Unterhaltung des Publikums fremd sind. Beim VfB ordnete sich Heinen in der Torhüter-Hierarchie hinter dem Stammkeeper Timo Hildebrand ein. Der Hobbyschlagzeuger feierte vor dem Titelgewinn mit dem VfB Stuttgart auch einen Pokalsieg 1993 mit seinem früheren Klub Bayer Leverkusen.

Steckbrief

Geburtsdatum	06.01.1985
Geburtsort	Bregenz
Nationalität	österreichisch
Sternzeichen	Steinbock
Größe	1,94 m
Familienstand	ledig
Beim VfB seit	07.2003
Bundesligaspiele/-tore	1/0
Für den VfB	1/0

Hobbys
Kino, Tennis, Playstation, Freunde treffen

Internationale Spiele
2 U21-Länderspiele,
15 U16- bis U20-Länderspiele

Größte Erfolge
Regionalliga-Meister in Österreich, Meister Vorarlbergliga Österreich, deutscher Meister 2007

Frühere Vereine
FC Hard, Victoria Bregenz

Michael Langer (41)

Michael Langer spielt seit 2003 für den VfB. Die Nachwuchshoffnung gilt trotz seiner geringen Erfahrung als ein ruhiger und zuverlässiger Keeper, der auch das Duell Mann gegen Mann nicht scheut. Zudem ist er ein guter Fußballer. Der österreichische U21-Nationaltorhüter kam beim 0:0 gegen Wolfsburg zu seinem Bundesligadebüt und blieb fehlerfrei. Michael Langer kam für sein Heimatland sowohl in der U21 als auch in der Jugendauswahl mehrfach zum Einsatz.

Steckbrief

Geburtsdatum	13.03.1987
Geburtsort	Kemerowo
Nationalität	deutsch
Sternzeichen	Fische
Größe	1,80 m
Familienstand	ledig
Beim VfB seit	07.2000
Bundesligaspiele/-tore	9/0
Für den VfB	9/0

Hobbys
Lesen, ausgehen, Freunde und Familie treffen, Sport jeglicher Art

Internationale Spiele
3 U18- und 3 U19-Länderspiele

Größte Erfolge
Deutscher Meister 2005 mit der U19 und 2004 mit der U17, deutscher Vizemeister 2003 mit der U17, deutscher Meister 2007

Frühere Vereine
DJK SG Wasseralfingen, SVH Königsbronn

Andreas Beck (2)

Andreas Beck schnürt seine Fußballschuhe seit dem Jahr 2000 für den VfB. Der rechte Verteidiger kam von der DJK SG Wasseralfingen auf den Wasen und schaffte den Sprung von den Junioren zu den VfB-Profis. Nach langer Verletzungspause kam er jedoch nicht über die Rolle des Ergänzungsspielers hinaus, was vor allem an der starken Konkurrenz in der Defensivabteilung lag. Der in Sibirien geborene Rechtsfuß gilt bei vielen Fachleuten als eines der größten VfB-Talente.

Steckbrief

Geburtsdatum	30.03.1980
Geburtsort	Huajuapan de Leon
Nationalität	mexikanisch
Sternzeichen	Widder
Größe	1,73 m
Familienstand	verheiratet
Beim VfB seit	07.2006
Bundesligaspiele/-tore	27/1
Für den VfB	27/1

Hobbys
Xbox

Internationale Spiele
43 A-Länderspiele für Mexiko

Größte Erfolge
Gewinn der copa de oro 2003, deutscher Meister 2007

Frühere Vereine
Cruz Azul

Ricardo Osorio (3)

Beim Confederations Cup 2005 wurden die Späher des VfB auf den mexikanischen Defensivspezialisten aufmerksam. Ein Jahr später bestätigte der zweikampfstarke Rechtsfuß bei den Spielen der Weltmeisterschaft seine guten Leistungen und überzeugte die VfB-Verantwortlichen von seinem Können. Der Mexikaner spielte eine gute Runde und erfüllte die in ihn gesetzten Erwartungen auf der rechten Abwehrseite. Er konnte vor allem durch seinen Einsatz überzeugen.

Markus Babbel (5)

Der Routinier, der über die Stationen Bayern München, Hamburger SV, FC Liverpool und Blackburn Rovers nach Stuttgart kam, hat die Saison als Stammspieler begonnen, um jedoch früh ins zweite Glied zurückzutreten. Der dreifache deutsche Meister und Europameister verhielt sich in der Folgezeit dennoch loyal, verteilte Tipps an die jüngeren Spieler und wurde für sein Verhalten prompt belohnt: In der neuen Saison kann sich Babbel beim VfB als Assistenztrainer beweisen.

Steckbrief

Geburtsdatum	08.09.1972
Geburtsort	München
Nationalität	deutsch
Sternzeichen	Jungfrau
Größe	1,91 m
Familienstand	verheiratet
Beim VfB seit	07.2004
Bundesligaspiele/-tore	288/12
Für den VfB	46/2

Hobbys
Familie, Musik, grillen

Internationale Spiele
51 A-Länderspiele

Größte Erfolge
Europameister 1996, UEFA-Cup-Sieger 1996 mit Bayern München und 2001 mit dem FC Liverpool, dreimal deutscher Meister (1997, 1999, 2000) und zweimal DFB-Pokal-Sieger (1998, 2000) mit dem FC Bayern München, deutscher Meister 2007

Frühere Vereine
Blackburn Rovers, FC Liverpool, FC Bayern München, Hamburger SV, FC Bayern München, TSV Gilching

Steckbrief

Geburtsdatum	05.06.1978
Geburtsort	Guimaraes
Nationalität	portugiesisch
Sternzeichen	Zwilling
Größe	1,90 m
Familienstand	verheiratet
Beim VfB seit	01.2002
Bundesligaspiele/-tore	145/8
Für den VfB	145/8

Hobbys
Tennis, Kino, Volleyball, Squash, Handball

Internationale Spiele
40 A-Länderspiele und insgesamt 76 Junioren-Länderspiele für Portugal

Größte Erfolge
Teilnahme an U15-, U16-, U18-, U20- und U21-Europameisterschaften mit Portugal, UI-Cup-Sieger 2002 mit dem VfB, deutscher Vizemeister 2003 und Champions League Teilnahme mit dem VfB, WM-Teilnahme 2006, deutscher Meister 2007

Frühere Vereine
Benfica Lissabon, Vitoria Guimaraes, Felgueiras

Fernando Meira (6)

Der Portugiese, der schon bei seinen früheren Clubs in Lissabon und Guimaraes Spielführer war, hat in dieser Saison erstmals beim VfB die Kapitänsbinde getragen. In der Innenverteidigung ist der Defensivallrounder ohnehin gesetzt. Aber auch im defensiven Mittelfeld verkörpert der portugiesische Nationalspieler, der bei der WM 2006 alle sieben Spiele für sein Land bestritt, Extraklasse. Meira spielte eine herausragende Bundesligasaison und war der verlängerte Arm von Trainer Armin Veh.

Heiko Gerber (12)

Mit 34 Jahren ist Heiko Gerber der älteste Feldspieler im Kader. Der gebürtige Sachse spielt seit nunmehr sieben Jahren in Stuttgart, er wechselte im Sommer 1999 vom 1. FC Nürnberg zum VfB und wurde von den Fans schnell als unermüdlicher Kämpfer geschätzt. Im Laufe seiner Karriere entwickelte sich der gelernte Mittelfeldspieler immer mehr zu einem Defensivspezialisten und spielte fast nur noch als Linksverteidiger. Gerber kam zu 2 A-Länderspielen.

Steckbrief

Geburtsdatum	11.07.1972
Geburtsort	Stollberg
Nationalität	deutsch
Sternzeichen	Krebs
Größe	1,81 m
Familienstand	verheiratet
Beim VfB seit	07.1999
Bundesligaspiele/-tore	199/11
Für den VfB	132/7

Hobbys
Lesen, Familie

Internationale Spiele
2 A-Länderspiele, 6 A2-Länderspiele

Größte Erfolge
Zwei Länderspiele, deutscher Vizemeister 2003 mit dem VfB, Teilnahme mit dem VfB an der UEFA Champions League 2003/04, deutscher Meister 2007

Frühere Vereine
1. FC Nürnberg, Arminia Bielefeld, Chemnitzer FC, Stahl Lugau, SV Neu-Oelsnitz

Steckbrief

Geburtsdatum	02.04.1983
Geburtsort	Abidjan
Nationalität	ivorisch
Sternzeichen	Widder
Größe	1,66 m
Familienstand	ledig
Beim VfB seit	08.2006
Bundesligaspiele/-tore	19/1
Für den VfB	19/1

Hobbys
Familie, Freunde treffen

Internationale Spiele
31 A-Länderspiele für die Elfenbeinküste

Größte Erfolge
Französischer Ligapokalsieger mit Racing Straßburg 2004, Teilnahme an der WM 2006, deutscher Meister 2007

Frühere Vereine
Racing Straßburg, KSK Beveren, ASEC Abidjan

Arthur Boka (15)

Der kleinste Spieler des VfB kam in letzter Sekunde nach Stuttgart: Der Vertrag mit dem Ivorer wurde wenige Stunden vor der Schließung der Transferliste im Sommer unterzeichnet. Bei der Weltmeisterschaft in Deutschland war er Stammspieler seines Heimatlandes Elfenbeinküste. Der Neuzugang spielte in Stuttgart eine starke Hinrunde, verlor nach der Winterpause aber wegen Formschwäche seinen Platz an den Schweizer Ludovic Magnin. Eine Rote Karte beendete die Saison für ihn vorzeitig.

Steckbrief

Geburtsdatum	26.04.1981
Geburtsort	Nancy
Nationalität	französisch
Sternzeichen	Stier
Größe	1,93 m
Familienstand	ledig
Beim VfB seit	07.2004
Bundesligaspiele/-tore	72/1
Für den VfB	72/1

Hobbys
Kino, Golf

Internationale Spiele
2 U18-, 11 U20- und 15 U21-Länderspiele für Frankreich

Größte Erfolge
Französischer Meister mit der U15, Meister in der zweiten Liga mit OSC Lille 1999, deutscher Meister 2007

Frühere Vereine
OSC Lille

Matthieu Delpierre (17)

Dem Franzosen, der im Sommer 2004 vom OSC Lille nach Stuttgart kam, gelang in der Meistersaison endgültig der Durchbruch beim VfB. Dank seiner körperlichen Voraussetzungen und seiner sehr guten Technik- und Taktikausbildung verkörpert Matthieu Delpierre den Abwehrspieler moderner Prägung. Zusammen mit Kapitän Fernando Meira bildete er die stärkste Innenverteidigung der Liga. Er ist inzwischen zum Führungsspieler aufgestiegen und verlängerte seinen Vertrag bis 2012.

Steckbrief

Geburtsdatum	20.04.1979
Geburtsort	Lausanne
Nationalität	schweizerisch
Sternzeichen	Widder
Größe	1,86 m
Familienstand	verheiratet
Beim VfB seit	07.2005
Bundesligaspiele/-tore	92/6
Für den VfB	47/2

Hobbys
Musik, angeln, Internet, Familie

Internationale Spiele
39 A-Länderspiele für die Schweiz

Größte Erfolge
Deutscher Meister und DFB-Pokal-Sieger 2004 mit Werder Bremen, Teilnahme an der UEFA Champions League mit Werder Bremen 2004/05, EM-Teilnahme 2004, WM-Teilnahme 2006, Halbfinal-Teilnahme bei der U21-EM 2002, deutscher Meister 2007

Frühere Vereine
Werder Bremen, FC Lugano, Yverdon Sports

Ludovic Magnin (21)

Der Schweizer Nationalspieler wechselte im Sommer 2005 von Werder Bremen zum VfB. In Stuttgart spielt er fast ausschließlich als Linksverteidiger, doch bei Werder hatte Magnin gezeigt, dass er auch im defensiven oder im linken Mittelfeld spielen kann. In der Hinrunde kam er nicht an Arthur Boka vorbei. In der Rückrunde zeigte er den bisher besten Fußball seiner Karriere. Der Linksfuß gilt als Stimmungskanone des Teams, was er auch bei der Meisterfeier gezeigt hat.

Steckbrief

Geburtsdatum	24.04.1987
Geburtsort	Esslingen
Nationalität	deutsch
Sternzeichen	Stier
Größe	1,86 m
Familienstand	ledig
Beim VfB seit	07.1999
Bundesligaspiele/-tore	26/2
Für den VfB	26/2

Hobbys
Freunde, Familie, Musik

Internationale Spiele
3 U19-Länderspiele

Größte Erfolge
Deutscher Meister 2005 mit der U19 und 2004 mit der U17, deutscher Vizemeister 2003 mit der U17, deutscher Meister 2007

Frühere Vereine
Stuttgarter Kickers, SC Altbach

Serdar Tasci (35)

Serdar Tasci trägt bereits seit 1999 das Trikot mit dem roten Brustring und war schon in den jeweiligen Jugendteams des VfB ein Führungsspieler. In der Defensive ist Serdar Tasci flexibel einsetzbar. Der Deutschtürke kann sowohl als Innenverteidiger als auch auf beiden Außenpositionen spielen. Er war beim VfB eine der Entdeckungen in der Saison und agierte bei seinen Einsätzen erstaunlich abgeklärt und zweikampfstark. Außerdem verfügt er über ein gutes Kopfballspiel.

Steckbrief

Geburtsdatum	19.01.1973
Geburtsort	Halle/Saale
Nationalität	deutsch
Sternzeichen	Steinbock
Größe	1,76 m
Familienstand	verheiratet
Beim VfB seit	07.2000
Bundesligaspiele/-tore	241/38
Für den VfB	155/28

Hobbys
Kino, lesen, essen gehen

Internationale Spiele
3 A2-Länderspiele

Größte Erfolge
Deutscher Vizemeister, Champions-League-Teilnahme, zweimal UI-Cup-Sieger mit dem VfB, deutscher Meister 2007

Frühere Vereine
Arminia Bielefeld, Chemnitzer FC, Hallescher FC, SV Merseburg 99, Post Halle

Silvio Meißner (7)

Der Routinier gehört zu den Urgesteinen beim VfB. Nach einer Verletzung wechselte er in der Winterpause vom VfB zum Zweitligisten 1. FC Kaiserslautern, wo er sich zu einem Leistungsträger entwickelte. In der Meisterschaftssaison kam Meißner in Stuttgart während der Vorrunde einmal zum Einsatz. Zur neuen Spielzeit kehrt Meißner aus der Pfalz ins Schwabenland zurück, wo er der jungen Mannschaft mit seiner Erfahrung weiterhelfen soll.

Steckbrief

Geburtsdatum	07.02.1979
Geburtsort	München
Nationalität	deutsch
Sternzeichen	Wassermann
Größe	1,78 m
Familienstand	verheiratet
Beim VfB seit	07.2005
Bundesligaspiele/-tore	146/19
Für den VfB	13/0

Hobbys
Lesen, Computer

Internationale Spiele
3 A-Länderspiele

Größte Erfolge
Dritter Platz in der Bundesligasaison 2003/04 mit Bayer 04 Leverkusen, deutscher Meister 2007

Frühere Vereine
Bayer 04 Leverkusen, TSV München 1860, SpVgg Unterhaching, SpVgg Feldmoching

Daniel Bierofka (8)

In der Saison 2005/06, seiner ersten im Brustring-Trikot, war Daniel Bierofka vom Pech verfolgt. Noch vor dem ersten Bundesligaspiel wurde der gebürtige Münchner in einem Vorbereitungsspiel brutal von seinem Gegenspieler gefoult und zog sich einen Knöchelbruch zu. In der Folge musste der Offensivspieler, der zuvor unter anderem für Bayer Leverkusen und 1860 München gespielt hatte, zwölf Operationen über sich ergehen lassen. In der vergangenen Saison kam er zu einigen Einsätzen.

Steckbrief

Geburtsdatum	05.04.1982
Geburtsort	München
Nationalität	deutsch
Sternzeichen	Widder
Größe	1,83 m
Familienstand	ledig
Beim VfB seit	07.2005
Bundesligaspiele/-tore	56/9
Für den VfB	56/9

Hobbys
Kino, Golf, lesen

Internationale Spiele
25 A-Länderspiele, 19 U21-Länderspiele

Größte Erfolge
99 Premier-League-Spiele und 7 Tore für Aston Villa, 3. Platz beim Confed Cup 2005 und bei der WM 2006, deutscher Meister 2007

Frühere Vereine
Aston Villa, FC Bayern München, VfB Forstinning

Thomas Hitzlsperger (11)

Nach seinem Wechsel vom englischen Premier-League-Club Aston Villa in die Bundesliga vollzog Thomas Hitzlsperger nach schwachem ersten Jahr unter Trainer Veh eine wahre Leistungsexplosion. Seine Schussstärke rettete den VfB in mehreren kritischen Situationen, insgesamt sieben Treffer steuerte Hitzlsperger zur Meisterschaft bei. Von seiner Ballsicherheit und Übersicht profitierte die Mannschaft während der gesamten Saison.

Steckbrief

Geburtsdatum	26.07.1976
Geburtsort	Guadalajara
Nationalität	mexikanisch
Sternzeichen	Löwe
Größe	1,75 m
Familienstand	verheiratet
Beim VfB seit	07.2006
Bundesligaspiele/-tore	33/1
Für den VfB	33/1

Hobbys
Golf, lesen

Internationale Spiele
131 A-Länderspiele für Mexiko

Größte Erfolge
Zweimaliger Gewinn der copa de oro, zweimal mexikanischer Meister mit América, Silber bei den panamerikanischen Spielen, dritter Platz bei der copa américa, deutscher Meister 2007

Frühere Vereine
América, UAG Tecos, Atlas

Pavel Pardo (13)

Mit Pavel Pardo kam im Sommer der Kopf der mexikanischen Nationalmannschaft von CF América zum VfB. Pardo ist ein vielseitiger Mittelfeldspieler, der defensiv und offensiv agieren kann. Er übernahm beim VfB die Rolle des Mittelfeldstrategen und trat erfolgreich in die Fußstapfen des Kroaten Zvonimir Soldo. Bei vielen Experten wurde der mexikanische Rekordnationalspieler als Spieler der Bundesligasaison 2006/ 2007 gehandelt. Er prägte wesentlich das Spiel des VfB.

Steckbrief

Geburtsdatum	01.05.1984
Geburtsort	Helsingborg
Nationalität	schwedisch
Sternzeichen	Stier
Größe	1,81 m
Familienstand	ledig
Beim VfB seit	07.2006
Bundesligaspiele/-tore	9/0
Für den VfB	9/0

Hobbys
Playstation, Shopping, relaxen

Internationale Spiele
3 A-Länderspiele für Schweden

Größte Erfolge
Gewinn des französischen Ligapokals 2004/05, deutscher Meister 2007

Frühere Vereine
Racing Straßburg, Landskrona Bois

Alexander Farnerud (14)

Alexander Farnerud wagte im Sommer den Sprung von der ersten französischen Liga in die Bundesliga. Der schwedische U21-Nationalspieler ist ein klassischer Spielmacher und Torvorbereiter. In Stuttgart wurde er bisher immer wieder von Verletzungen zurückgeworfen, dennoch konnte er bei einigen Einsätzen überzeugen. Armin Veh schätzt seine Ballsicherheit und seine gute Übersicht, die dem Stuttgarter Offensivspiel künftig zusätzliche Impulse verleihen sollen.

Steckbrief

Geburtsdatum	16.10.1984
Geburtsort	Forchheim
Nationalität	deutsch
Sternzeichen	Waage
Größe	1,82 m
Familienstand	verheiratet
Beim VfB seit	07.2006
Bundesligaspiele/-tore	34/7
Für den VfB	34/7

Hobbys
Schlafen, essen, lesen

Internationale Spiele
1 A-Länderspiel, 11 U21-Länderspiele

Größte Erfolge
Aufstieg mit dem 1. FC Feucht in die Regionalliga, deutscher Meister 2007

Frühere Vereine
SpVgg Greuther Fürth, 1. FC Feucht, 1. FC Nürnberg, Jahn Forchheim

Roberto Hilbert (19)

Mit Roberto Hilbert wechselte von der SpVgg Greuther Fürth einer der begehrtesten Spieler der 2. Bundesliga an den Neckar. Der mehrfache U21-Nationalspieler vollzog beim VfB auf Anhieb den Sprung zum Stammspieler. Mit sieben Treffern stellte der laufstarke Mittelfeldspieler in dieser Saison auch seine Torgefährlichkeit unter Beweis. Hilbert fehlte als einziger Akteur in keiner einzigen Partie. Oftmals entschieden gerade seine Tore enge Begegnungen, die der VfB schließlich gewann.

Steckbrief

Geburtsdatum	14.08.1985
Geburtsort	Nürtingen
Nationalität	deutsch
Sternzeichen	Löwe
Größe	1,89 m
Familienstand	ledig
Beim VfB seit	07.1999
Bundesligaspiele/-tore	39/1
Für den VfB	39/1

Hobbys
Musik, mit Freunden weggehen, Playstation

Internationale Spiele
20 U15- bis U20-Länderspiele

Größte Erfolge
Deutscher Vizemeister mit der U17, deutscher Meister mit der U19, Teilnahme an der U20-WM in den Niederlanden, deutscher Meister 2007

Frühere Vereine
VfL Kirchheim, TSV Beuren

Christian Gentner (22)

Christian Gentner ist ein waschechter Schwabe. Er spielte in der Jugend für den TSV Beuren und den VfL Kirchheim, ehe es den im Mittelfeld sowohl defensiv als auch offensiv einsetzbaren Akteur zum VfB zog. Gemeinsam mit Mario Gomez schaffte Christian Gentner bereits in der Vorsaison den Sprung zu den Profis, in dieser Saison wurde der zentrale Mittelfeldspieler aber meist nur eingewechselt. Er konnte nicht an die Form vergangener Tage anknüpfen.

Antonio da Silva (25)

Der Neuzugang vom FSV Mainz 05 ist ein technisch versierter Spieler, der sowohl im linken Mittelfeld auf der Halbposition als auch als Spielmacher einsetzbar ist. Beim VfB startete der Brasilianer stark in die Hinrunde. Da Silva schoss den VfB mit einem Freistoßtor im Auswärtsspiel gegen Wolfsburg ins Pokalfinale und schlug zudem die entscheidende Flanke im Bundesligafinale gegen Energie Cottbus auf Sami Khedira.

Steckbrief

Geburtsdatum	13.06.1978
Geburtsort	Rio de Janeiro
Nationalität	brasilianisch
Sternzeichen	Zwilling
Größe	1,76 m
Familienstand	ledig
Beim VfB seit	07.2006
Bundesligaspiele/-tore	93/8
Für den VfB	28/0

Hobbys
Beachsoccer, Volleyball, Kino, Musik

Internationale Spiele
keine

Größte Erfolge
Aufstieg in die Bundesliga mit Eintracht Frankfurt in der Saison 1997/98, Aufstieg in die Bundesliga mit Mainz 05 in der Saison 2003/04, deutscher Meister 2007

Frühere Vereine
FSV Mainz 05, SV Wehen, Eintracht Frankfurt, Eisbachtaler Sportfreunde, Flamengo Rio de Janeiro, Eintracht Trier, Flamengo Rio de Janeiro

Steckbrief

Geburtsdatum	04.04.1987
Geburtsort	Stuttgart
Nationalität	deutsch
Sternzeichen	Widder
Größe	1,89 m
Familienstand	ledig
Beim VfB seit	07.1995
Bundesligaspiele/-tore	22/4
Für den VfB	22/4

Hobbys
Fußball, Musik, Freunde

Internationale Spiele
30 U16- bis U18-Länderspiele für Deutschland

Größte Erfolge
Deutscher Vizemeister 2003 und deutscher Meister 2004 mit der U17, deutscher Meister 2005 mit der U19, deutscher Meister 2007

Frühere Vereine
TV Oeffingen

Sami Khedira (28)

Der Mann aus der eigenen Nachwuchsschmiede ist vor den Toren Stuttgarts aufgewachsen und wohnt noch heute dort. Seit der D-Jugend kickt Sami Khedira beim VfB, er ist ein echtes Eigengewächs. Khedira gelang in dieser Saison auf Anhieb der Durchbruch bei den Profis, und er köpfte den VfB am letzten Spieltag gegen Cottbus zur Meisterschaft. Auch in der Hinrunde erzielte er gegen Schalke 04 zwei wichtige Tore. Khedira gilt als eines der größten Talente im Mittelfeld.

Marco Streller (9)

Den ganz großen Durchbruch hat der Schweizer Nationalspieler in dieser Saison nicht geschafft, enttäuscht hat der klassische Mittelstürmer aber auch nicht. Streller kam im Januar 2004 zum VfB. Bei der WM 2006 stand er gemeinsam mit seinem Schweizer Landsmann Ludovic Magnin im Achtelfinale. In der Vorsaison spielte Streller für ein halbes Jahr auf Leihbasis für den 1. FC Köln, für den VfB hat er nach seiner Rückkehr in dieser Saison fünf Tore geschossen.

Steckbrief

Geburtsdatum	18.06.1981
Geburtsort	Basel
Nationalität	schweizerisch
Sternzeichen	Zwilling
Größe	1,95 m
Familienstand	ledig
Beim VfB seit	01.2004
Bundesligaspiele/-tore	69/12
Für den VfB	55/9

Hobbys
Tennis, Golf, Jazzen

Internationale Spiele
19 A-Länderspiele und 13 U21-Länderspiele für die Schweiz

Größte Erfolge
Schweizer Meister mit dem FC Basel, deutscher Meister 2007

Frühere Vereine
FC Basel, FC Thun, Concordia Basel, FC Arlesheim, FC Aesch

Steckbrief

Geburtsdatum	29.08.1976
Geburtsort	Kopenhagen
Nationalität	dänisch
Sternzeichen	Jungfrau
Größe	1,80 m
Familienstand	ledig
Beim VfB seit	07.2005
Bundesligaspiele/-tore	26/8
Für den VfB	26/8

Hobbys
Kunst, Freunde

Internationale Spiele
81 Länderspiele und 39 Tore für Dänemark

Größte Erfolge
Italienischer Meister mit dem AC Mailand 2004, Champions-League-, italienischer-Pokal- und Super-Cup-Sieger mit dem AC Mailand 2003, UEFA-Cup-Sieger mit Feyenoord Rotterdam 2002, holländischer Meister mit Feyenoord Rotterdam

Frühere Vereine
AC Mailand, Feyenoord Rotterdam, Newcastle United, SC Heerenveen, Köge BK, Solröd

Jon Dahl Tomasson (10)

Der dänische Nationalspieler Jon Dahl Tomasson, der zusammen mit seinem Landsmann Jesper Grönkjaer in der Ära Trapattoni nach Stuttgart geholt worden war, brachte es in der Hinrunde auf lediglich vier Einsätze, bevor er an den spanischen Erstligisten FC Villarreal ausgeliehen wurde. Tomasson kann auf eine Reihe von Erfolgen bei Topklubs zurückblicken: Unter anderem gewann er mit dem AC Mailand 2003 die Champions League, ein Jahr später holte er die italienische Meisterschaft.

Steckbrief

Geburtsdatum	04.08.1981
Geburtsort	Hausham
Nationalität	deutsch
Sternzeichen	Löwe
Größe	1,79 m
Familienstand	ledig
Beim VfB seit	01.2007
Bundesligaspiele/-tore	119/33
Für den VfB	11/1

Hobbys
Tennis, Playstation

Internationale Spiele
5 A-Länderspiele

Größte Erfolge
Teilnahme an der UEFA Champions League mit dem HSV, deutscher Meister 2007

Frühere Vereine
Hamburger SV, TSV München 1860, Sportfreunde Fischbachau

Benjamin Lauth (16)

Der Offensivspieler, der neben Ex-VfB-Stürmer Kevin Kuranyi einst als größtes deutsches Sturmtalent galt, kam in der Winterpause vom Hamburger SV. Dorthin war Benjamin Lauth im Sommer 2004 für eine stattliche Ablösesumme vom TSV München 1860 gewechselt. Beim HSV wurde Lauth durch eine schwere Verletzung ausgebremst, in Stuttgart brachte er es nach seinem Wechsel zum VfB in der Rückrunde auf elf Einsätze.

Steckbrief

Geburtsdatum	27.03.1981
Geburtsort	Santo André
Nationalität	brasilianisch
Sternzeichen	Widder
Größe	1,79 m
Familienstand	verheiratet
Beim VfB seit	07.2003
Bundesligaspiele/-tore	144/41
Für den VfB	100/33

Hobbys
Lesen, Gitarre spielen

Internationale Spiele
keine

Größte Erfolge
Teilnahme an der UEFA Champions League mit dem VfB 2003/04, deutscher Meister 2007

Frühere Vereine
1. FC Nürnberg, Türk Gücü München

Jeronimo Cacau (18)

Claudemir Jeronimo Barreto, genannt Cacau, geht in seine fünfte Saison beim VfB. Der Brasilianer spielte in Deutschland zunächst in der Landesliga für Türk Gücü München, bevor er in die Amateurmannschaft des 1. FC Nürnberg wechselte. Er kam in dieser Saison nach Anlaufschwierigkeiten fast in jedem Spiel zum Einsatz und überzeugte dabei häufig als Torschütze und Vorbereiter. Gegen die Bayern gelang dem schnellen und technisch starken Stürmer in der Rückrunde ein Doppelpack.

Steckbrief

Geburtsdatum	10.07.1985
Geburtsort	Riedlingen
Nationalität	deutsch, spanisch
Sternzeichen	Krebs
Größe	1,89 m
Familienstand	ledig
Beim VfB seit	07.2001
Bundesligaspiele/-tore	64/20
Für den VfB	64/20

Hobbys
Musik hören, Freunde treffen, Tennis

Internationale Spiele
3 A-Länderspiele, 1 U21-Länderspiel, ca. 50 U16- bis U20-Länderspiele

Größte Erfolge
Deutscher Meister mit der U19, deutscher Vizemeister mit der U17, Teilnahme an der U17 Europameisterschaft 2002, deutscher Meister mit der WFV-Auswahl beim Länderpokal 2001, deutscher Meister 2007

Frühere Vereine
SSV Ulm 1846, FV Bad Saulgau, SV Unlingen

Mario Gomez (33)

Mario Gomez hat in dieser Saison vermutlich den größten Sprung vollzogen und sich zu einem der besten deutschen Stürmer entwickelt. In der Vorsaison erzielte der zentrale Angreifer, der einen spanischen Vater hat, als Joker sechs Tore. In dieser Saison war er mit 14 Treffern erfolgreichster Angreifer des VfB. Selbst eine Verletzung konnte den jungen Stürmer nicht stoppen: Nach zehnwöchiger Spielpause kam Gomez rechtzeitig zum Saisonfinale zurück und schoss auf Anhieb ein Tor.

Cheftrainer

Steckbrief

Geburtsdatum	01.02.1961
Geburtsort	Augsburg
Nationalität	deutsch
Sternzeichen	Wassermann
Größe	1,81 m
Familienstand	verheiratet
Beim VfB seit	02.2006
Bundesligaspiele/-tore	65/3
Für den VfB	0/0

Hobbys
Familie, Hund

Größte Erfolge
Als Trainer: Aufstieg mit der SpVgg Greuther Fürth und dem SSV Reutlingen in die 2. Bundesliga, deutscher Meister 2007

Frühere Vereine
Als Spieler: FC Augsburg, Borussia Mönchengladbach, FC St. Gallen, SpVgg Bayreuth
Als Trainer: FC Augsburg, SpVgg Greuther Fürth, SSV Reutlingen, FC Hansa Rostock, FC Augsburg

Armin Veh

Als Mittelfeldspieler lief Armin Veh 65-mal für Borussia Mönchengladbach in der Bundesliga auf und später als Stürmer bei der SpVgg Bayreuth. Als Trainer schaffte er mit dem SSV Reutlingen und Greuther Fürth den Aufstieg in die zweite Bundesliga. Anschließend behauptete er sich mit dem FC Hansa Rostock in der deutschen Eliteklasse. Von den Hanseaten wechselte der gebürtige Augsburger in seine Heimatstadt zum FC, bevor er zum VfB kam.

Trainer/Betreuer

Alfons Higl
Assistenztrainer

Geburtsdatum	17.12.1964
Geburtsort	Aindling
Nationalität	deutsch
Sternzeichen	Schütze
Größe	1,83 m
Familienstand	verheiratet
Beim VfB seit	07.2006
Bundesligaspiele/-tore	172/5
Für den VfB	0/0

Hobbys
Familie, Sport

Größte Erfolge
Als Spieler: DFB-Pokal-Finale 1991 mit dem 1. FC Köln, Vizemeister und Europapokal-Halbfinale 1990 mit dem 1. FC Köln.
Als Trainer: Halbfinale deutsche Jugendmeisterschaft mit dem FC Augsburg, deutscher Meister 2007

Frühere Vereine
Als Spieler: Fortuna Köln, 1. FC Köln, SC Freiburg, FC Augsburg, TSV Rehling
Als Trainer: TSV München 1860, VfL Wolfsburg, FC Augsburg, FC Tensingen

Ebbo Trautner
Torwarttrainer

Geburtsdatum	07.02.1967
Geburtsort	Stuttgart-Bad Cannst.
Nationalität	deutsch
Sternzeichen	Wassermann
Größe	1,84 m
Familienstand	verheiratet
Beim VfB seit	07.1981
Bundesligaspiele/-tore	32/0
Für den VfB	32/0

Hobbys
Formel 1, Star Wars

Größte Erfolge
Als Spieler: Deutscher A-Jugendmeister 1984, UEFA-Cup-Finale gegen den SSC Neapel 1989, deutscher Meister 1992, Ligapokal-Sieger 1992, DFB-Pokalsieger 1997, Europapokalfinalist 1998 gegen Chelsea London.
Als Trainer: Deutscher Vizemeister mit dem VfB 2003, deutscher Meister 2007

Frühere Vereine
FSV Oßweil, SpVgg 07 Ludwigsburg

Jochen Rücker
Teambetreuer

Geburtsdatum	30.12.1944
Geburtsort	Bischofswerda
Nationalität	deutsch
Sternzeichen	Steinbock
Größe	1,87 m
Familienstand	ledig
Beim VfB seit	07.1987
Bundesligaspiele/-tore	0/0
Für den VfB	0/0

Hobbys
Tennis, Langlauf, mit Freunden gut essen gehen

Größte Erfolge
Aufstieg mit den VfB-Amateuren 1991, deutscher Meister mit dem VfB 1992, DFB-Pokal-Sieger mit dem VfB 1997, deutscher Vizemeister mit dem VfB 2003, deutscher Meister 2007

Frühere Vereine
SpVgg 07 Ludwigsburg, VfL Schorndorf, SV Sillenbuch, Stuttgarter Kickers, SKG Botnang, VfL Kaltental

Ärzte/Physiotherapeuten/Zeugwart

Dr. Raymond Best
Mannschaftsarzt

Geburtsdatum	10.06.1967
Geburtsort	Heidelberg
Nationalität	barbadisch
Sternzeichen	Zwilling
Größe	1,90 m
Familienstand	ledig
Beim VfB seit	07.2006

Hobbys
Ausdauersport (Laufen, Rennrad etc.), tanzen, tauchen

Größte Erfolge
Deutscher Meister 2007

Frühere Vereine
RC Heidelberg (Rugby), SC Dossenheim (Fußball)

Dr. Heiko Striegel
Mannschaftsarzt

Geburtsdatum	21.05.1970
Geburtsort	Bietigheim
Nationalität	deutsch
Sternzeichen	Zwilling
Größe	1,91 m
Familienstand	ledig
Beim VfB seit	07.2005

Hobbys
Laufen, Bergsteigen, Radfahren

Größte Erfolge
Deutscher Meister 2007

Frühere Vereine
–

Gerhard Wörn
Physiotherapeut

Geburtsdatum	27.01.1957
Geburtsort	Weil im Schönbuch
Nationalität	deutsch
Sternzeichen	Wassermann
Größe	1,83 m
Familienstand	verheiratet
Beim VfB seit	07.1989
Bundesligaspiele/-tore	28/2
Für den VfB	28/2

Hobbys
Golf, Hund, lesen

Größte Erfolge
Deutscher Jugendmeister 1975, Bundesligaaufstieg 1977, deutscher Amateurmeister 1980, deutscher Meister 1992, DFB-Pokalsieger 1997, deutscher Vizemeister 2003 mit dem VfB, deutscher Meister 2007

Frühere Vereine
SV Weil im Schönbuch, VfB Stuttgart, SV Göppingen

Detlef Müller
Physiotherapeut

Geburtsdatum	01.03.1967
Geburtsort	Würzburg
Nationalität	deutsch
Sternzeichen	Fische
Größe	1,88 m
Familienstand	verheiratet
Beim VfB seit	07.2003

Hobbys
Lesen, Freunde treffen

Größte Erfolge
Deutscher Meister 2007

Frühere Vereine
Eintracht Frankfurt, Kickers Würzburg, TSV Berbrunn, TSV Vestenbergsgreuth

Hagen Stroh
Physiotherapeut

Geburtsdatum	07.04.1975
Geburtsort	Mannheim
Nationalität	deutsch
Sternzeichen	Widder
Größe	1,77 m
Familienstand	ledig
Beim VfB seit	07.2006

Hobbys
Joggen, surfen, reisen

Größte Erfolge
Deutscher Meister 2007

Frühere Vereine
–

Kostas Papandrafillis
Zeugwart

Geburtsdatum	10.10.1953
Geburtsort	Descati
Nationalität	griechisch
Sternzeichen	Waage
Größe	1,80 m
Familienstand	verheiratet
Beim VfB seit	01.1995

Hobbys
Familie, Fußball, lesen

Größte Erfolge
Deutscher Meister 2007

Frühere Vereine
–

Vereinsführung

Erwin Staudt
Präsident

Ulrich Ruf
Vorstand

Finanzen, Verwaltung

Horst Heldt
Direktor

Abteilung Sport

Jochen Röttgermann
Geschäftsführer

VfB Stuttgart Marketing GmbH

Jochen Schneider
Direktor

Abteilung Sport Verwaltung

Thomas Weyhing
Direktor

Abteilung Verwaltung, Personal, Organisation

Markus Schmidt
Direktor

Abteilung Controlling, Rechnungswesen

Oliver Schraft
Direktor

Abteilung Medien, Kommunikation

Rainer Mutschler
Geschäftsführer

VfB Stuttgart Marketing GmbH

Stefan Heim
Direktor

Abteilung Stab

Das Vereinsheim des VfB Stuttgart liegt neben dem Daimlerstadion auf der Mercedesstraße – nebenan trainieren die Profis.

Der Verein

Vereinsdaten

Name/Anschrift: VfB Stuttgart 1893 e.V.
Verein für Bewegungsspiele Stuttgart 1893 e.V.
Postfach 50 11 42
70341 Stuttgart

Geschäftsstelle: Mercedesstraße 73
70372 Stuttgart
Telefon: 01805 - 8325463 (14 Ct./Min.)

Öffnungszeiten:
Montag – Freitag: 9–20 Uhr, Samstags: 10–18 Uhr
Samstags an Spieltagen:
10 Uhr bis zum Anpfiff und vom Abpfiff bis eine Stunde nach Spielende
Sonntags an Spieltagen:
14 Uhr bis zum Anpfiff und vom Abpfiff bis eine Stunde nach Spielende

Sport-Shop: Mercedesstraße 73
70372 Stuttgart
Telefon: 01805 - 8325463 (14 Ct./Min.)
Telefax: 0711 - 55007 - 33

Öffnungszeiten:
Montag – Freitag: 9–20 Uhr, Samstags: 10–18 Uhr
Samstags an Spieltagen:
10 Uhr bis zum Anpfiff und vom Abpfiff bis eine Stunde nach Spielende
Sonntags an Spieltagen:
14 Uhr bis zum Anpfiff und vom Abpfiff bis eine Stunde nach Spielende

City-Shop: Königstraße 23–25
70173 Stuttgart
Telefon: 0711 - 2536426
Telefax: 0711 - 2536577

Öffnungszeiten:
Montag bis Freitag von 10-20 Uhr, Samstag von 10–18 Uhr

Gegründet: 9. September 1893
Abteilungen: Fußball (Lizenzspieler, Amateure, Jugend, Schiedsrichter), Faustball, Hockey, Leichtathletik, Tischtennis
Mitglieder: 36.000 (Stand: Juni 2007)
Vereinsfarben: Weiß-rot
Spielkleidung: Weißes Trikot mit rotem Brustring, weiße Hose, weiße Stutzen
Stadion: Gottlieb-Daimler-Stadion, 57.000 Plätze; alle überdacht, davon 4187 Stehplätze

Erfolge

Deutscher Meister:	1950, 1952, 1984, 1992, 2007
Deutscher Vizemeister:	1935, 1953, 1979, 2003
Deutscher Pokalsieger:	1954, 1958, 1997
Deutscher Pokalfinalist:	1986, 2007
Deutscher Superpokalsieger:	1992
Europapokalfinalist:	1989, 1998
Deutscher Amateurmeister:	1963, 1980
Deutscher A-Jugend-Meister:	1973, 1975, 1981, 1984, 1988, 1989, 1990, 1991, 2003, 2005
Deutscher B-Jugend-Meister:	1986, 1994, 1995, 1999, 2004

History

Saison	Liga	Pl.	Tore	Punkte
1963/64	1. Bundesliga	5	48:40	33-27
1964/65	1. Bundesliga	12	46:50	26-34
1965/66	1. Bundesliga	11	42:48	32-36
1966/67	1. Bundesliga	12	48:54	33-35
1967/68	1. Bundesliga	8	65:54	36-33
1968/69	1. Bundesliga	5	60:54	36-32
1969/70	1. Bundesliga	7	59:62	35-33
1970/71	1. Bundesliga	12	49:49	30-38
1971/72	1. Bundesliga	8	52:56	35-33
1972/73	1. Bundesliga	6	71:65	37-31
1973/74	1. Bundesliga	9	58:57	31-37
1974/75	1. Bundesliga	16	50:79	24-44
1975/76	2. Bundesl.-Süd	11	67:60	36-40
1976/77	2. Bundesl.-Süd	1	100:36	57-19
1977/78	1. Bundesliga	4	58:40	39-29
1978/79	1. Bundesliga	2	73:34	38-20
1979/80	1. Bundesliga	4	75:53	41-27
1980/81	1. Bundesliga	3	70:44	46-22
1981/82	1. Bundesliga	9	62:55	35-33
1982/83	1. Bundesliga	3	80:47	48-20
1983/84	1. Bundesliga	1	79:33	48-20
1984/85	1. Bundesliga	10	79:59	33-35
1985/86	1. Bundesliga	5	69:45	41-27
1986/87	1. Bundesliga	12	55:49	32-36
1987/88	1. Bundesliga	4	69:49	40-28
1988/89	1. Bundesliga	5	58:49	39-29
1989/90	1. Bundesliga	6	53:47	36-32
1990/91	1. Bundesliga	6	57:44	38-30
1991/92	1. Bundesliga	1	62:32	52-24
1992/93	1. Bundesliga	7	56:50	36-32
1993/94	1. Bundesliga	7	51:43	37-31
1994/95	1. Bundesliga	12	52:66	30-38
1995/96	1. Bundesliga	10	59:62	43
1996/97	1. Bundesliga	4	78:40	61
1997/98	1. Bundesliga	4	55:49	52
1998/99	1. Bundesliga	11	41:48	39
1999/00	1. Bundesliga	8	49:47	48
2000/01	1. Bundesliga	15	42:49	38
2001/02	1. Bundesliga	8	47:43	50
2002/03	1. Bundesliga	2	53:39	59
2003/04	1. Bundesliga	4	52:24	64
2004/05	1. Bundesliga	5	54:40	58
2005/06	1. Bundesliga	9	37:39	43
2006/07	1. Bundesliga	1	61:37	70

Die meisten Spiele

Pl.	Spieler	Einsätze
1	Allgöwer	338
2	Schäfer	331
3	Buchwald	325
4	Ohlicher	318
5	Soldo	301

Die meisten Platzverweise

Pl.	Spieler	Platzverweise
1	Berthold	5
	Bordon	5
3	Haber	4
	Schneider	4
	Meira	4

Erfolgsmomente

Der Meistermacher: Trainer Helmut Benthaus präsentiert 1984 stolz die Schale nach dem überraschenden Titelgewinn des VfB. Es ist die erste Meisterschaft nach 32 Jahren.

Ein begnadeter Fußballer im Neckarstadion: der SSC Neapel gewinnt mit dem Argentinier Diego Maradona 1989 im Endspiel des Uefa-Cups gegen den VfB.

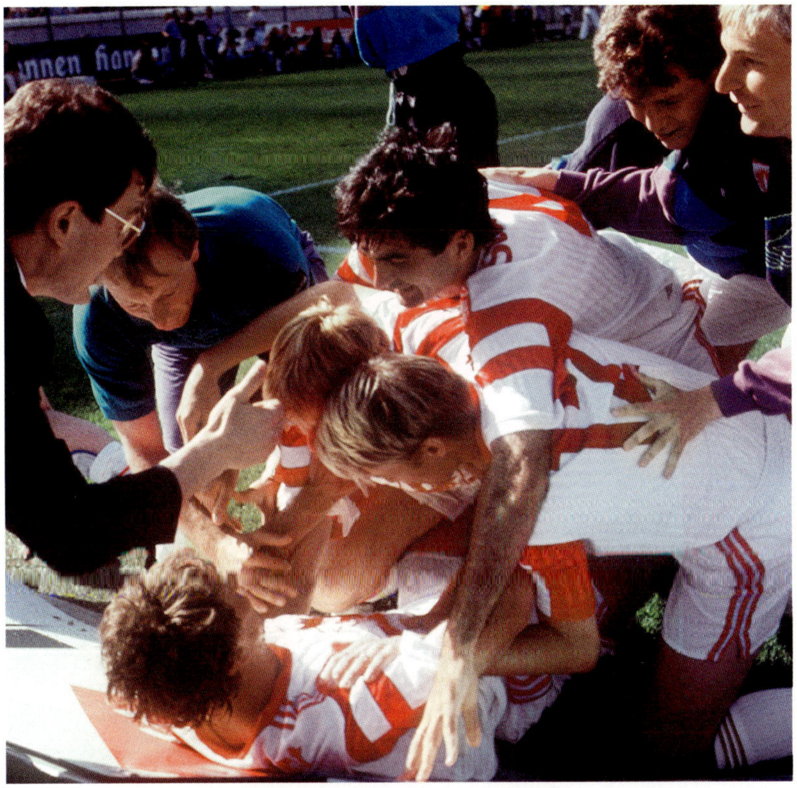

Entscheidung in den letzten Minuten: Kurz vor Schluss trifft Guido Buchwald gegen Leverkusen zum 2:1 und macht den VfB damit 1992 zum Champion.

Ein Jahr nach dem Triumph im Pokalendspiel in Berlin zieht der VfB 1998 ins Finale des Europapokals der Pokalsieger ein – und unterliegt Chelsea mit 0:1.

Eines Tages ist Harald Jordan dann doch noch beim VfB Stuttgart gelandet. Nicht als Spieler, wie er es eigentlich einmal geplant hatte – als solcher hatte es für den 59-Jährigen, wie er selbst sagt, nur für den SV Lenzfried gereicht, einem kleinen Dorfklub im Allgäu. Dafür aber Ende der 80er Jahre als Pressesprecher des Vereins, als Fanbeauftragter und später als Autor diverser Jubiläumsschriften.

Inzwischen hat es Jordan zum offiziellen Leiter der historischen Abteilung des Bundesligisten gebracht, der 19. Mai 2007 war daher auch für ihn ein ganz besonderer Feiertag. Erst freute er sich mit seinem VfB über den überraschenden fünften Meistertitel, dann freute er sich gleich noch mal für sich selbst. Denn seine Sammlung, die er über Jahre zusammengetragen hat, wird nun um ein bemerkenswertes Stück erweitert: die Meisterschale der Saison 2006/2007, die wie ihre Vorgängerin aus dem Jahr 1992 als Duplikat dauerhaft beim VfB bleiben wird. Dazu hat sich Jordan die kompletten Trikotsätze der Spieler und weitere Andenken an die Meistersaison gesichert, nur dem grauen Glücksanzug von Trainer Armin Veh, der für einen guten Zweck versteigert wurde, trauert er etwas hinterher. „Der ist leider an uns vorbeigegangen."

Mehr als 250 Pokale, Wimpel und andere Exponate hat Jordan seit den 70er Jahren auf Dachböden, in Kellern und Archiven zusammengetragen. Etwa den Fußballkoffer des Linksaußens Rolf Blessing nebst genageltem Kickstiefel, das silberne Lorbeerblatt, das der ehemalige Bundespräsidenten Theodor Heuss anlässlich der ersten Meisterschaft 1950 verliehen hat; das Trikot von Ernst Läpple, dem Schützen des ersten Tors in jenem Meisterschaftsfinale von Berlin, oder der vom damaligen Oberbürgermeister Arnulf Klett 1945 gestiftete bronzene Löwe, die erste Trophäe der Nachkriegszeit. Manches davon ist ihm von Angehörigen, Mitgliedern oder den Aktiven selbst überlassen worden. So hat ihm der einstige VfB-Torhüter Heinz Maier, im Jahr 1926 baden-württembergischer Meister, bei einem Besuch zum 80. Geburtstag sein Fotoalbum überreicht, obwohl dessen ganzes Herzblut daran hing. Heute ist dieses Album eine der wichtigsten Fotoquellen und die Erinnerung an den einstigen Besitzer eine Antriebsfeder zum Weitermachen, sagt Jordan. Seine Verantwortung sei es nun, die Geschichte lebendig zu halten und ihr die richtige Plattform zu bieten.

Im Jahr 2001 hat Harald Jordan den ganzen Besitz hervorgeholt und die Wanderausstellung „Mythos VfB Stuttgart" aufgebaut, die unter anderem auch im Stuttgarter Theaterhaus mehrere Wochen lang zu sehen war. Mit ihr will Jordan zeigen, was die 114-jährige Vereinsgeschichte eigentlich ausmacht – für ihn sind es die Emotionen. „Es gibt in dieser Stadt keine andere Kulturinstitution, die Menschen dauerhaft derart bewegt", betont er. Der beste Beweis: mehr als 250.000 Menschen feierten in der Stuttgarter Innenstadt bis tief in die Nacht hinein den fünften Titel – ein unvergessliches Erlebnis, auch für die Spieler und Trainer. Aber auch schon bei der Meisterschaft von 1950, mitten in den harten Jahren des Wiederaufbaus, hätte der Titelgewinn des VfB enorme Emotionen freigesetzt, sagt Jordan. Die Gefühlsausbrüche rund um den Fußball bilden für den Geschichtensammler des VfB die eigentliche Tradition: „Die Menschen regen sich schon seit mehr als hundert Jahren darüber auf", sagt Jordan, „dass der Ball nicht ins Tor gegangen ist."

Ihm selbst geht das seit seinem ersten Stadionbesuch Ende der fünfziger Jahre so. Dass er sich so intensiv mit dem Verein auseinandergesetzt hat, liegt jedoch an der Kulturwissenschaft. Die hatte der Gymnasiallehrer, der am Königin-Olga-Stift unterrichtet, einst an der Uni Tübingen neben Germanistik und Sport studiert. 1978 begann er dann, in Militär- und Stadtarchiven allen möglichen Schriftverkehr, Spielgenehmigungen der Besatzungsmächte, Zeitungsausschnitte oder alte Karten zu sammeln, ursprünglich für eine Doktorarbeit. Nun schreibt Jordan an der zweiten Auflage des Buches über den „Mythos VfB".

Seit die Wanderausstellung durch Stuttgart und die Region tingelt, bekommt Jordan immer wieder historische Dokumente, alte Stadionzeitungen und Fanutensilien angeboten. „Die Sammlung wächst ständig an", sagt der Archivar auch schon mit Blick auf die anstehende Champions-League-Saison. Auch ihn selbst lässt der VfB einfach nicht mehr los. „Der Verein ist für viele Menschen Heimat und gleichzeitig ein wichtiger kultureller Teil der Stadt wie etwa die Oper, die Bachakademie oder das Theaterhaus", sagt der Vereinspräsident Erwin Staudt. Aus diesem Grund sollen die gesammelten Emotionen in absehbarer Zeit auch einen festen Platz bekommen – in einem eigenen Vereinsmuseum am Daimlerstadion.

Bei einer Ausstellung präsentieren Theaterhauschef Werner Schretzmeier, VfB-Präsident Erwin Staudt und Harald Jordan Exponate aus vielen Jahren der VfB Stuttgart Clubgeschichte.

Die Fans – ein Leben lang weiß-rot

Daumendrücken in Niederbayern

Fanclubs

Torjubel am Tresen

Fantreffs in der Region

Fanbetreuer, Fanausschuss

Daumendrücken in Niederbayern

Das Thermalbäderdreieck zwischen Bad Füssing, Bad Griesbach und Bad Birnbach befindet sich fest in der Hand der Fans des FC Bayern München. Doch trifft das wirklich für den ganzen niederbayerischen Flecken zu? Nein, denn im beschaulichen Bad Birnbach leben Karin und Helmut Kanngießer, deren Wohnzimmer einem Fanmuseum des VfB Stuttgart ähnelt: An den Wänden prangen Poster mit den Idolen von heute und einst. Vom Fernseher grient das Maskottchen Fritzle herab. Und wie an jedem Spieltag zünden die Kanngießers auch vor der entscheidenden Meisterschaftspartie gegen Energie Cottbus eine rote Kerze auf dem Tisch an und stecken ihr Telefon aus.

In Stuttgart – und augenscheinlich weit über die Stadt hinaus – herrscht in dieser Bundesligaspielzeit der ganz normale VfB-Fanwahnsinn. Warum man in Niederbayern ausgerechnet den Weiß-Roten aus Stuttgart und nicht den Rot-Weißen aus München die Daumen drückt? „Weil die Bayern so arrogant auftreten", erklärt der Altenpfleger Helmut Kanngießer. „Bei mir lag es zunächst an Hansi Müller", erzählt seine Frau. Am drittletzten Spieltag fahren die beiden mit der Bahn von Niederbayern in die baden-württembergische Landeshauptstadt, steigen zweimal um und sind insgesamt viereinhalb Stunden unterwegs. „Die Karten für das Heimspiel gegen Mainz sind ein Geburtstagsgeschenk für meinen Mann", sagt Karin Kanngießer.

Selten hat eine Saison bei den VfB-Fans einen derartigen Stimmungsumschwung bewirkt wie die Spielzeit 2006 2007. Nach der 0:3-Auftaktniederlage schlichen Tausende eine Viertelstunde vor dem Abpfiff wie geprügelte Hunde aus dem Daimlerstadion. Doch im Meisterschaftsendspurt trägt eine ganze Stadt stolz die roten Brustringe zur Schau: Auf einem Gerüst an einer Wangener Stadtbahnhaltestelle thronen weithin sichtbar vier Schaufensterpuppen in VfB-Trikots. Diese stehen sonst das Jahr über im Malerkittel, als Flaschner, Gerüstbauer und Dachdecker zu Werbezwecken auf den Balustraden des Familienbetriebs von Jochen-Dieter Rinker. Doch vor dem Saisonfinale ist Rinker zwar immer noch der Chef im Betrieb – in erster Linie aber bereitet sich der Edelfan („38 Jahre Klubmitgliedschaft und Dauerkarte auf der Haupttribüne") in diesen Tagen innerlich auf den Gewinn der Meisterschaft vor. In Stuttgart machen die Fans mobil. Und tatsächlich wird über Wochen hinweg das wahr, was der Präsident Erwin Staudt angekündigt hatte: Der VfB verwandelt sich in einen „Verein für Begeisterung". In fast 200 Kneipen werden die Ligaspiele auf dem Sender Arena übertragen – und in vielen von ihnen stehen die Fans bei den entscheidenden Spielen dicht gedrängt bis zur Tür. In einem dieser Fantreffs drückt seit vielen Jahren schon ein Schotte dem VfB die Daumen, der auf der Gablenberger Hauptstraße ausgerechnet einen Irish Pub betreibt. Bernard McGlave lebt seit 1986 in Stuttgart, und sein Herz schlägt sowohl für Celtic Glasgow als auch für den VfB. Während Cacau und Co. um den Titel kämpfen, trägt der 51-Jährige seinen Teil zum Erfolg bei: An den Spieltagen lässt er seine eigene Mannschaft hinter der Theke in VfB-Polohemden auflaufen.

Nach dem Titelgewinn ist der Fanwahnsinn nicht mehr aufzuhalten – und er hat viele Stimmen: Auf der Theodor-Heuss-Straße skandieren die Anhänger von der „Rote-Tor-Fraktion" von einem Musikwagen herab die Hymne „VfB ein Leben lang". Andernorts wird der Nummer-eins-Hit von DJ Ötzi – ein Stern, der deinen Namen trägt – flugs in „Ein Stern, der über Stuttgart steht" umgedichtet. Und im Zug der Tausenden von Fußballfans, die nach dem Sieg gegen Cottbus von Bad Cannstatt aus in die Innenstadt laufen, lautet die Hymne: „Olé, olé, olé - wir sind immer für euch da!" Im großen Fanorchester harmonieren dabei nicht alle Sängerknaben so elegant wie die Mannschaft des VfB auf dem Platz.

Karin und Helmut Kanngießer zünden vor jedem Spiel des VfB eine rote Kerze an.

Vor der Fußballeuphorie gibt es im Frühjahr einfach kein Entkommen. Das merkt kurz vor Pfingsten auch ein diensthabender Arzt in der Notaufnahme des Marienhospitals: Als dort ein älterer Mann zum Röntgen vorbeigebracht wird, fragt ihn der Mediziner, welcher Feiertag demnächst anstehe, um zu testen, wie mitgenommen der Patient ist. Doch der ist mental voll auf der Höhe: Feiertag? Ach ja, morgen steht der VfB im Pokalfinale ...

In einer Bäckerei gehen unterdessen Amerikaner mit VfB-Schriftzug wie warme Brezeln über die Ladentheke, im Fanshop des Klubs werden die Devotionalien aus aufgerissenen Pappkartons heraus verkauft. Zeit, um die Ware in die Regale zu räumen, bleibt nicht mehr. Die Rückennummern von Gomez, Cacau und Meira gehen bei den Trikots am besten, erzählt Jürgen Zahn, der unter anderem den Fanshop des Vereins leitet. Der VfB, sagt Zahn, soll das Leben eines jungen Fans vom Aufstehen bis zum Einschlafen begleiten: Zahnbürste, Brotbox, Rucksack und Bettwäsche – alles mit dem VfB-Emblem.

Aus Marketingsicht spielen die Kanngießers aus Niederbayern bereits in der Champions League. Hier ein neuer Schal, dort ein aktuelles Trikot, und den neuen Katalog packen sie bei ihrem Besuch in Stuttgart auch gleich mit ein. Zwei Wochen nachdem sie gegen Mainz auf der Tribüne mitgefiebert haben, hat ihr VfB tatsächlich die deutsche Meisterschaft gewonnen. Die beiden liegen sich daheim vor dem Fernseher in den Armen und jubeln anschließend auf dem heimischen Dorfplatz. „Der Wahnsinn", sagt Karin Kanngießer aus der neuen VfB-Hochburg – dem lauschigen Bad Birnbach im Thermalbäderdreieck.

Auch der Zoodirektor der Wilhelma, Dieter Jauch, sein Team und die Elefanten stehen auf die Roten.

Fanclubs

Inferno Heldrungen
Ronny Sterz
Poststraße 27
06567 Bad Frankenhausen

Thalheim Erzgebirge
Rico Weisbach
Siedlung der Jugend 38
09392 Auerbach

Am Scheibenberg
Mike Siebert
Pfarrgaße 9
09456 Annaberg

Nordlicht '98
Holger Sinningen
Paapsand 15
26723 Emden

Die Nordlichter
Katja Mau
Krelingen 115
29664 Walsrode

Weserschwaben '99
Thomas Herrmann
Tipperberg 4
32469 Petershagen-Döhren

VfB Fans Borchen '03
Achim Hecker
Auf der Schweiz 1
33178 Borchen

VfB Supporters Hessen
Karsten Kuhl
Baumgarten 5
35096 Weimar-Niederweimar

Nordrhein-Westschwaben
Christof Niehaus
Hardtstraße 26
46414 Rhede

Ruhrpottschwaben
Kerstin Döring
Elbinger Straße 13
47228 Duisburg

Vredener Schwaben
Andrè Lösing
Schweriner Straße 17
48691 Vreden Westfalen

Weiß-Rote Garde
Georg Grasi
Aureliusstraße 47
52064 Aachen

You'll never walk alone
Christoph Jansen
Theodor-Heuss-Straße 71
52428 Jülich

Wild Boys
Klaus Weber
Max-Frisch-Straße 17
68259 Mannheim

Klinikum Stuttgart
Andreas Braun
Kriegsbergstraße 60
70174 Stuttgart

Red Attack
Paul Hauser
Lessingstraße 12
70174 Stuttgart

United Supporters
Tobias Walch
Ludwigstraße 74
70176 Stuttgart

Balu-Schönbuch 1992
Markus Faas
Planckstraße 121
70184 Stuttgart

Sieben Schwaben
Thomas Kraus
Klingenstraße 30
70186 Stuttgart

Red Crew Cannstatt
Steffen Kirchherr
Dornhaldenstraße 2
70199 Stuttgart

Neckartalwerkstätten
Richard Sillmann
Nähterstraße 114
70327 Stuttgart

Ragazzi BiancoRossi
Saverio Amato
Dietbachstraße 13
70327 Stuttgart

WasenhopBears
Michael Fickert
Sigurdweg 13
70327 Stuttgart

Lebensfreude
Jens-Christoph Maurer
Asangstraße 118
70329 Stuttgart

Red-White Fanatics
Stephan Fichtner
Renettenweg 24
70329 Stuttgart

Uhlbacher Jungs
Jürgen Dehn
Uhlbacher Straße 188
70329 Stuttgart

No Name Boyz
Jörg Jedele
Nauheimer Straße 7
70372 Stuttgart

Bermudas Cannstatt
Thomas Miedaner
Ihmlingstraße 44
70374 Stuttgart

Sektion Eck - Bad Cannstatt
Stefan Striffler
Rühlestraße 9
70374 Stuttgart

Die Mützen
Eugen Pregitzer
Duisburger Straße 32
70376 Stuttgart

Schwaben Deluxe
Oliver Klein
Moselstraße 52
70376 Stuttgart

Schwabenpower Stuttgart
Helmut Angerbauer
Düsseldorfer Straße 31
70376 Stuttgart

Semper Fidelis
Roger Zipp
Zuckerbergstraße 123
70378 Stuttgart

Kumpelz '97
Bernd Glöck
Burenstraße 32
70435 Stuttgart

Powerplay Stuttgart '94
Tom-Philipp Zoll
Markelsheimer Straße 62
70435 Stuttgart

Schwoißsoggaschwadr Ostalb '95
Alexander Beck
Brackenheimer Straße 25
70435 Stuttgart

Red White United
Holger Balz
Zavelsteinstraße 33
70469 Stuttgart

VfB Fans Gerlingen
Andreas Kieß
Halleiner Straße 1
70469 Stuttgart

Kinoklause-Giebel
Gerhard Geupert
Mittenfeldstraße 17
70499 Stuttgart

Der 12. Mann
Daniel Siedentopf
Supperstraße 28
70565 Stuttgart

Für immer und ewig
Uli Lampen
Kaufwaldweg 18
70565 Stuttgart

Rot-Weiß Betzingen '78
Michael Wagner
Haeckerstraße 10
70565 Stuttgart

Stuttgarter CVJM Buaben
Benjamin Hirzel
Eisestraße 1
70567 Stuttgart

Schwabenfrösche '90
Holger Waidelich
Meluner Straße 31
70569 Stuttgart

STUTTGARTER JUNXX
Mark Friedrich
Todtnauer Straße 13
70569 Stuttgart

MANCHA VERMELHA
Michael Heßlinger
Rommelshausener Straße 1
70734 Fellbach

Schwäbisch Dynamite e.V.
Michael Lieb
Stuttgarter Straße 149
70734 Fellbach

Eisener Block
Klaus Arlinck
Hindenburgstraße 13
70736 Fellbach

Die Stuttgarter Treuen '80
Ralph Klenk
Starenweg 3
70736 Fellbach-Schmiden

Otto's Buaba
Jochen Schweikhardt
Meissner Straße 23
70736 Fellbach-Schmiden

Filder-Adler Stuttgart e.V.
Andreas Stöhr
Plieninger Straße 36
70771 Leinfelden-Echterdingen

Filder
Uwe Steeg
Hebbergweg 10
70771 Echterdingen

Schraube Kwh
Christian Schmidt
Stuttgarter Straße 62
70806 Kornwestheim

Stuttgart kommt
Michael Hoffmann
Aldinger Straße 52
70806 Kornwestheim

Red Tigers Gerlingen
Tobias Herfurth
Stahlerstraße 11
70839 Gerlingen

Red-White Army
Oliver Krautter
Jahnstraße 3 1
70839 Gerlingen

VfB-Power Sindelfingen
Markus Hammerl
Feldbergstraße 53
71065 Sindelfingen

Götterschwaben
Domenico Paci
Pfarrwiesenallee 25
71067 Sindelfingen

Red Bulls Sindelfingen '95
Thorsten Weber
Sommerhofenstraße 116
71067 Sindelfingen

Weiß-Rote Spätzle
Steffen Weißhaar
Raistinger Straße 30
71083 Herrenberg

Picknicker
Thomas Olaying
Marienbader Weg 4
71111 Waldenbuch

Supporters Atlantic Ehningen
Steffen Schindler
Karpatenweg 25
71139 Ehningen

Beerlesklopfer Steinenbronn
Bernhard Schmitt
Tübinger Straße 12
71144 Steinenbronn

Gäu-Offensive Bondorf
Sven Bergmann
Breiter Weg 4
71149 Bondorf

Höfingen
Jens Strobel
Carl-Schmincke-Straße 5
71229 Leonberg

White Boyz
Andreas Klamt
Marienbader Straße 4
71229 Leonberg

PectusOrbis Ditzingen
Michael Schüle
Hugo-Wolf-Weg 2
71254 Ditzingen

Black Sun
Andreas Krauß
Katharinenstraße 5
71263 Weil der Stadt

Rot-Weiß 77 Merklingen
Gerhard Hahn
Waldweg 100
71263 Weil der Stadt

Red Hots '96
Hannes M. Janietz
Alemannenstraße 95
71272 Renningen

Die Weisen vom Wasen
Dieter Geist
Rötestraße 8
71332 Waiblingen

Old Warriors
Andreas Kurz
Hermann-Löns-Weg 3
71364 Winnenden

Wilife Supporters
Sebastian Bauer
Paulinenstraße 23a
71364 Winnenden

Boys in Red
Frank Mödinger
Birkenackerweg 31
71384 Weinstadt

The Wanderers
Michael Beck
Ulrichstraße 20
71384 Weinstadt

Weiß-Rote Schwoba Leutenbach 2002
Benjamin Layer
Brucknerstraße 15
71397 Leutenbach

Alex Hleb „The best"
Uwe Salvo
Einsteinstraße 14
71522 Backnang

Feuer & Flamme Backnang e.V.
Markus Sieland
Föhrenbühl 17
71522 Backnang

Schwabenfront Backnang
Frank Mayer
Tilsiter Straße 20
71522 Backnang

VfB Freunde Zillertal
Martin Kappenstein
Südstraße 138
71522 Backnang

Schwaben Murrhardt
Ute Wolff
Stettiner Straße 6
71540 Murrhardt

Red White Flash Wüstenrot
Volker Groß
Birkenweg 3
71543 Wüstenrot

Boyz Inferno
Marcel Schneider
Desselhofweg 5
71549 Mittelbrüden

VfB Freunde Murrtal e.V.
Elke Wenzler
Theodor-Heuss-Straße 11
71560 Sulzbach

Die Lemberger
Boris Schwarz
Im Näheren Grund 15
71563 Affalterbach

Red White Zone
Michael Günther
Wiesenstraße 22
71638 Ludwigsburg

Crocodiles Vaihingen
Sven Bartke
Aschmannstraße 7
71665 Asperg

Gib's mir Stuttgart
Markus Schenn
St.-Johännser Ring 6
71665 Vaihingen Enz

Stuttgart Thunder
Sven Ippich
Tulpenweg 7
71665 Vaihingen Enz

VfB Freunde Mettertal e.V.
Veit Renz
Blumenweg 2
71665 Vaihingen Enz

Red Puschkins Tamm Asperg
Falko Beck
Lehenstraße 12 1
71679 Asperg

VfB Freunde Stuttgart-Mühlhausen
Andreas Allgayer
Rossbergweg 9
71686 Remseck

Cyber-Schwaben
Martin Bechtle
Hohenecker Straße 17
71691 Freiberg N.

Ultimative Stuttgart
Thomas Menzel
Ludwigsburger Straße 74
71691 Freiberg N.

Schwaben-Elite
Andreas Pfau
Anne-Frank-Straße 1
71701 Schwieberdingen

Cannstatter Mondgucker
Thomas Leusch
Götzenbergweg 22
71711 Murr

Old Veterans Supporters Club
Mathias Bernatek
Theodor-Heuss-Straße 73
71711 Murr

Red Fire
Sebastian Graf
Murrgässle 13
71711 Murr

Piratenpower
Markus Lutz
Am Schloßberg 14
71720 Oberstenfeld

Red Schlupf04 Großbottwar
Werner Weiß
Seewiesenstraße 9
71723 Großbottwar-Winzerhausen

Wilde Uhus Tübingen
Frank Edel
Mistralweg 6
72072 Tübingen

Moofänger Kiebingen
Patrick Guiziou
Herrengarten 18
72108 Rottenburg

Rot-Weiß Rottenburg Adler
Hermann Wiesflecker
Seminargaße 4
72108 Rottenburg N.

Wundy Pfäffingen
Uli Kley
Lange Gaße 21
72119 Ammerbuch

Tannenzäpfle-Steinlachtal e.V.
Timo Ballestrin
Finkenweg 5
72131 Ofterdingen

Schwabenaße
Gertrud Lumpe
Brunnfeldstraße 6
72141 Walddorfhäslach

Wild VfB Boys Heuberg
Thorsten Sauter
Bohlstraße 10
72147 Nehren

Neckarschwaben Sulz N.
Stephan Getzreiter
Weinbergstraße 61
72172 Sulz-Glatt

Hütte Schopfloch
Michael Sturm
Schulzengaße 1
72175 Dornhan

VfB Freunde Hölzerjungs e.V.
Timo Walz
Mozartstraße 38
72202 Nagold

Oberes Nagoldtal
Ulli Scheerer
Burgstraße 19
72213 Altensteig

Stolze Schwaben '91
Frank Pross
Breitestraße 20
72218 Gültingen

Dodge-City
Beatrice Schlaich
Riedsteige 28
72280 Dornstetten

Bis zum bitteren Ende Schörzingen
Tommy Geiger
Lehenbrunnenstraße 10
72335 Schörzingen

The Who VfB Fans Hechingen
Christian Bollinger
Beethovenstraße 7 4
72336 Balingen

Geislingen 2003
Corina Glank
Talstraße 6
72351 Geislingen

Rot-Weiße Front Gauselfingen e.V.
Michael Amann
Sonnenbühl 26
72393 Gauselfingen

Tragisches Dreieck '97
Denni Schäfer
Lehrstraße 3
72401 Haigerloch-Stetten

Brigade Boys Hohenzollern
Bernd Schild
Vor Eichen 15
72406 Bisingen

VfB Fans Albstadt
Tobias Beck
Goethestraße 1
72406 Bisingen

Schwaben-Rolli-Power
Bianca Stoll
Quellenstraße 5
72461 Albstadt

Hochalb Hoppers 1998 Mehrstetten
Jochen Schürrle
Baumwiesenstraße 9
72525 Münsingen-Auingen

ENERGIE METZINGEN 1997 e.V.
Michael Eberle
Einsteinstraße 35
72555 Metzingen

Supporters-Club Stuttgart
Jürgen Bosler
Altdorfer Straße 24
72654 Neckartenzlingen

Red-Revivals
Thomas Tichelmann
Stöffelburgstraße 23
72770 Reutlingen

Redman Reutlingen
Sascha Kurbel
Blosenbergstraße 15
72829 Engstingen

Black Boys Stuttgart Latrikunda Gambia
Harald Wollenschläger
Martinstraße 15
73061 Ebersbach

Keilrämaschdübler
Oliver Konya
Alemannenstraße 4
73061 Ebersbach

Schwoba-Invasion
Ronny Dittrich
Kerner Straße 2
73061 Ebersbach

Schwoba Support
Sebastian Kübler
Herbstäckerweg 1 1
73061 Ebersbach

VfB Freunde „bei Toni"
Peter Wagner
Gartenstraße 56
73061 Ebersbach Fils

Stammheim Alligators
Daniela Janner
Blumenweg 1
73066 Uhingen

Filstalpiraten
Björn Röder
Uferstraße 18
73084 Salach

Heininger Staren
Martin Fröhlich
Lindenstraße 31
73092 Heiningen

Treue Schwoba
Marc Fehr
Fuchseckstraße 13
73095 Albershausen

de heedg'sottene VfB'ler
Heiko Grimaldi
Reichenhardtstraße 22 1
73098 Rechberghausen

Germania Teck
Sascha Bopp
Charlottenstraße 33
73230 Kirchheim Teck

Rot-Weiß Leberkäs
Michael Hack
Schimmingweg 44
73230 Kirchheim Teck

ASD '91
Thomas Schäufele
Finkenstraße 44
73249 Wernau Neckar

Lenningen-kein Bier vor vier
Thorsten Gökeler
Grimmstraße 16
73252 Lenningen

Guck und Schluck Köngen 1995
Thomas Böttle
Spitalgartenstraße 63
73257 Köngen

Schwabenfans Reichenbach
René Fischer
Blumenstraße 4
73262 Reichenbach Fils

VfB Fans Vordere Alb
Herbert Gneiting
Schloßstraße 21
73260 Erkenbrechtsweiler

Der Kronenklub „Ludwigsburg"
Jasmin Benk
Jahnstraße 10
73274 Notzingen

Teckschwoba
Rolf Wicker
Brahmstraße 8
73274 Notzingen-Wellingen

Schlierbacher Schwaben
Jörn Feldsieper
Silcherstraße 4
73278 Schlierbach

Guerillas Geislingen '03
Nico Wagner
Am Sonnenblick 1
73312 Geislingen Steige

Oberes Filstal
Jochen Baumeister
Schillerstraße 6
73337 Bad Überkingen

The Red Optimists 2001
Constantin Vetter
Frauenbergstraße 28
73337 Bad Überkingen

Rot-Weiß Wiesensteig
Uwe Dolch
Rechbergweg 2
73349 Wiesensteig

Ostalb Fanatics
Timo Bahr
Gewandweg 11
73432 Aalen-Ebnat

Schwoba-Club Oberdorf
Thomas Graf
Nansenweg 7
73441 Oberdorf

Heilig's Blechle
Alexander Sperrle
Bahnhofstraße 37
73457 Essingen

Remswelle Essingen
Martin Göhringer
Aalener Straße 18
73457 Essingen

Supporter Boyz
Thomas Holl
Dr.-Rudolf-Schieber-Str. 16
73463 Westhausen

Riesrand Krokodile Kirchheim
Egbert Kmetzsch
Jahnstraße 27
73467 Kirchheim am Ries

Zeberger
Thomas Schwarz
Fliederweg 5
73485 Zöbingen

Schlierbach-Power Neuler '97
Bernd Eiberger
Ahornweg 27
73491 Neuler

Virngrundschwaben Rosenberg
Florian Schenk
Geiselrot 25
73494 Rosenbergy

Loutsen
Jürgen Helmli
In der Sue 20
73527 Lindach

Hopp Cannstatt
Oliver Glass
Am Schapfenbach 48
73529 Schwäbisch Gmünd

Neckar Kings Bargau
Marco Krause
Weinbergstraße 19
73529 Schwäbisch Gmünd

Rot-Weiß '99 Hirschmühle
Klaus Tober
Bühlgaße 4
73529 Bettringen

VfB Fans Weiler i.d.B.
Michael Fischer
Steinbacher Weg 21
73529 Schwäbisch Gmünd

Heubach
Thomas Schimo
Strutfeldstraße 9
73540 Heubach

Magic Ostalb
Heiko Hegele
Fliederstraße 24
73563 Mögglingen

Desperados
Frank Weichert
Konnenbergstraße 36
73614 Schorndorf

Red-White Tigers
Thomas Kunsch
Zaisenweg 21
73614 Schorndorf

Friends Forever
Jens Weber
Bühlstraße 24 1
73630 Remshalden

Red Roots
Frederic Frisch
Max-Eyth-Straße 13
73630 Remshalden

Remstalschlurger
Klaus Wagner
Bachstraße 2
73630 Remshalden

Stuttgarter Jungs
Andreas Lentz
Schnaiter Straße 18
73630 Remshalden

Red-White Alligators Remstal
Daniela Göckeler
Quittenweg 8
73635 Steinenberg

Wild Crocodiles Welzheim
Pia Dawids
Händelstraße 15
73642 Welzheim

Rot-Weiße Welle Urbach e.V.
Michael Werni
Kernerweg 7
73660 Urbach

Berglen
Steffen Seibold
Schumannweg 8
73663 Berglen

Berzerker Berglen
Sascha Scherff
Hirschstraße 48
73663 Berglen

VfB Fans Reichenbach
Mark Geng
Gartenstraße 32
73669 Lichtenwald

Kampftrinker Cannstatt
Hans-Dieter Rieker
Schorndorfer Straße 20
73730 Esslingen

Rot-Weiße Schwaben Berkheim e.V.
Joachim Schmid
Schwarzwaldstraße 3
73734 Esslingen N.

1 Red White Power
Jan Voss
Berkheimer Straße 10
73760 Ostfildern

8 FilderFront 93
Christian Gehrung
Stuttgarter Straße 7
73760 Ostfildern

Bauze Schwoba
Ruben Gotthardt
Kirchstraße 8
73765 Neuhausen

Schwabenrangers '95
Martin Vlasina
Haldenstraße 16
73770 Denkendorf

0711-Denkendorf
Marco Mangold
Hermann-Löns-Straße 12
73770 Denkendorf

Overtime 03
Helmut Ehmann
Markgraf-Ludwig-Straße 3
74074 Heilbronn

Red Wings Stuttgart
Michael Kaufmann
Ilsfelder Straße 9
74074 Heilbronn

Käthchen Rebellen Heilbronn
Markus Germann
Lauffener Straße 18
74081 Heilbronn

Rot Weiße Generation
Patrick Reim
Bachstraße 31
74084 Heilbronn-Böckingen

VfB Supporters NSU
Markus Christ
Hofackerstraße 27
74172 Neckarsulm

Heilbronn
Timo Greiner
Hohenstädter Straße 21 2
74206 Bad Wimpfen

Leintal-Power
Tapio Ferdinand
Eldoradostraße 97
74211 Leingarten

CrazyVfB FansAmorbach
Marc Wenesch
Frankenstraße 21
74229 Oedheim

Widdern '98
Günter Hespelt
Birkenweg 3
74259 Widdern

Enzfreunde
Michael Wörle
Parkäckerstraße 24
74321 Bietigheim

Spätzlesbuabe
Dirk Steilner
In der Wart 16
74343 Sachsenheim

Purgatorio Lauffen
Stefan Müller
Ligusterweg 18
74348 Lauffen N.

Neckarschleif
Jens Bröllos
Ernst-Ackermann-Straße 16
74366 Kirchheim N.

V7 Wiesensteig
Markus Kneer
In der Wart 16
74388 Talheim

Stromberg '84
Karsten Sauer
Schillerstraße 3
74391 Erligheim

Zaberschwaben
Siegfried Lang
Zaberstraße 18
74397 Pfaffenhofen

Rot-Weißer Planet
Robert Baumgärtner
Uhlandstraße 3
74405 Gaildorf

Rot-Weisser Nebel Oberrot '02
Sven Brendel
Schillerstraße 13
74420 Oberrot

Bühlertalschwaben
Georg Hoffmann
Hofwiesenweg 9
74424 Bühlertann

Limpurger Schwaben
Andreas Dietzsch
Sommerhalde 10
74429 Sulzbach-Laufen

Die Dingelder
Daniel Seitz
Kalter Brunnen 8
74523 Schwäbisch Hall

Mainhardter Wald Räuber
Jörg Arndt
Poststraße 8
74535 Mainhardt

Schwäbisch Hall e.V.
Nicol Hänle
Rudolf-Then-Straße 38
74544 Michelbach B.

Schwaben Crailsheim 2002
Jurgen Böhm
Max-Eyth-Straße 13
74564 Crailsheim

Dünsbach Hohenlohe
Friedrich Grüb
Morsteiner Weg 23
74582 Gerabronn-Dünsbach

Weiß-Rote Linde 05
Otto Schwarz
Buchstraße 2
74586 Frankenhardt-Oberspeltach

Rot-Weiße Kameraden Crailsheim
Jochen Baumann
Dahlienweg 19
74589 Satteldorf

VfB Freunde „Zum Schluckspecht"
Harald Lengler
Nußbaumweg 7
74613 Öhringen

Wildes Jagsttal
Stefan Jaiko
Hinter Bachstraße 7 1
74677 Hohebach

VfB Fans Odenwald Schwaben
Christian Gehr
Hauptstraße 73
74838 Wagenschwend

Badisch Sibirien Walldürn
Marita Müller
Am Gaisrain 4a
74847 Obrigheim

Red Wolfes
Mike Bergmann
Martin-Schmitt-Straße 18
74855 Haßmersheim

Unter Froinden
Holger Konzmann
Junkergrund 5
75057 Kürnbach

Hakebier Birkenfeld
Robin Engel
Eichenstraße 4
75217 Birkenfeld

Goldstadt Pforzheim e.V.
Uwe Wendler
Am Breitenstein 38
75228 Ispringen

VfB Freunde Cannstatter Zuckerle
Stefan Münchinger
Thanweg 5
75236 Kämpfelbach-Ersingen

Schwäbisch Empire
Johannes Kessel
Beethovenstraße 40
75328 Schömberg

Invasion 1893
Benjamin Voigt
Pfalzstraße 33 1
75334 Straubenhardt

Weiß-Rot Wimberg 04
Marion Steiner
Wielandstraße 18
75385 Sommenhardt

Bravehearts Bualich
Thomas Fleck
Sonnenhalde 4
75387 Neubulach

Posaunenchor Deckenpfronn
Thorsten Lutz
Haydnweg 4
75392 Deckenpfronn

Groß-Glabbich
Torsten Beisser
Panoramastraße 17
75417 Mühlacker

Schwaben Kommando Mühlacker
Thomas Knapp jun.
Haldenstraße 88 1
75417 Mühlacker

d.faens Maulbronn
Axel Schopper
Schleifhäusleweg 20
75433 Maulbronn

Fauststadt Crocodiles
Cristobal Naranjo-Calle
Haydnstraße 56
75438 Knittlingen

Schwabenoffensive '95
Daniel Göbl
Schulstraße 77
75438 Knittlingen

VfB Freunde Enztal Enzberg e.V.
Andreas Burkhardt
Schöneberger Straße 24
75443 Ötisheim

Wurmberg e.V.
Andreas Meeh
Wimsheimer Straße 20
75449 Wurmberg

Feuerteufel '95 Dobel
Stefan König
Gernsbacher Straße 25
76332 Bad Herrenalb

Hegau Vulkane
Jürgen Grundler
Schulstraße 24
78256 Steißlingen

Meisterjäger '95
Johannes Landolt
Ringstraße 5
78559 Gosheim

Primtäler Neufra
Bernhard Ehrler
Stuttgarter Straße 29
78628 Rottweil-Neufra

Villingendorf e.V.
Thomas Pfister
Schellenwasen 38
78667 Villingendorf

Rote Wölfe '90 Zell
Dennis Braun
Blauenstraße 31
79415 Bad Bellingen

VfB Freunde München
Klaus Weber
Sep-Ruf-Weg 11
81241 München

VfB Freunde Südbayern
Christian Pfleger
Am Lainbach 53
82431 Kochel am See

VfB Freunde Donau-Ries
Jürgen Scherupp
St.-Sebastian-Straße 4
86650 Wemding

Bodensee-Schwalben Kressbronn
Tim Domes
Wolfgalgenweg 9
88079 Kressbronn

1. Fanclub Eriskirch 06
Fabian Vanderstraeten
Johannes-Sebastian-Bach-Straße 6
88097 Eriskrich

Schussental
Dieter Sonntag
Höferweg 56
88267 Vogt

Schwaben-Fanatics-Allgäu
Joachim Kreuzer
Am Haxberg 17
88299 Leutkirch

Oberschwaben
Sebastian Hoh
Ravensburger Straße 21
88368 Bergatreute

Mad Beavers Biberach
Tobias Bücheler
Hugo-Häring-Straße 4
88400 Biberach

Red Reed
Peter Traub
Alte Straße 15 3
88410 Bad Wurzach

Highlander
Bruno Seeler
Schulstraße 8
88416 Erlenmoos

Laupheim
Artur Kranz
Lupinenweg 6
88471 Laupheim-Baustetten

Power Alb Egelfingen
Bernd Pröbstle
Schatzbergstraße 30
88515 Egelfingen

Hy-Look
Bernd Beringer
Hauptstraße 17
89129 Nerenstetten

Blautal-Stürmer
Oliver Schmidt
Hanfländerweg 5
89134 Blaustein

Blaubeurer Crocodiles
Daniel Kasper
Buchenweg 2
89180 Berghülen

Schnoida e.V.
Walter Makay
Holzstraße 1
89520 Heidenheim Brenz

Freundeskreis Giengen Brenz '84
Steffen Lindenmaier
Keglerstraße 30
89537 Giengen Brenz

Schranke - Kronenstube Süssen
Dieter Nave
Hofackerstraße 7
89558 Treffelhausen

Wodka Front
Volker Jäger
Raiffeisenstraße 29
89608 Griesingen

VfB Supporters Franken
Ingo Kapitel
Sperbersloher Straße 46
90596 Schwanstetten

Rhön
Markus Menninger
Gartenstraße 10
91074 Herzogenaurach

Tauberperle Markelsheim e.V.
Dieter Wettinger
Dr.-Hofmann-Straße 1
97980 Bad Mergentheim

VfB-Supporters Taubertal
Markus Rupp
Konrad-Von-Brauneck-Straße 36
97999 Igersheim

Chinese Stuttgart Taiwan Branch
Steffen Kratschmann
9Fl,Golden Stone Building 380
Lin Shen North Road
00104 Taipei Taiwan

Belgian Schwaben
Nico Lecocq
Goorstraat 128
03191 Schiplaken Belgien

Michelsamt
Peter Kappeler
Oberdorf 36
06215 Beromünster Schweiz

Rheinmissionare
Michael Döttling
C Davallada 7
08870 Sitges Spanien

Die Sensation
Harald Samusch
Merkurigatan 20
19556 Märsta Schweden

VfB Fans Südtirol
Jochen Zöggeler
Leonardo da Vinci 6
39001 Lana Italien

Torjubel am Tresen

Unter den vielen fußballverrückten VfB-Fans ist ein Mann der ungekrönte König. Tief im Stuttgarter Westen residiert er in seiner Kneipe Ackermanns, in der zwei Leinwände hängen und drei Fernseher, auf denen jedes Spiel der Roten gezeigt wird. Eines Tages ist der König der Fans während des Sommermärchens der Fußball-WM 2006 annähernd weltberühmt geworden, als ein Mitarbeiter einer Presseagentur bei ihm in der Kneipe Ungeheuerliches entdeckte: Dort hängt sogar über dem Pissoir im Herrenklo ein Bildschirm. Anschließend pilgerten Fans aus aller Welt während ihrer Deutschlandreise in das Ackermanns, um nachzuschauen, ob die Geschichte vom fußballverrückten Schwaben wahr ist – sie ist kein Märchen. Bei Andreas Göz, 44, entgeht dem VfB-Fan keine Spielminute, auch nicht in den Momenten, in denen es besonders pressiert. Und Göz selbst, der seit mehr als 30 Jahren eine Dauerkarte im A-Block besitzt, entgeht auch nichts, was rund um den VfB passiert.

Ihm ist die Leidenschaft für den Brustring wirklich in die Wiege gelegt worden. Die Geschichte beginnt acht Jahre vor seiner Geburt mit dem ersten Rendezvous seiner Eltern. Es braucht schon besonderen Mut, um eine Frau beim näheren Kennenlernen gleich zu einem Fußballspiel einzuladen. Der Vater von Andreas Göz hatte diesen Mut: „Er nahm meine Mutter am 28. November 1954 zum Pokalspiel des VfB gegen den Karlsruher SC ins Neckarstadion mit." Es muss der Beginn einer wunderbaren Romanze gewesen sein, weil sich die beiden nur eine Woche später im Café Sommer am Karlsplatz verlobten. „Wenn ich an meine Kindheit zurückdenke", erinnert sich Andreas Göz, „dann war der VfB bei uns zu Hause eigentlich immer eines der wichtigsten Themen."

Vor allem samstags. Dann stapelte der Junge im Feinkostgeschäft seines Vaters in Stuttgart-Vaihingen Kisten und sortierte das Gemüse. Nebenbei lief immer ein kleines Transistorradio mit der Sendung „Heute im Stadion". Und wenn der Junge mal kurz in den Keller musste, „dann ist das Radio mitgewandert". Manchmal war die Stimmung im Feinkostladen am Samstag besonders ausgelassen, manchmal sortierte der kleine Andreas eher missmutig die Waren. Alles hing davon ab, wie sich der VfB gerade schlug. Göz war schon als Knirps für sein restliches Leben infiziert mit einer Begeisterung für den VfB, die kein Arzt, kein Abstieg und keine Niederlage jemals kurieren konnte.

Seine Fankarriere begann mit einer echten Charakterprüfung: Mitte der 70er Jahre stand Andreas Göz erstmals mit Fankutte und langen Haaren im Neckarstadion, als der VfB völlig am Boden lag. Der Verein stieg in die Zweite Liga ab, doch für den Teenager war jeder Samstag ein Feiertag, auch bei den Auswärtsspielen. „Ich fuhr gemeinsam mit ein paar Kumpels und den ganzen Wilden unter den Fans zu solchen Gegnern wie Darmstadt oder Saarbrücken. Das war eine harte Zeit für VfB-Fans." Dann kam Jürgen Sundermann, der auf dem Wasen zum Wundermann wurde, und eine erste große Euphoriewelle erfasste die Stadt.

Parallel dazu baute Andreas Göz sein Abitur und absolvierte danach eine Ausbildung zum Koch im SI-Centrum. Dort lernte er Barbara Schreiber kennen, mit der er seit fast 20 Jahren zusammenlebt und die seine Leidenschaft für den Fußball teilt. Als er ein Jahr lang in London arbeitete, ging er regelmäßig zu den Heimspielen von Arsenal. Später arbeitete er gemeinsam mit seiner Freundin auf einem Kreuzfahrtschiff in der Karibik. Und immer samstags, wenn in Deutschland die Bundesligaspiele abgepfiffen wurden, klingelte bei seiner Mutter das Telefon: „Nach einigen Wochen hat sie gewusst, was Sache ist", erzählt Andreas Göz, „sie hat dann als Erstes berichtet, wie der VfB gespielt hat."

Wahrscheinlich gibt es nur wenige VfB-Fans, auf die ein Kulthit der Weltmeisterelf von 1974 mehr zutrifft, als auf Andreas Göz: „Fußball ist unser Leben." Sein Urlaub besteht vorwiegend aus Fahrten zu Auswärtsspielen seines Lieblingsvereins. Zu einer Großfamilie in Glasgow pflegen er und seine Freundin eine so herzliche Fanfreundschaft, dass bei ihren Besuchen Oma und Opa ihr Zimmer räumen, damit die schwäbischen Gäste gut untergebracht sind. Andreas Göz erzählt von den großen Stadien dieser Welt mit derselben Inbrunst, mit der ein Sternekoch über die einzelnen Gänge seines Menüs plaudert. „Das Stadion von Liverpool an der Anfield Road ist mein Mekka." Wenn sein VfB endlich auch ein reines Fußballstadion bekommen würde, ginge für ihn ein Traum in Erfüllung. Als der Stuttgarter Gemeinderat einmal zu diesem Thema öffentlich tagte,

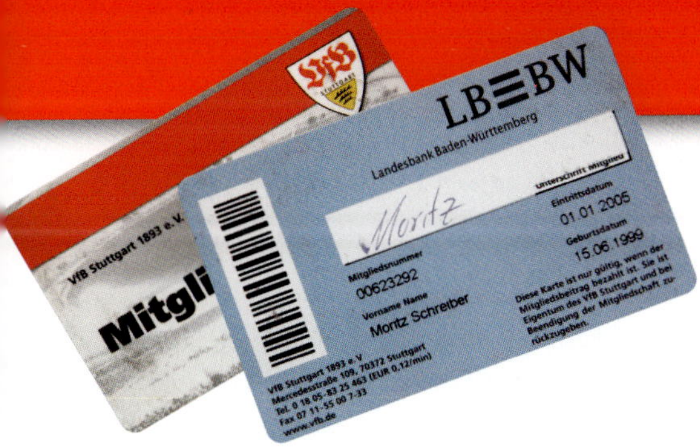

hockte sich Göz mit ein paar Kumpels in Fankutten auf die Zuschauerplätze. „Es schadet ja nicht, wenn man Flagge zeigt."

Für den Wirt des Ackermanns' ist Fußball weit mehr als ein Spiel. „Er hat mir Freundschaften und unvergessliche Begegnungen beschert." So erinnert sich Göz noch heute an die tolle Atmosphäre während der verschiedenen Fußballweltmeisterschaften: Einmal öffnete er seine Kneipe wegen der Zeitverschiebung schon morgens um halb acht, als ein Spiel übertragen wurde. „Ich dachte, da kommt kein Mensch – und plötzlich hatte ich 60 Mexikaner bei mir, die mit ihren Fangesängen unglaublich Stimmung gemacht haben." Vor einigen Jahren wurde das Ackermanns zum ersten offiziellen Fantreff des VfB – zur „Einweihung" schauten der damalige Manager Rolf Rüssmann und die Abwehrlegende Günther Schäfer vorbei. Inzwischen besitzen knapp 20 Wirte in der Region Stuttgart diesen Vereinssegen. Die Voraussetzung: „Die müssen alle Spiele des Klubs übertragen und selbst eingefleischte Fans sein."

Doch manchmal schlägt Göz der Fußball auch gewaltig auf den Magen. So wie 1992, als er beim entscheidenden Spiel um die deutsche Meisterschaft gegen Bayer Leverkusen kaum etwas von der Partie mitbekam, weil er vor lauter Aufregung unter schmerzhaften Magenkrämpfen litt. Auch die Südschlager gegen Bayern München bereiten ihm oft Bauchweh: erstens, weil der VfB bei diesen Derbys oft verliert, und zweitens, weil Göz allein schon beim Gedanken an die Bayern ganz anders zumute wird. Seine Abneigung geht so weit, dass er nie von den „Bayern", sondern nur von „diesem Klub im Südosten" spricht.

Dafür, dass der VfB bei den Mitgliederzahlen zumindest ein wenig gegenüber dem Rekordmeister aufholt, sorgt Andreas Göz höchstpersönlich: als der Klub das letzte Mal eine Werbekampagne für neue Mitglieder startete, warb allein der Wirt aus dem Stuttgarter Westen 140 Fans an. Doch damit gab er sich nicht zufrieden. Göz meldete gleich noch ein Mitglied der Familie seiner Freundin beim VfB an. Seitdem bekommt Moritz Schreiber, geboren am 15. Juni 1999, regelmäßig Post vom Verein. Unter den rund 36.000 Mitgliedern des Vereins für Bewegungsspiele ist Moritz Schreiber der einzige Rauhaardackel.

Andreas Göz ist das erste VfB-Mitglied auf Lebenszeit. Auch sein Dackel Moritz besitzt einen Mitgliedsausweis.

Fantreffs in der Region

Seit April 2002 gibt es in Stuttgart und Umgebung die offiziellen VfB-Treffs. Die Auswärtsspiele des VfB Stuttgart werden in allen VfB-Treffs live übertragen. Die Wirte der VfB-Treffs stehen als Anlaufstelle für alle Fragen rund um den VfB zur Verfügung.

Äußeres Zeichen für die VfB-Treffs ist ein Messingschild mit VfB-Logo am Eingang der Kneipen und ein VfB-Wimpel im Gastraum.

Die VfB-Treffs in der Übersicht

„Ackermanns Kneipe und Bar"
Bebelstraße 20
70176 Stuttgart
Tel.: 0711 6365520
E-Mail: mail@ackermanns.de
Internet: www.ackermanns.de

„Alter Hasen"
Neckartalstraße 73
70376 Stuttgart
Tel.: 0711 545175
E-Mail: info@alter-hasen.de
Internet: www.alter-hasen.de

Sportsbar „Spacs"
Rudolf-Then-Straße 38
74544 Michelbach
Tel.: 0791 2566
E-Mail: info@spacs.de
Internet: www.spacs.de

Café Reinert
Am Rathausplatz 1
74259 Widdern
Tel.: 06298 7305

Aki´s Kommode
Metzingerstraße 17a
70794 Filderstadt-Bonlanden
Tel.: 0711 3270312
E-Mail: sakis-spielautomaten@t-online.de
Internet: www.bistro-kommode.de

Vaihinger Drive
Hauptstraße 51
70563 Stuttgart-Vaihingen
Tel.: 0711 9018213
Internet: www.vaihinger-drive.de

Stadiongaststätte Ebersbach
Strutstraße 15
73061 Ebersbach
Tel.: 07163 7137
Internet: stadionsportshop@t-online.de

Sportsbar „Kalaluna"
Hammerschlag 26
73614 Schorndorf
Tel.: 07181 64477 Fax: 07181 980394
E-Mail: mkalafatis@web.de
Internet: www.kalaluna.de

Kinoklause
Ernst-Reuter-Platz 4
70499 Stuttgart (Giebel)
Tel.: 0711 861762
E-Mail: fanclub-kinoklause@gmx.de
Internet: www.vfb-fanclub-kinoklause.de

Billard-Sport-Zentrum
Sulzbacher Straße 10
71522 Backnang
Tel.: 07191 62626 Fax: 07191 63030
E-Mail: info@billardsportzentrum.de
Internet: www.billardsportzentrum.de

Alte Schule
Gablenberger Hauptstraße 128
70186 Stuttgart
Tel.: 0711 465234

TSV Uhlbach Vereinsgaststätte bei Kosta
Kufsteiner Straße 71
70329 Stuttgart
Tel.: 0711 323800 Fax: 0711 321137
E-Mail: tsvkosta@t-online.de
Internet: www.beikosta.de

Pilsbar Ultras
Marktstraße 3
73459 Neresheim
Tel.: 0172 5789139 Fax: 07326 964843
E-Mail: vfbkampi@t-online.de
Internet: www.pilsbar-ultras.de

Tom´s Bar
Gartenstraße 49
72764 Reutlingen
Tel.: 07121 330707

Felsenkeller
Hermannstraße 7
73540 Heubach
Tel.: 07173 184736
Fax: 07173 184736

Bistro Zentrale
Frankfurter Straße 24
75433 Maulbronn
Tel.: 07043 40287
E-Mail: jasujasu@web.de
Internet: www.zentrale-maulbronn.de

Sa Clau – Dennis Radelja
Straßburger Straße 15
72250 Freudenstadt
Tel.: 07441 860286
E-Mail: info@sa-clau.de
Internet: www.sa-clau.de

Fanausschuss

Der Fanausschuss des VfB Stuttgart wurde im September 2001 auf Initiative des damaligen Vereinsvorstands ins Leben gerufen, um die damals vorhandene Distanz zwischen Verein und Fans abzubauen. Der Fanausschuss trifft sich im fünf- oder sechswöchigen Rhythmus regelmäßig montags im VfB-Clubzentrum. Die Mitglieder des VfB-Fanausschusses repräsentieren nahezu alle Fangruppierungen des VfB. Von den Ultras aus dem Fanblock in der Cannstatter Kurve über langjährige Fanclub-Mitglieder bis hin zum Dauerkartenbesitzer von der Haupttribüne sind Fans und Freunde des Vereins im Fanausschuss repräsentiert und diskutieren in den Sitzungen über Wünsche, Bedürfnisse, Sorgen und Nöte der Fans, Mitglieder und Stadionbesucher. Die Themenpalette ist dabei sehr breit gefächert: So wird beispielsweise über die Qualität der Stadionwurst, Vorkaufsrechte für Eintrittskarten bei Bayern-Heim- und Auswärtsspielen, die Organisation der OFC-Weihnachtsfeiern, Auswärtsreisen bei Europapokalspielen und viele andere Fragen rund um den VfB gesprochen. Dabei geben die Fans ihre Sicht der Dinge an die Verantwortlichen des Vereins weiter.

Auf Initiative des Fanausschusses wurden auch die offiziellen VfB-Treffs ins Leben gerufen. Mittlerweile gibt es in Stuttgart und Umgebung 17 Kneipen und Gaststätten, die diesen Titel tragen und in denen die VfB-Fans Live-Übertragungen der Auswärtsspiele des VfB auf Arena verfolgen können. Von Zeit zu Zeit dürfen sich die Gäste natürlich auch über den Besuch eines Spielers aus dem VfB-Profikader freuen und mit ihm über den VfB fachsimpeln.

15 Mitglieder zählt der Fanausschuss, von denen fünf seit der ersten Sitzung am 20. September 2001 dem Gremium angehören. Vom Verein komplettieren die Fanbeauftragten Ralph Klenk und Peter Reichert sowie Direktor Jochen Schneider und Tobias Herwerth (Medien Kommunikation) den Fanausschuss, dessen Mitglieder sich über Anregungen, Vorschläge und natürlich auch Lob aus der Fangemeinde freuen.

Mehr als nur ein Hobby: mit einstudierten Choreografien feuern die Fans das Team an.

Ralph Klenk

Der VfB-Fanbeauftragte Ralph Klenk gehört ohne Zweifel zu den Menschen, die den roten Brustring eintätowiert haben. Die Fankarriere des mittlerweile 40-Jährigen begann im Sommer 1977 nach dem Wiederaufstieg des VfB in die erste Bundesliga. Sein erstes VfB-Spiel war das Freundschaftsspiel gegen Schalke 04. Zusammen mit seinem Onkel, der jahrelang Ordner im Neckarstadion war, erlebte er den 5:0-Sieg des VfB live im Stadion und von diesem Spiel an hatte er den VfB-Virus in sich. Bis heute steht eine stolze Bilanz von rund 1.000 Pflichtspielen.

1983 trat er dem Fanclub „Die Stuttgarter Treuen 80" bei, einem der ältesten VfB-Fanclubs, dessen Vorsitz er seit 1986 inne hat. Die „Treuen" waren auch 16 Jahre lang Veranstalter eines über die Grenzen Baden-Württembergs hinaus bekannten Fanclub-Turniers. 2005 richteten die „Treuen" zum 25-jährigen Bestehen die 11. Fan-Meisterschaft des VfB Anhängerverbandes Stuttgart e. V. aus.

Im Juli 1990 wurde Klenky zu einem der drei Fansprecher gewählt. Diese Fanclubsitzung war auch der Start der offiziellen Fanclubs. 1990 hatte der VfB 33 OFCs, heute sind es über 265.

Seit 1998 ist Klenky hauptamtlicher Fanbeauftragter des VfB und für alle Fragen der VfB-Fans der richtige Ansprechpartner. Er hält regelmäßigen Kontakt zu den offiziellen Fanclubs und stattet den treuen Anhängern immer wieder Besuche ab. Durch diese Besuche will der VfB erreichen, dass sich der Verein und seine Anhänger weiter annähern und auch in Zukunft eine Einheit bilden.

Im Jahr 2000 installierte der DFB unter den Fanbeauftragten sein Fanbetreuer-Team für die Nationalmannschaft. Diesem Team gehört Ralph Klenk seit Beginn an und ist einer der drei Sprecher. Seit 2003 ist er auch Sprecher der Fanbeauftragten und zusammen mit seinem Kölner Kollegen Rainer Mendel Ansprechpartner für den DFB und die DFL. Klenk steht in diesem Zusammenhang in ständigem Austausch mit den beiden Verbänden. Seit Mai 2005 war Klenk zudem WM-Fanbeauftragter der WM-OK Außenstelle Stuttgart und für die Fanbetreuungsmaßnahmen im Rahmen der WM 2006 in Stuttgart zuständig.

Peter Reichert

Seit Anfang Oktober 2004 ist Peter Reichert VfB-Fanbeauftragter. Der ehemalige Mittelstürmer der Meistermannschaft von 1984 war schon damals ein Mann, der die Dinge grundsätzlich offensiv anging und deshalb für den Job als VfB-Fanbeauftragter mehr als geeignet ist. Zwischen 1981 und 1986 absolvierte Reichert 139 Bundesligaspiele für den VfB und traf dabei 42-mal ins Schwarze. Seine Karriere setzte er danach in Frankreich (Racing Straßburg, FC Toulouse) fort, und er nach seiner Rückkehr in die Bundesliga zum Karlsruher SC aufgrund von Meinungsverschiedenheiten mit seinem damaligen Trainer Winfried Schäfer die Fußballschuhe im Alter von 31 Jahren an den Nagel hängte.

Dem VfB blieb Reichert auch nach seiner aktiven Karriere verbunden. Zum einen als häufiger Gast bei den Heimspielen im Gottlieb-Daimler-Stadion und zum anderen als Mittelstürmer bei der VfB-Traditionsmannschaft, mit der er im Ländle noch immer auf Tour geht. Beruflich war Peter Reichert in den vergangenen Jahren in seiner Heimatgemeinde Oberderdingen engagiert. Dort betrieb er eine Tennis- und Badmintonanlage mit eigener Gastronomie.

Doch die Liebe zum runden Leder war schlussendlich doch größer als die zum gelben Filzball, weshalb Peter Reichert den Weg zurück zum VfB fand. Gemeinsam mit Ralph Klenk kümmert sich Reichert um alle Belange der VfB-Fans, um die Bindung zwischen Verein und Anhängern weiter zu festigen.

Die Adresse der Fanbeauftragten:
VfB Stuttgart 1893 e. V.
Mercedesstr. 73 A
70372 Stuttgart
Tel.: 0711 55007-221
Fax: 0711 55007-88221
E-Mail: r.klenk@vfb-stuttgart.de
Bürozeiten: Mo.–Fr., 8.30–17.30 Uhr

Der Aufbruch in die Königsklasse

Der Aufbruch in die Königsklasse

Bei der Saisonabschlussparty des VfB auf dem Wasen betritt ein Mann mit Föhnwelle, Brusthaartoupet und zitronengelbem Sakko die Bühne. Es hat den Anschein, als habe er sich auf dieser Veranstaltung verlaufen, bei der tausende von weiß-rot gekleideten Fußballfans ein letztes Mal in dieser Spielzeit ihre Meistermannschaft feiern. Doch der Song, mit dem der Schlagerbarde Dieter Thomas Kuhn die Bühne betritt, passt haargenau zu den Gefühlen der Anhänger: „Über den Wolken." Vor ihm haken sich die vielen weiblichen Fans in der ersten Reihe unter, die der VfB während dieser Saison neu gewonnen hat. In den hinteren Reihen stehen Männer in Fankutten und Trikots und reden über die wirklich wichtigen Dinge des Lebens: beispielsweise über die Teilnahme des VfB in der Champions League.

Nach dem Triumph ist vor der Herausforderung. Der VfB hat sich für die Königsklasse qualifiziert, und die Fans träumen von großen Fußballabenden, an denen europäische Traditionsklubs wie Manchester United, Inter Mailand oder der FC Barcelona im Daimlerstadion auflaufen könnten. Die Macher beim VfB kümmern sich hingegen schon kurz nach dem Fanrausch in der Stuttgarter Innenstadt darum, dass Stuttgart in diesem Konzert der Großen möglichst lange mitspielen kann. „Wir müssen uns natürlich verstärken, weil wir in der Champions League spielen. Aber wir wollen unseren Jungs nicht irgendwelche Spieler vor die Nase setzen", erklärt der Meistertrainer Armin Veh mit Blick auf die nächste Spielzeit. „Meine jungen Spieler sind noch lange nicht am Ende ihrer Entwicklung - sie müssen weiter ihre Einsatzzeit bekommen, nur so können sie sich verbessern. Wenn wir neue Spieler holen, dann nur wenn sie uns wirklich weiterhelfen."

Der Schlüssel zum Titelgewinn bestand vor der Saison 2006/2007 unter anderem darin, dass Veh und Heldt den Kader radikal umkrempelten. Viele der Neuzugänge wurden Stützen der Meistermannschaft: unter anderem die beiden Mexikaner Pardo und Osorio und der Flügelflitzer Roberto Hilbert. Die neue Herausforderung liegt nun darin, nach dem rasanten Aufstieg an die Spitze der Bundesliga den Erfolg zu bestätigen. Ein erneuter Umbruch in der Mannschaft ist dabei aus Sicht der Verantwortlichen weder notwendig noch sinnvoll: „Wir werden uns nur gezielt und punktuell verstärken", sagt der Teammanager Horst Heldt, „denn wir besitzen bereits ein gut funktionierendes Team." Eines mit glänzenden Perspektiven. Leistungsträger wie Mario Gomez (Vertrag bis 2011), Roberto Hilbert und Fernando Meira (beide bis 2010) oder Sami Khedira (bis 2009) sind langfristig an den Verein gebunden. Und nur eine gute Woche nach der großen Meisterparty auf dem Schlossplatz hat der Manager erneut Grund, mit Sekt anzustoßen: Horst Heldt gelingt es, den Vertrag mit dem französischen Abwehrspieler Mathieu Delpierre bis 2012 zu verlängern. Delpierre hat sich zu einem der Führungsspieler beim VfB entwickelt und dabei Leistungen gezeigt, die auch Topklubs gesehen haben: Vor seiner Vertragsverlängerung in Stuttgart sollen unter anderem Tottenham Hotspur und Bayern München bei dem Verteidiger angeklopft haben.

Der Franzose hat sich jedoch unter anderem wegen der verheißungsvollen Zukunftsaussichten für den VfB entschieden. Hier will er sich durch Auftritte in der Champions League für die Equipe Tricolore empfehlen. Beinahe zeitgleich verkündet der Klub die Verpflichtung des türkischen

Mach's noch einmal VfB:
Wie einst mit Kevin Kuranyi gegen Manchester will Stuttgart in der Champions League angreifen.

v.l.n.r.: Raphael Schäfer, Kevin Kuranyi, Mikael Silvestre, Yildiray Bastürk, Gledson

Nationalspielers Yildiray Bastürk, der von Hertha BSC ablösefrei nach Stuttgart wechselt. Bastürk soll im Mittelfeld Regie führen – er verfügt nicht nur über herausragende technische Fähigkeiten, sondern auch über jene Erfahrung, die der jungen VfB-Mannschaft in einem internationalen Wettbewerb zwangsläufig noch fehlt: Bastürk kann auf 40 Einsätze in der Champions League verweisen und erreichte mit seiner Nationalmannschaft bei der WM in Japan und Südkorea den dritten Platz.

Ein weiterer Eckpfeiler des VfB-Teams der Saison 2007/ 2008 wird der bisherige Nürnberger Torwart Raphael Schäfer, der bereits frühzeitig verpflichtet wurde, als der Abgang von Timo Hildebrand feststand. Schäfer war zuvor mit exzellenten Leistungen beim 1. FCN ins Blickfeld von Bundestrainer Joachim Löw gerückt. Seinen Wechsel zum VfB kommentiert er nach der Saison: „Ich gehe zum Deutschen Meister und kann in der Champions League spielen – das ist der Traum eines jeden Fußballers." Auch in der Abwehr wird zumindest eine der Positionen neu besetzt: Für Markus Babbel, der als Assistent in den Trainerstab aufrückt, kommt Gledson. Der Brasilianer wechselt von Hansa Rostock zum VfB, er galt als einer der besten Verteidiger der Zweiten Liga.

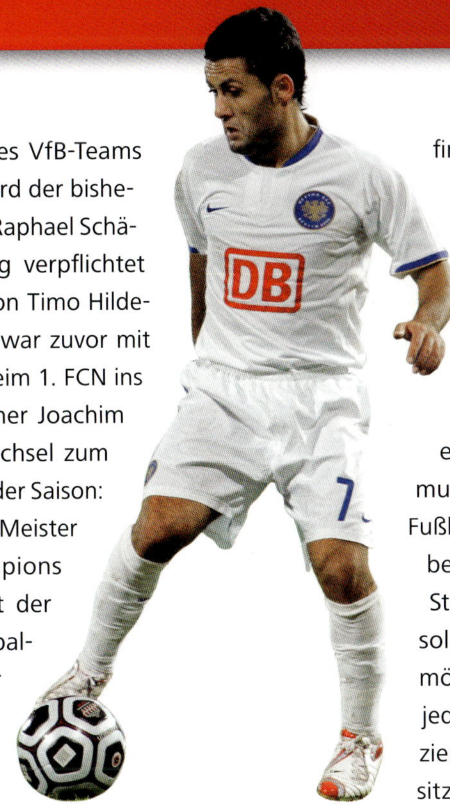

Auch Gledson wird davon träumen, sich künftig vor einer großen Kulisse ins Rampenlicht zu spielen. Die Champions League bietet dem ganzen Klub eine Plattform, um sich weiter positiv ins Gespräch zu bringen – und sie spült Geld in die Kassen: Unabhängig vom sportlichen Erfolg wird der VfB garantierte Einnahmen in Höhe von 15 bis 20 Millionen Euro verbuchen können, schätzt der Finanzvorstand Ulrich Ruf. Zudem macht die Teilnahme an diesem Wettbewerb den VfB auch für mögliche Werbepartner noch interessanter. So engagiert sich der Autobauer Mercedes-Benz künftig mit knapp 1,5 Millionen Euro pro Jahr als Exklusivpartner auf dem Wasen. Auch die Gmünder Ersatzkasse, bisher nur ein Werbepartner der Stuttgarter, steigt ab 2007/2008 als Teampartner finanziell stärker ein. Weitere Verträge können zu finanziell verbesserten Konditionen verlängert werden.

Bei einem anderen Thema will die Klubführung weiter am Ball bleiben. Während Bayern München, Borussia Dortmund oder Schalke 04 in reinen Fußballstadien spielen, tritt der VfB bei seinen Heimspielen in einem Stadion mit Tartanbahn an. Dies soll sich aus der Sicht des Klubs möglichst rasch ändern, offen ist jedoch noch die Frage der Finanzierung der Arena, die sich im Besitz der Stadt befindet. „Wir sind in guten Gesprächen mit der Stadt und wollen in naher Zukunft ein reines Fußballstadion haben", erklärt der VfB-Präsident Erwin Staudt. „Es ist unser Hauptziel, der Mannschaft eine hervorragende Spielstätte zur Verfügung zu stellen."

So versucht der VfB, seine nächsten Ziele mit einer Mischung zu erreichen: Das gut funktionierende Mannschaftsgefüge soll weitgehend erhalten werden, in anderen Bereichen, wie in der Stadionfrage, setzt der Klub auf einen Umbau. Der VfB befindet sich nach seinem Titelgewinn im Aufbruch zu neuen Ufern. Und alle seine Fans hoffen, dass der Klub bald wieder über den Wolken schwebt.

GOTTLIEB-DAIMLER-STADION STUTTGART
EnBW
breuninger

GOTTLIEB-DAIMLER-STADION STUTTGART
Khedira
28
EnBW
breuninger

Verlagsangaben

Impressum
Die Sternstunde des VfB
Der Weg zur fünften deutschen Meisterschaft
Stuttgart: Neuer Sportverlag, 2007
ISBN 978-3-938023-32-7

Herausgeber: Neuer Sportverlag
Projektleitung: Martin Frischauf, Hendrik Schulze Kalthoff
Gestaltung: Pars pro toto Werbeagentur GbR, www.parsprototo.com
Reproduktion: Schwabenrepro GmbH, www.schwabenrepro.de
Schlussredaktion: Martin Frischauf, Hendrik Schulze Kalthoff
Druck: Studiodruck Brändle GmbH, www.studiodruck.de

Neuer Sportverlag, Forststraße 86, 70176 Stuttgart
Telefon: 0711/66614-33, www.neuersportverlag.de

Alle Angaben in diesem Buch wurden sorgfältig recherchiert, Fehler können jedoch nicht gänzlich ausgeschlossen werden. Alle statistischen Angaben laut www.vfb-stuttgart.de, Stand Mai 2007.

1. Auflage Juni 2007

Bildnachweis
Alle Bilder von Sportfoto Baumann, www.sportfoto-baumann.de mit Ausnahme von:

Sportpressefotos, Herbert Rudel:
Seiten 115 l.6, 142 l., 148 l., 150 l., 156 l., 165 r., 170 m., 172, 173 o.l., o.m., o.r., u.l., 175 o.l., u.l., 177 o.

dpa Picture-Alliance:
Titelbild, Seiten 26-29, 35.r, 36-37, 122 o., 128-129, 132, 164 r., Rückseite o.

Martin Frischauf:
Seiten 6-7, 39 m., 125, 179 l.3-l.4 190-191, Rückseite r.4

Hendrik Schulze Kalthoff:
Seiten 9 o., 10 o., 11, 45 o.l., u.l., 124

Massimiliano Santamaria:
Seite 39 u.r.

Simon Granville, factum Fotojournalismus:
Seite 180

VfB Stuttgart 1893 e.V.:
Seiten 38 m.r., 139 l.4, 164 l., 176, 177 u.l., u.r., 194 o.

Maks Richter:
Seiten 140-141

Wilhelma:
Seite 181

Textnachweis
Erik Raidt und Markus Heffner:
Alle Texte und Bildunterschriften

Das Produktions-Team

Martin Frischauf
Idee, Konzeption, Redaktion, Fotografie und Organisation

Hendrik Schulze Kalthoff
Idee, Konzeption, Redaktion, Produktion und Fotografie

Dieter Baumann
Fotografie

Erik Raidt
Text

Markus Heffner
Text

Nadine Müller
Layoutkonzeption, Gestaltung und Organisation

Claudia Frischauf
Vertrieb, Lektorat und Organisation

David Frick
Grafik und Satz

Martin Rahlfs
Grafik und Satz

Ramona Stehle
Grafik und Satz

Cathrin Müller
Fotografie

Hansjürgen Britsch
Fotografie

Alexander Keppler
Fotografie

Eugen Zimmermann
Fotografie

Sigrid Sailer
Bildbearbeitung und Retusche

Andrea Leistner
Bildbearbeitung und Retusche

Dagmar Schwarzkopf
Bildbearbeitung und Retusche

Bernhard Mayer
Bildbearbeitung und Retusche

Massimiliano Santamaria
Recherche und Daten-Workflow

Roland Maier
Recherche und Daten-Workflow

Thomas Schmid
Tabellensatz